“十二五”职业教育国家规划教材
经全国职业教育教材审定委员会审定

全国高等职业教育规划教材——电子商务专业

电子商务法

（第3版）

苏丽琴　主　编
胡林凤　余洪滨　王淑江　副主编

電子工業出版社
Publishing House of Electronics Industry
北京・BEIJING

内 容 简 介

传统的法律规则已不能完全适应网络经济时代的要求，因而出现了许多新的法律问题。这些新问题就需要新的法律予以解决。随着电子商务的快速、健康发展，电子商务法律法规体系也将日臻完善。

本书从学理上将电子商务法学科体系划分为四篇，共 8 章内容，分别为电子商务法基础法理篇（第 1 章）、电子商务交易法篇（第 2～4 章）、电子商务权益保护法篇（第 5～7 章）、电子商务管制法篇（第 8 章）。本书在吸取最新电子商务立法信息的基础上，采用比较分析、案例分析等研究方法，力求做到术语阐释清晰，法理观点明确，叙述简明精练，原理与案例相结合，学理与法理相结合，理论与实践相结合。

本书主要适合作为相关院校电子商务本（专）科的专业教材，也可作为相关法律专业电子商务法课程的参考教材，亦可供法律界和经济界相关人士阅读参考。

图书在版编目（CIP）数据

电子商务法 / 苏丽琴主编. —3 版. —北京：电子工业出版社，2015.1
全国高等职业教育规划教材. 电子商务专业

ISBN 978-7-121-24785-9

Ⅰ. ①电… Ⅱ. ①苏… Ⅲ. ①电子商务—法规—中国—高等职业教育—教材 Ⅳ. ①D922.294

中国版本图书馆 CIP 数据核字（2014）第 270358 号

策划编辑：贾瑞敏
责任编辑：郝黎明　　特约编辑：安家宁
印　　刷：北京天宇星印刷厂
装　　订：北京天宇星印刷厂
出版发行：电子工业出版社
　　　　　北京市海淀区万寿路 173 信箱　邮编 100036
开　　本：787×1 092　1/16　印张：13.5　字数：346 千字
版　　次：2006 年 3 月第 1 版
　　　　　2015 年 1 月第 3 版
印　　次：2022 年 1 月第 17 次印刷
定　　价：32.00 元

凡所购买电子工业出版社图书有缺损问题，请向购买书店调换。若书店售缺，请与本社发行部联系，联系及邮购电话：（010）88254888，88258888。

质量投诉请发邮件至 zlts@phei.com.cn，盗版侵权举报请发邮件至 dbqq@phei.com.cn。

本书咨询联系方式：（010）88254019，jrm@phei.com.cn。

伴随着电子商务如火如荼的发展，传统法律框架下的诸多法律规则已不能完全适应网络经济时代的要求，因而出现了许多新的亟待解决的法律问题。这些新问题就需要与之相适应的新的法律予以解决。电子商务法正是以电子商务实施过程中所产生的各种社会关系为调整对象的法律规范的总和。

本书自 2006 年 3 月第一次出版、2010 年 6 月修订再版以来，作为电子商务专业及相关专业的电子商务法课程教材，先后多次被多所院校选用并获得了好评。但电子商务日新月异的发展引发的诸多法律问题，使得电子商务法学术领域不断面临新的挑战。几年来，有关电子商务方面的法律、法规、办法废旧立新，尤其是 2013 年 10 月 25 日施行了近 20 年的《消费者权益保护法》获得修订，并提出了网购商品七日内无理由退货、网络交易平台提供者与商品销售者或者服务者承担连带责任等诸多相关规定，将这些鲜活的法理知识尽早尽快地传播给电子商务的从业者和广大消费者，我们责无旁贷。鉴于此，《电子商务法》教材的第三次修订势在必行。

第三次修订过程中，主要修改的内容如下所述。

（1）将上一版各章内容中已经过时的法理、法条及章内案例等资料予以删减。

（2）对上一版各章内容中不够完善之处予以修正，相关章节有删、有改、有合并。

第三次修订过程中，主要增加的内容如下。

（1）每章前增加了“导入案例”，每章最后一节均设有“相关链接”，用以补充一些鲜活的电子商务法律资讯，拓宽知识面。

（2）每章整体模式凸显创新：章前根据“导入案例”设“以案问法”、“以案解法”，章后设“以案用法”，前后呼应，一气呵成。

（3）各章节适时增加了最新出台的有关电子商务法律法规的鲜活资料和有关案例。

第三次修订后的《电子商务法》具有以下特点。

（1）**从体例来看：**全书知识架构合理，凸显系统性与创新性，共含 4 篇、8 章内容。主要包括电子商务法基础法理篇、电子商务交易法篇、电子商务权益保护法篇和电子商务管制法篇。尤其是新增设的“以案问法”、“以案解法”和“以案用法”三大环节颇有亮点。

（2）**从内容来看：**深入浅出、有理有据，以够用为度，阐述应知应会的电子商务法理知识。

（3）**从服务受众来看：**突出实践性、应用性原则，将法理知识介绍与“问法、解法、用法”有机融合。

（4）**从语言表述来看：**文字简练顺畅，通俗易懂，使相对枯燥呆板的法律知识不再晦涩难懂。

本书由金陵科技学院苏丽琴教授担任主编，胡林凤、余洪滨、王淑江任副主编，王冰、宋玉萍、代海涛、钟海帆等参与编写。苏丽琴负责各章修改框架的制定、修改内容的审阅以及全文的总撰定稿。

各章节的编写分工如下：苏丽琴负责撰写前言、内容简介，第 1 章、第 2 章以及各章的“以案问法”、“以案解法”和“以案用法”三大环节；胡林凤负责第 5 章；王冰负责第 3 章；宋玉萍负责第 6 章；余洪滨负责第 4 章；代海涛、苏丽琴共同负责第 7 章；王淑江、苏丽琴共同负责第 8 章；钟海帆和朱启莲共同负责相关资料的收集、整理及录入等工作。

同时，本书在修订过程中参阅了相关法律网站、法律书刊等诸多资料和研究成果，在此，对所有给予我们帮助的作者表示衷心的感谢！本书在编写过程中也得到了电子工业出版社和贾瑞敏老师的大力支持与帮助，在此一并诚致谢意。

因《电子商务法》本身是一门新兴的有待与时俱进的课程，加之作者水平有限，书中疏漏之处在所难免，恳请各位专家、读者批评指正。

编　者

电子商务法草案

第1篇 电子商务法基础法理篇

网络安全法

第2篇　电子商务交易法篇

第4篇　电子商务管制法篇

第 1 章

电子商务法基础

导入案例

中国电子商务法律网创立于2000年7月，是我国第一家专业的电子商务法律网站，其宗旨是“中国电子商务的法律专家”。中国电子商务法律网拥有深厚的电子商务政策法律立法、研究和实务的背景及资源，全面、深刻、及时、权威地关注中国电子商务的政策、立法、司法、行政与实务，经历了多年来电子商务的风雨飘摇，在各级政府部门、行业协会、企业和众多用户的支持下，不断得到发展壮大。

中国电子商务法律网主要侧重于提供三大类的信息。

第一类是电子商务与网络领域关系到政策法律的最新动态，以动态、案例、法律法规和立法动态为主，力求及时、准确、精练，并保持一定的翻译新闻，尽量做到与国际同步。

第二类是经过精心编辑的信息，如热点专题、法规查询、案例查询、合同范本、登记许可实务等，力求为产业界提供可指导实际操作的有价值的信息。

第三类是原创的信息，这些信息将针对电子商务领域的焦点问题展开深度分析、判断、比较和研讨。“电子签名法专栏”、“案件追踪”、“法律博客”、“应用研究”、“电子商务法律在线咨询”、“电子商务欺诈信息举报中心”、“电子商务纠纷在线调解”等都是特色专栏，在热点专题中，还有“网络链接”、“网络下载”、“电子证据”、“电子支付”、“网络游戏”、“ICP登记”等热点内容。

在涉及范围上，电子商务与网络的政策法律问题是核心内容。除此之外，与其密切关联的 IT 领域的政策法律问题（如计算机软件、硬件、集成电路领域等）、电子政务与信息化的政策法律问题、电信领域的政策法律问题及相应的知识产权问题等，也是关注的主题。

以案问法

通过阅读导入案例，请思考以下问题：

1. 中国电子商务法律网的网站定位是什么？
2. 中国电子商务法律网主要提供哪些法律服务？
3. 中国电子商务法律网主要关注的核心内容是什么？
4. 你知道中国电子商务法律网的网址吗？请搜查。
5. 请登录中国电子商务法律网，了解目前国际国内电子商务法律法规的立法状况。

6. 学好《电子商务法》这门课程，希望你经常登录一些与电子商务法有关的法律类网站，获取最鲜活的电子商务法律法规方面的资讯。除中国电子商务法律网外，你还知道哪些相关网站，请说出四五个。

以案解法

1. 中国电子商务法律网是我国第一家专业关注网络及 IT 领域的政策法律问题的电子商务法律网站，是一家电子商务法律门户网，其宗旨是“中国电子商务的法律专家”。目前已发展成为我国权威的电子商务法律专业网站，在业界具有广泛的影响。

2. 中国电子商务法律网主要提供的法律服务包括：电子商务、网络及相关领域（信息化、电子政务、信息安全领域，IT 及电信领域，高技术知识产权领域）的相关政策法律信息，设有英文版。具体内容如下。

(1) 提供电子商务与网络领域相关政策法律的最新动态。以动态、案例、法律法规和立法动态为主，并保持一定的翻译新闻，尽量做到与国际同步。

(2) 为产业界提供可指导实际操作的有价值的信息，如热点专题、法规查询、案例查询、合同范本、登记许可实务等。

(3) 提供原创的信息，这些信息将针对电子商务领域的焦点问题展开深度分析、判断、比较和研讨。

3. 中国电子商务法律网主要关注的核心内容是电子商务与网络的政策法律问题。此外，与其密切关联的 IT 领域的政策法律问题（如计算机软件、硬件、集成电路领域等）、电子政务与信息化的政策法律问题、电信领域的政策法律问题及相应的知识产权问题等，也是关注的重点。

4. 中国电子商务法律网的网址是 http://www.ChinaecLaw.com。

5. 请自查。

6. 推荐以下网站：中顾法律网、110 法律咨询网、IT 法律咨询专家、华律网、法律快车等。

1.1 电子商务概述

1.1.1 电子商务的概念、特征与分类

电子商务（Electronic Commerce，EC）是经济和信息技术发展并相互作用的必然产物，它有狭义和广义之分，狭义电子商务是指基于数据（文本、声音、图像）的处理和传输，通过开放的网络（主要是 Internet）进行的商业交易，包括企业与企业、企业与消费者、企业与政府之间的交易活动；广义电子商务涉及内部网（Intranet）和 Internet 等领域，它是一种全新的商务模式，利用前所未有的网络方式将顾客、销售商、供应商和企业员工联系在一起，将有价值的信息传递给需要的人们。国际标准化组织（ISO）将电子商务定义为“企业之间、企业与消费者之间信息内容与需求交换的一个通用术语”。联合国国际经济合作与

发展组织的定义为：电子商务是发生在开放网络 Internet 上的包含商家与商家、商家与消费者之间的商业贸易。著名的 Intel 公司认为：电子商务＝电子市场＋电子交易＋电子服务。IBM 公司认为：电子商务＝信息技术＋Web＋业务。HP 公司认为：电子商务是通过电子化的手段来完成商业贸易活动的一种方式。

与传统的商务模式相比，电子商务具有以下特征。

（1）交易主体的虚拟化。

（2）部分网上交易对象的无形化、信息化和数字化。

（3）支付手段的电子化、高度信用化。

（4）交易成本的明显降低，交易机会大大增加。

（5）电子商务交易的全球化、跨国化。

作为一种新型的商务模式，电子商务的应用范围越来越广泛。依据不同标准，可对电子商务进行不同的分类。按电子商务应用的领域，可分为企业对消费者（B 2 C）、企业对企业（B 2 B）、企业对政府机构（B 2 G）、消费者对政府机构（C 2 G）的电子商务；从电子商务最新发展来看，O 2 O（Online to Offline）模式方兴未艾，以“网上互助借贷”为代表的 P 2 P 融资模式已受到广泛关注。按开展电子商务交易的信息网络范围划分，可分为本地电子商务、远程国内电子商务和全球电子商务。按电子商务交易的内容划分，可分为电子购物与贸易、网上信息商品服务、电子银行与金融服务、售后跟踪服务等。

1.1.2 电子商务对传统法律提出的挑战

在人类的行为规范体系中，法律是最系统、最具有强制力的行为规范。对于传统的商务模式，各国早就建立了一套完备的法律制度进行规制和调控。但全新的网络电子商务模式出现并广泛应用后，由于其具有高技术性、全球性和无纸性等特征，造成许多传统法律制度中的规则不适合于调整电子商务活动中的商事主体的行为，如果硬行套用调整，将会产生不公平的后果或阻碍电子商务的发展。而电子商务的内容相当丰富，包括电子合同、电子税收、网络知识产权、域名、电子商务安全、网络广告、电子支付、电子产品质量认证等。电子商务对传统法律制度造成的冲击和挑战也正体现在上述几方面。

1. 传统民商事法律对电子商务发展的阻碍

从我国传统的民商事法律规范的发展现状来看，可以清楚地发现传统法律对电子商务的发展形成了一定的阻碍，主要有三种情况。

（1）法律规则的缺位。体现在基于纸介质的传统法律规则对合同和其他文件的“书面形式”、“签名”以及“原件”、“保存”等的要求，数据电文的合法性及其效力没有法律上的依据。

（2）法律规则的模糊。体现在现行程序法及证据规则对待数据电文的证据力及其可执行力的不确定性，电子合同是作为书面证据还是其他类型的证据，如果作为书面证据，是否承认其作为“原件”的性质等，都还没有明确的界定。

（3）法律规则不协调。体现在合同成立的时间、地点上的不同规定。在传统商务环境中，这种不协调可以通过冲突规则等予以缓解或在某种程度上予以解决，而在电子数据的发送、传输情况下，规则不协调的冲突与矛盾又一次显现出来。

随着电子商务的迅猛发展，这些传统的法律障碍终将被减除。

2．电子商务对传统法律提出的挑战

（1）电子合同问题。对数据电文传递过程中的要约与承诺、合同条款、合同成立及生效的时间和地点、通过计算机订立的合同对当事人是否具有约束力等问题，传统的合同法已无法应对。例如，商家登载于网页上的商品信息是要约还是要约邀请？电子要约与电子承诺的构成、生效条件是什么？电子合同的形式应归属于口头、书面或其他什么形式？合同成立、生效的时间和地点与传统合同一样吗？电子合同是否可撤销？无纸化电子合同发生争议后，没有原件的打印，合同是否具有证明力？电子合同的种类有哪些？

（2）互联网的知识产权问题。在互联网上存在着大量的电子文件、电子新闻、电子书籍及软件，这些都可被任意下载，无疑构成了对原著作权人著作权的侵犯。因此著作权的保护成为一个极受人们关注的焦点，公众对网上著作权的认识和观念也有待提高和更新。如何对被指控侵权的人实施有效的制裁是一个亟待解决的难点。就商标而言，传统的商标登记和使用有地域性，而在互联网上则无此地域界限，因而潜在的侵权事件将不断增多。此外，作为企业在互联网上识别标示的域名，在与某种商品或服务相联系后，就足以标示商品和服务的来源，从而具备了商标的标示性。再加上商标的地域性、多重性与域名的全球性、唯一性的冲突，域名与商标间的抢注纠纷也日益增多。抢注者通常都是抢注一些知名企业、著名的老字号店名、知名品牌或城市甚至是国家的名称。这样，一是希望可以借此提高自己网站的关注率；二是希望鱼目混珠，假冒其他知名的品牌推销自己的产品；三是希望那些著名企业出巨额资金来向抢注者购回或高价租用被抢注的域名。在电子商务活动中，这无疑会给企业的竞争力带来负面影响，同样需要立法规范。

（3）电子商务涉及的税法问题。现有的税收征管措施和税种确立主要建立在商务主体开展的传统商务模式之上。交易双方的交易信息及账册都存储在纸介质之上，营业主体都有固定的营业地点及经营范围，这样十分方便税务部门核查、监控及催收。但在电子商务交易过程中，网上流动营销十分普遍，营业主体不一定有固定的营业地点及经营范围，同时网上交易的信息及账册记录信息以数据电文记载，存储于磁盘介质之中，使这些信息的固定性、可信性、不可删改性大打折扣。这就给税务部门获取电子商务的真实交易资料及对纳税对象的核查、监控、催收造成了极大的不便。采用传统的税管手段已难以产生应有的法律效果。同时，电子商务中生产、流通、分配、消费等环节的界限已在一定程度上难以区分，这就对网上交易征税时税种及征税的确定带来了困难，是征生产环节税、流通环节税还是消费环节税，确实很难确定。另外，由于互联网带来的便利，跨国交易增多，如何规定跨国税收规则、如何避免双重征税也是有待解决的棘手问题。

（4）网上支付的法律问题。在电子商务交易过程中，由于金融电子化，完成交易的各方都是通过无纸化的电子手段，如信用卡支付、远程网上结算及电子资金划拨等来进行支付和结算。由于网上电子支付行为越来越普及，传统银行法中的货币发行、支付风险、支付责任等规定就很难直接套用于电子支付行为。在电子支付的过程中，电子货币的发行人是哪些机构，电子支付的安全性由谁保障，支付中出现资金冒领等损失由谁承担等，都应制定新的法律法规予以调整。

另外，网上支付中电子货币、电子现金、电子钱包等，在法律上也存在着很多问题，如电子货币是否具有效力、什么地方将被作为支付地点等。

（5）电子商务安全与隐私权的问题。互联网电子商务的安全和隐私权问题已成为人们广为关注的焦点，如何保证商业秘密不被泄露和盗用，如何确保数据库的保密性，如何保证网络交易系统的安全运行，如何防止商业欺诈，以及如何判定交易人的身份及用户的信用，如何进行电子签名的识别与防伪，如何保证商家安全收款等，都是不容忽视的关键所在。网络的公开性使信息可以在网上自由交换，这样一个开放的平台无疑会与隐私权，如个人账户、信用卡密码、消费者喜好等产生矛盾。

（6）电子证据问题。在电子商务中，确定交易各方权利和义务的各种合同和单证都采用电子形式，这些电子文件在证据中就是电子证据。电子证据主要是指在计算机或计算机系统运行过程中产生的以其记录的内容来证明案件真实的电磁记录物。由于使用磁性介质，记录的内容容易被改动且不易留下痕迹，计算机操作人员的过失或环境和技术方面的原因也会使其出现差错，所以电子文件的真实性和安全性容易受到威胁。因此，电子证据的可用性、有效性及电子证据的审查判断规则，是亟待解决的问题。

（7）电子商务中的广告法律问题。传统的基于地域因素的广告管理规则已不能适应无地理界限的互联网的广告。例如，在法国是禁止做烟草广告的，但互联网的超国界性，使万宝路的广告通过互联网在法国被公众获知成为可能，法国的禁令在互联网面前成了一纸空文。如何制定新的广告管理规则，以适应互联网的要求，成了迫在眉睫的事情。

（8）电子商务中的消费者权益保护问题。法律强调对消费者权益的保护，是为了维护交易双方的实体平等。为此，消费者权益保护法赋予了消费者一系列的法律权利。但在电子商务环境下，消费者的角色发生了转变，消费行为更信用化、理性化、个性化，同时在虚拟的网络市场中，消费者更关注自身权益能否得到法律的切实保护。

现有消费者保护法，无法为网上消费者对商品和服务的知情权、退货权、隐私权等提供充分的保护。所以，应当考虑电子商务消费者的消费特点，制定新的电子商务消费者权益保护规则。令人欣喜的是，自 2014 年 3 月 15 日起施行的新消费者权益保护法将为网上消费者对商品和服务的知情权、退货权等提供充分的保护。

1.1.3 电子商务法产生的必然性

电子交易具有不同于传统交易的法律上的表象。为了保证其规范和有序进行，法律必须做出相应的调整，从而消除传统民商事法律对电子商务运作构成的阻碍。

但是，就电子商务交易法律制度而言，由于数据电文在商事交易中的运用，特别是因特网这一开放性商事交易平台的建立，给商事法律关系带来了一系列新问题。为解决这些特殊问题而形成的电子商务法律制度，都是区别于传统商事交易制度的特有的制度：一是数据电文法律制度，二是电子签名法律制度，三是电子认证法律制度。这些法律制度所解决的问题，实际上就是如何在因特网上建立起商事交易的法律平台。

总之，电子商务立法已成为我国立法机关和法学理论界共同面临的现实而紧迫的问题。

1.2 电子商务法概述

1.2.1 电子商务法的调整对象和范围

电子商务中人们实施的各种活动具有共同的基础和特点，应当遵循共同的规则。但现有的法律体系难以直接对电子商务进行调整规范，因此，必须规定专门的电子商务法，创建专门的电子商务学科，对人们在电子商务中发生的种种社会关系进行规范并对新出现的各种问题进行研究。

电子商务法要独立成为一门法律学科，就必须有自己独立的调整对象。对电子商务法的调整对象，国内学者有不同的认识和表述。杨坚争等编著的《电子商务法教程》中认为："电子商务法是调整有关在线商业行为及其引发的相关问题的法律规范的总和。"张楚著的《电子商务法初论》中认为："电子商务法是调整以交易形式为内容的商事关系的规范体系。"田文英等编著的《电子商务法概论》中认为："电子商务法是指调整电子商务信息流、物质流和货币流三个环节活动中所产生的社会关系的法律规范的总和。"这些界定立论的角度不同，都认为电子商务法具有独立的调整对象，即特定领域中人们之间发生的社会商事关系。

电子商务法有广义和狭义之分。广义的电子商务法是调整通过各种电子信息传递方式进行的商务活动所发生社会关系的法律规范的总和。它的调整对象包括：通过电报、电传、传真形式等电子信息传递而发生的商事社会关系；通过电子数据交换（EDI）形式而发生的商事社会关系；通过互联网、局域网或增值网的电子信息交换而发生的商事社会关系。狭义的电子商务法是指调整通过计算机网络进行数据电文传递而进行商事活动所产生的社会关系的法律规范的总和。从目前国内外电子商务立法活动的实践来看，一般均是从狭义上使用电子商务法的概念。本书也是从狭义上理解和使用电子商务法的含义。

电子商务法的调整对象包括：通过电子数据交换（EDI）形式而发生的商事社会关系和通过互联网、局域网或增值网的数据电文传递而发生的商事社会关系。具体包括以下几类：电子合同关系；网上电子支付关系；网络知识产权关系；网络不正当竞争关系；网络电子消费权益保护关系；电子税收关系；网络广告、拍卖关系；网站经营知识产权关系；电子商务争议解决关系等。

1.2.2　电子商务法的性质和特征

1. 电子商务法的性质

在大陆法系，最基本的部门法律是宪法、民法、刑法、商法、刑事诉讼法和民事诉讼法，简称"六法"。随着法律内容的丰富，在"六法"的基础上又分立出行政法、经济法、国际法等新的部门法。同时各部门法的内容也逐渐细化，分立出比部门法更低一层次的大量的法律学科。部门法的划分以其调整的社会关系性质不同为标准。但现代社会，由于政治、经济、文化的高度发达，社会关系的复杂程度前所未有，由此决定法律部门与法律学科的传统划分标准无法适用于所有的场合。许多新产生的法律学科往往调整不同性质的社会关系，跨越不同的法律部门，如房地产法、环境保护法、证券法、金融法等，这时就很难将某一法律学科简单划归一个特定的法律部门。

电子商务法是一个非常庞杂的法律体系，涉及许多领域，既包括传统的民法领域，如合同法、著作权法等，又有新的领域，如数字签名法、电子认证法等。对电子商务法的性质，法学界有不同的看法，有人认为应归于民法，有人认为应归于商法，有人认为应归于经济法，还有人认为应是独立的法律部门。本书认为，电子商务法的性质应由电子商务法的具体内容构成来决定，电子商务法的内容主要是电子交易法、网络知识产权法、网络安全管制法、网络消费者权益保护法、电子商务主体资格法、电子税收法、电子商务争议管辖法等。这些内容涉及的基本概念、基本原理在现有的法律体系中已有规范，这些规范跨越了民法、商法、经济法、行政法、刑法、诉讼法等法律部门。但从总体上判断，电子商务法是随着电子商务模式的普及推广而产生的一个独立的主要归属于民商法体系的法律学科。因为电子交易法是电子商务法的核心内容，而电子支付法、网络知识产权法、消费者保护法等又是电子商务法的重要组成部分。同时，电子商务法又具有跨部门法的性质，它的有些内容属传统行政法、经济法、国际私法、诉讼法的调整范围。所以，电子商务法的现有规范体系和具体内容尚不足以支撑其成为一个独立的法律部门。

2．电子商务法的特征

（1）电子商务法律主体的虚拟性。在网络电子商务实施中，参与的主体主要通过在线联系，交易和支付的信息主要通过电子邮件、电子数据交换系统、电子商务自动成交系统、电子银行支付系统来传递。因此，从交易谈判到合同订立，从合同履行到价款支付等各环节，电子商务的主体不需见面，相互身份资料无法即时查实，由此可见，电子商务法律主体已虚拟成网络上的数据电文信息或符号。

（2）电子商务法律规范具有任意性和开放性。电子商务是全新的商务形态，许多制度还处于探索阶段，因此，调整电子商务活动时就不应当用僵硬化的规范将正处于发展中的电子商务活动禁锢起来。同时，由于电子商务法主要以电子交易法为中心，而交易对象的选择、交易形式的确定、交易内容的构成和交易责任的承担从意思自治原则来看也应允许交易主体自由决定。授权性的电子商务规范恰恰能满足这一要求。电子商务法是关于以数据电文进行意思表示的法律制度体系，数据电文的形式呈现多样化，新的技术手段与信息媒介不断被开发应用于电子商务活动之中。因此，调整电子商务的法律规范也应当具有开放性，不应将现阶段某一电子商务技术或模式固定为普适性的法律，而应当制定开放性的一般原则条款和功能等价条款，将有利于电子商务发展的技术与模式尽量容纳于电子商务法律规范之中。

（3）电子商务法律内容具有程式性和全球性。电子商务涉及合同、知识产权、税收、消费者权益、管辖制度方面的法律问题。在传统的法律体系中，这方面的制度不仅早已建立，而且权利、义务的内容也相当丰富。电子商务法产生后，主要是对传统法律难以调整、规范的问题进行补充性规定，而不需要完全抛弃原有的法律制度另行创制一套新的法律制度体系。实际上，电子商务法主要规定通过数据电文方式进行意思表示时所应采用的形式，包括电子合同的形式、合同的签字确认、合同主体身份的认证、电子作品的形式、电子作品的侵权方式、消费者的权益保护形式等。这些形式在传统的法律体系中没有相关的规范条款，因此，要求制定电子商务法。一般情形下，电子商务法不重点规定在电子商务法律关系中的具体权利、义务，而主要规定电子商务的新形态、新样式及与传统法律制度的协调与相容，这就说明电子商务法的内容具有形式法或程式法的特征。同时，由网络的全球性和电子商务的跨国性特征决定，电子商务法制定时必须考虑国际组织和其他国家电子商务法律制度的内容、特点，力求在主要的法律理念、立法原则与制度设计上与其他国家相协调，否则，仅一国独创的电子商务法律规则将缺乏实施的生命力。当然，电子商务法的全球性并不是照抄照搬外国的法律，相反，各国仍要考虑本国法律体系的特点，在全球电子商务框架内创制本国的具体电子商务法律制度。例如，我国在《合同法》、《著作权法》、《新消费者权益保护法》中已制定了一些有创意的电子商务法律制度。

（4）电子商务法律客体的广泛性。网上电子商务参与双方权利、义务指向的客体主要是商品和服务。商品包括有形商品和无形商品，有形商品如书籍、汽车、房屋、电器等，无形商品如软件、音乐作品、著作、专利技术等。服务包括网络广告发布、资料查询、邮箱提供、网上拍卖、身份认证、域名注册、聊天和联谊等。随着网络技术和电子通信技术的发展以及安全性的进一步增强，电子商务应用的领域在不断扩大，电子商务法的客体也将不断增加。

1.2.3 电子商务法的内容

电子商务法的内容主要由以下四部分构成。

1．电子商务法律基本理论

这一部分主要介绍和论述电子商务的基本知识，电子商务法的调整对象、性质和特征，电子商务法的内容，电子商务法律关系的构成，电子商务立法的状况等。

2．电子商务交易法

这一部分主要介绍和阐述电子合同制度，电子认证和电子签名法律问题，电子支付法律问题等内容。这部分内容是电子商务法的重点和中心。

3．电子商务权益保障法

这一部分主要介绍和探讨网络版权保护，域名制度，电子商务中的人格权保护，电子商务中的消费者权益保护等内容。

4．电子商务管制法

这一部分主要介绍和分析电子商务的税收管制问题，电子商务的安全保护法律制度，电子商务中的违法犯罪行为的防范与打击，电子商务纠纷的法律救济等。

1.3 电子商务法律关系

1.3.1 电子商务法律关系的概念与性质

电子商务法律关系是指由相关法律法规调整的、在电子商务活动中形成的以权利和义务为内容的社会关系。具体地说，它是指电子商务的参与者（如企业、消费者、金融机构等）与网络服务商等相互之间、在电子商务活动过程中依法产生的权利和义务关系。

作为市场经济的组成部分，电子商务市场也要遵循市场经济的基本规则，市场机制也要通过价格、供求关系和竞争机制发挥作用。因此，电子商务法律关系具有一般法律关系的共同特点。但是由于行为环境不同——电子商务是通过网络进行的商务活动——现行的法律在适用于电子商务活动方面存在着相当大的不确定性，所以它还应具有其自身的特点。

（1）电子商务法律关系具有私法和公法相结合的性质。电子商务法律关系具有私法和公法相结合的性质，它是调和自由和安全两种价值冲突的产物。私法以意思自治为中心，电子商务法中的电子商务交易法律关系体现了交易主体的意思自治，具有私法的性质。但是，在互联网上进行交易又需要安全，而安全可以通过国家的必要干预及网络经营商的技术措施来实现，所以电子商务法律关系又具有公法的性质。

电子商务的法律规范既有强制性规范，又有任意性规范。任意性规范主要体现在电子商务交易法中，它给予交易主体以充分的选择权，体现了当事人的意思自治。而强制性规范表现为其要求当事人必须在法律规定的范围内为或不为一定的行为，违反这种规定就要受到国家强制力的制裁。因此，从这个意义上讲，电子商务法律关系具有私法和公法相结合的性质。

违反电子商务法的法律责任不但有民事责任，还有行政责任和刑事责任。各种计算机或网络犯罪都可能给电子商务活动造成巨大损害。我国刑法规定了四种计算机犯罪，给通过计算机信息网络破坏电子商务活动的犯罪分子以有力的刑事制裁，这也是电子商务法律关系集私法和公法于一身的表现。

（2）电子商务法律关系主要是制定法规范。电子商务法的表现形式是制定法，大陆法系国家是以制定法为传统、以判例法为特点的。英美法系也逐渐朝着制定法和判例法相结合的方向发展。现在美国正在着手制定有关电子商务的成文法，而联合国贸易法委员会制定《电子商务示范法》也是以制定法的形式表现出来的。可见，以制定法的形式规范电子商务法律关系也是大势所趋。

（3）电子商务法律关系具有突出的国际性。电子商务是一种世界性经济活动，它的法律框架也不应只局限在一国范围内，而应适用于国际间的经济往来，得到国际间的认可和遵守。一种成功的电子交易总是需要参与交易的个人、公司或政府之间签订一个合同，以明确彼此之间希望得到的利益，明确实施合同所必须承担的义务。只有当各国政府、各个公司和其他经济组织都认为电子商务与传统的面对面交易或合同交易活动具有同样的确定性时，全球电子商务才能发挥其全部潜能。所以，电子商务法律关系具有突出的国际性特点。

1.3.2 电子商务法律关系的构成要素

电子商务法律关系的构成要素是指构成电子商务法律关系所不可缺少的必要组成部分，即电子商务法律关系的主体、客体和内容。这三个构成要素必须同时具备，缺一不可，否则就不构成电子商务法律关系。如果变更其中的某一个要素，便会引起电子商务法律关系的变化，将不再是原来意义上的电子商务法律关系。

电子商务法律关系的主体是指电子商务活动的参与者或者当事人。

电子商务法律关系的客体是指电子商务活动的主体所享有的权利和所承担的义务所共同指向的对象。

电子商务法律关系的内容是指电子商务活动的参与者或者当事人所享有的权利和所承担的义务或责任。

1. 电子商务法律关系的主体

法律法规对电子商务调整形成的法律关系中，其主体是法律关系的参与者，是法律关系中权利的享有者和义务的承担者。享受权利的一方称为权利人，承担义务的一方称为义务人。

电子商务法律关系的主体包括以下几类：电子商务交易者，电子商务服务者，电子商务认证机构，电子商务监管者。

（1）电子商务交易者。它是指某一商品或服务直接进行交易的双方，也就是通常所说的买方和卖方，如电子商务销售、服务企业和电子商务消费者等。但是，在线交易不同于现实交易，它不仅表现在运行的环境和使用的手段不同，而且表现在网上交易主体具有“虚拟性”。而电子商务法的重要任务就是要确保网上交易主体的真实存在，并具备从事相应在线交易的资质。

（2）电子商务服务者。它是指为电子商务交易活动顺利进行提供各种服务的机构，如网络基础设施的建设与服务机构、金融机构、物流配送企业等。这些机构在买卖双方的交易活动中发挥着重要作用，缺少了这些服务机构，电子商务活动就无法真正开展。电子商务服务者分为两个层次：基础层和应用层。处于基础层的是交通运输业、金融业和电信业，它们提供的是进行电子商务交易活动所必需的基础条件，成为实现电子商务交易的基础设施。处于应用层的是为进行电子商务交易提供技术支持的有特色的网络服务行业，即网络服务商。常见的网络服务商有网络服务提供商（ISP）、网络接入提供商（IAP）、在线服务提供商（OSP）、网络平台提供商（IPP）、网络设备提供商（IEP）、网上媒体提供商（IMP）、应用服务提供商（ASP）、网络内容提供商（ICP）等。

（3）电子商务认证机构。它是在电子商务交易过程中，包括电子支付过程中为交易双方提供验证的第三方机构。它由一个或多个用户信任的、具有权威性的组织实体管理。它不仅要对进行电子商务交易的买卖双方负责，还要对整个电子商务的交易秩序负责。

在我国，认证机构应是企业法人，其设立与经营应当符合《公司法》的规定，同时还应符合特殊行业的基本要求。就认证机构的发起人而言，它一方面必须能承担因认证机构业务而产生的财产责任；另一方面，又必须具有从事信用服务的素质或资格。例如，美国犹他州《数字签名法》规定，认证机构的发起人必须为律师或金融机构、信托公司或保险公司等具有良好信誉和资质之人。

对于认证机构，还应规定行业审批制度。认证机构在申请成立时应向有关部门提交有关材料，如申请报告、可行性方案、验资证明、国家密码管理部门的批准材料、国家安全测评机构的鉴定材料等。

（4）电子商务监管者。它是对电子商务活动的开展进行监督和管理的政府职能部门。电子商务的参与者众多，分工不同，职能各异，为保证电子商务的顺利开展，就需要对各参与者的资格、职能、行为等通过制度的方式加以规范。一般来说，监管者不能同时成为服务者，而且特定服务者不能拥有垄断地位。

中国人民银行是国家的金融监管部门，它对电子商务的监管涉及电子货币发行管理、金融认证管理、电子货币工具管理、安全电子交易管理、电子货币运行监控管理等，尤其是它要参与并主导全国性金融认证体系 CA（Certificate Authority），对所有的认证中心进行分级严格管理，有效防范金融伪造、诈骗、洗钱等非法活动。

2. 电子商务法律关系的客体

电子商务法律关系的客体是指经济主体享有的经济权利和承担的经济义务所指向的对象。它是经济法律关系中的重要因素。客体是确立权利义务的性质和内容的客观依据，客体的确立和转移是经济法律关系形成和实现的客观标准。

电子商务法律关系的主体相互之间，为达到一定的经济目的而形成了相应的法律关系。这种经济目的就是电子商务法律关系的客体。如有的是为了取得一定的财物，有的是为了提供一定的劳务或者完成一定的工作，有的是为了获得一定的智力成果等。

（1）有形商品和无形商品。电子商务法律关系的客体是与电子商务活动有直接关系的物，包括有形商品和无形商品，即传统商务中的商品与服务，通过网络实现交易。它们具有传统民商法中的物的特点。

（2）网上商务行为。网上商务行为包括上传、下载行为，广告，拍卖行为，招标与投标，信息服务等。

（3）智力产品和无形财产。智力产品和无形财产是企业在长期的经营实践中不断积累而形成的无形资产，如商誉、商标权、专利权、著作权、商业秘密与专有技术等。

3. 电子商务法律关系的内容

电子商务法律关系的内容包括交易双方当事人享有的权利和承担的义务。

电子商务法律关系主体享有的权利如下。

（1）电子商务销售和服务企业的权利。电子商务销售和服务企业（以下简称商家）在电子商务法律关系中，除享有传统商务中卖方的权利以外，在电子支付中享有两项基本权利：获取支付价款的权利，即商家根据其与消费者订立的买卖合同享有通过电子方式得到支付的权利；得到通知的权利，即商家根据消费者与银行间的金融服务合同享有从金融机构处得到通知的权利。

（2）消费者的权利。消费者在电子商务法律关系中，除享有传统商务中买方的权利外，在电子支付中消费者有权要求接受银行按照指令的时间及时将指定的金额支付给收款人。如果接受银行没有按指令完成义务，消费者有权要求其承担违约责任，赔偿因此造成的损失。

（3）网络服务商的权利。网络服务商享有自主经营权、法定财产权、获得报酬权、网页及其他电子作品著作权等。

（4）金融机构的权利。

① 接受或拒绝支付指令的权利。在电子支付中，金融机构（银行）可以接受指令人的支付指令，也可以拒绝支付指令，或者要求指令人修正其发出的无法执行的、不符合规定程序和要求的指令。例如，在银行不了解付款人，同时也未持有来自付款人的存款时，便可以拒绝付款人发出的支付指令。银行决定接受还是拒绝支付指令，在一定程度上是一种判断信用的过程。

② 要求付款人或者指令人按时存足所指令的资金并承担因支付而发生的费用的权利。付款人或者指令人账户没有足额资金，金融机构有权要求其及时补足；只要能证明由于指令人的过错而致使其他人假冒指令人通过了安全程序和认证程序，就有权要求指令人承担指令引起的后果。

（5）认证机构的权利。

① 发放证书。用户认证证书的发放是应证书申请人的请求进行的，认证机构在收到申请后，经审查符合条件的，可以发放证书。

② 中止证书。认证机构对已经发生或可能发生的影响认证安全的紧急事件，应采取措施暂时阻止证书的使用。中止证书是应用户的请求或根据有关法律文件做出的，认证机构

发现发放的证书可能存在虚假的情况时也可以中止证书，以确定情况是否属实。中止证书不能超过规定的时间。其他情况下，认证机构不得自行中止证书，除非当事人另有约定。认证机构在中止证书的同时应当在信息公告栏和可查询之处予以公告，并通知有关当事人。

③ 撤销证书。认证机构在用户的主体资格或行为不符合认证机构的规定时，应当终止用户证书的效力。撤销证书可以是基于当事人的请求或法律文件的规定，也可以是认证机构的决定，同时应公开相关信息。

④ 保存证书。认证机构在证书有效期满或撤销后，应当将证书保存并允许查询。认证机构应保存其颁发和任何吊销或撤销证书的记录，认证机构应尽合理的注意义务，并根据证书上建议的可靠限制，保证记录的安全。

电子商务法律关系主体承担的义务如下。

（1）电子商务销售和服务企业的义务。商家在电子商务法律关系中，除需承担传统商务中卖方的义务外，由于电子商务的特殊性，还需在电子支付中扮演收款人的角色，因此，商家在电子支付中具有特别的法律地位。在电子支付法律关系中，收款人虽然是一方当事人，但由于他与指令人、接受银行并不存在支付合同上的权利和义务关系，因此收款人不能基于电子支付行为向指令人或接受银行主张权利，收款人只是基于和付款人之间的基础法律关系与付款人存在电子支付权利义务关系。

（2）消费者的义务。消费者在电子商务法律关系中，除需承担传统商务中买方的义务外，在电子支付中的义务可以归纳为以下几项。

① 签发正确的支付指令，并按照接受金融机构的程序，检查指令有无错误和歧义，并有义务发出修正指令，修改错误或有歧义的指令。

② 支付的义务，即一旦向接受银行发出指令后，自身也受其指令的约束，承担从其指定账户付款的义务。

③ 在符合商业惯例的情况下，接受认证机构的认证义务。

④ 不得以易于识别的方式记录其个人识别码或其他密码的义务。

⑤ 挂失和通知的义务。消费者在知晓下列情况时应当立即通知发行者或发行者授权的人：电子支付工具或电子支付工具使用方式丢失或被窃；其账户上出现未经授权的交易记录或者其他异常情况。

（3）网络服务商的义务。国务院 2000 年 10 月 1 日颁布的《互联网信息服务管理办法》（以下简称《办法》）规定了网站的基本义务。这些义务大致可分为两方面：一是服务行为合法义务；二是保证信息内容合法义务。这两项义务是基于网站作为一种新型媒体对社会公众应当承担的义务。

① 服务行为合法义务。网站（网络信息服务提供者）首先应当按照经营许可范围提供服务。《办法》第十一条规定，互联网信息服务提供者应当按照经营许可或者备案的项目提供服务，不得超出经营许可或者备案的项目提供服务。第十二条明确规定，互联网信息服务提供者应当在其网站主页的显著位置标明其经营许可证号或者备案编号。这一规定实际上要求网站公示其服务身份的合法性。如果没有这样的公示，那么其身份就不合法，消费者不宜接受这些网站的服务，否则正当的权益可能得不到法律的保护。第十四条规定了网站在从事特殊服务项目中要求有登记备案的义务。根据该条规定，从事新闻、出版以及电

子公告等服务项目的互联网信息服务提供者，应当记录提供的信息内容及其发布的时间、互联网地址或者域名、主叫电话号码等信息。这些记录备份应保存60天，并在国家有关机关依法查询时予以提供。

② 保证信息内容合法义务。《办法》第十三条规定："互联网信息服务提供者应当向上网用户提供良好的服务，并保证所提供的信息内容合法。"这条规定有两层含义：一层含义是规定信息服务提供者应当履行的一般性义务，即提供良好的服务。至于什么是良好的服务，需要根据具体情况具体分析，至少要包括在现有技术范围内一般网站所能做到的水平。另一层含义是网站应保证提供的信息内容的合法性。要求服务提供者提供的信息不包含《办法》规定的不合法信息。

（4）金融机构的义务。

① 审查客户的指令是否为一项合法、有效的支付指令，支付方式是否正确。

② 按照指令人的指令完成资金支付。

③ 信息公开和详尽告知的义务。

④ 建立并遵守电子支付的安全程序。为了防止未经授权的人向银行传送电子信息，通常的做法是银行和客户约定建立安全程序。所谓安全程序是指客户与银行之间约定使用的密码或其他有效的身份认证手段。

⑤ 保留电子支付过程中相关的交易记录。国内外有关电子支付和电子货币的立法均将保留电子支付中相关的交易记录规定为金融机构的一项基本义务。例如，美国的《电子资金划拨法》规定，所有的电子资金划拨的书面记录必须至少保存两年；欧盟委员会《电子支付工具指令》规定，交易记录必须被保存足够长的时间；我国央行在《关于试行电子计算机记账过程中有关会计档案保存问题的复函》中规定，在试行电子计算机记账过程中，都应保存手工记账的全部会计档案。

⑥ 回赎其发行的电子货币。作为电子货币的发行人，金融机构有义务按照与持有者之间合约所载明的回赎条件，在有效期内以法定的或者某种可以自由兑换的货币赎回电子货币，并且除操作中必要的花费之外免费将资金划入电子货币持有人账户中。

（5）认证机构的义务。

① 信息披露义务。鉴于认证机构的公信力及其信用服务，认证机构应当向全社会公开其从业资格、重要的业务记录，以便受到公众的监督并获得公众的协作。

② 说明义务。该义务要求认证机构公开其工作流程、为用户提供的服务及服务内容。认证机构在其业务说明中应注意行业政策和习惯，并严格遵守其说明，保证包括证书在内的重要陈述具有准确性和完整性。

③ 保险义务。认证机构是一个高风险的行业，既面临着内部人员操作错误甚至恶意操作等带来的风险，又必须提防外部攻击；技术的进步也会导致机构业务发生重大变化，而且一旦发生风险往往超出认证机构本身的控制。因此，为了减少认证机构的风险和稳定交易秩序，有必要施以认证机构参加责任保险的义务。

④ 保密义务。认证机构在承担信息披露义务的同时，为保护用户合法利益，认证机构还应承担保密义务。

⑤ 担保义务。认证机构一旦将证书发放给用户，就承担着担保证书所述信息真实的义务。这里的真实是指认证机构在证书发放时依法对用户提供的身份状况等情况予以审查，

不存在认证机构明知或应知是虚假信息的情况。同时，该义务要求认证机构没有超过其许可的限额。担保义务不仅仅针对证书持有人，也适用于证书信赖人。

1.3.3 电子商务法律关系的分类

1. 电子商务交易法律关系

电子商务交易法律关系主要包括以下三个方面。

（1）电子买卖合同关系。电子买卖合同关系是电子商务交易双方在市场交易中产生的法律关系，它与传统的合同关系没有什么本质的不同，但电子买卖合同的订立过程及其他形式要件却与传统合同关系区别明显。

（2）电子服务合同关系。几乎任何一个网站经营者，均可以向网络用户提供信息展示、传输、存储、交流等服务。网站与用户之间的这种服务关系特指用户与网站之间建立的固定的长期服务关系，因而在他们之间存在一些权利与义务关系。例如，电子邮件系统的用户与网站经营者之间的关系，因服务合同或者购物或者接受服务而填写的各种表格均可构成网站与用户之间的法律关系。这里网站与用户之间信息发布、传递、交流等服务关系，在提供服务的一方和接受服务的一方之间必然存在着合同关系。这种合同关系，属于非典型契约，可以称为网络用户服务合同。网站与用户之间的法律关系，是一种服务合同关系。

（3）互联互通合同关系。互联互通合同关系是互联网接入服务商与互联网内容信息服务商之间的接入服务权利与义务的关系。例如，经营各门户网站的互联网内容信息服务商与中国电信互联网接入服务商之间的接入服务合同关系。这种关系的性质主要属于平等主体间的关系，但也具有一定的行业管理性质。

2. 电子支付法律关系

电子支付涉及的当事人有以下四类。

（1）付款人。电子支付中的付款人，通常为消费者或买方，其与商家、金融机构（银行）间存在两个相互独立的合同关系：一是消费者与商家订立的买卖合同关系；二是消费者与银行间的金融服务合同关系。

（2）收款人。接受付款的人，通常为商家或卖方。在电子支付中，收款人同样也存在两个相互独立的合同关系：一是与消费者的买卖合同关系；二是与金融机构（银行）的金融服务合同关系。

（3）金融机构（银行）。它是电子支付中的信用中介、支付中介和结算中介，其支付的依据是基于银行与电子交易客户所订立的金融服务协议或者是基于委托代理关系。在电子支付系统中，银行同时扮演发送银行和接受银行的双重角色。

（4）认证机构（CA）。在线电子支付中，认证机构为参与电子商务各方的各种认证要求提供证书服务，建立彼此的信任机制，使交易及支付各方能够确认其他各方身份。

3. 电子认证法律关系

围绕认证证书这个核心形成了两种法律关系。

（1）认证机构与证书持有人之间的关系。认证机构提供证书服务，目的是表明证书持有人身份信息的真实性，让其他网络主体相信自己，同时也可以了解证书持有人的真实身份。这是建立网络商事关系的前提。可以说认证机构与证书持有人之间是一种认证服务合同关系。它除了具有合同的一般法律特点，如双务、有偿等之外，还具有最大诚信、承诺的特点，同时它属于无名合同。

（2）认证机构与证书信赖人之间的关系。所谓证书信赖人是指由于相信认证证书的记载而相信证书持有人的身份真实，从而与之进行商事交易的人。证书信赖人有以下三种情况：一是信赖人与被信赖人都是同一认证机构的用户，都持有电子证书；二是信赖人与被信赖人虽然都持有电子证书，但是由不同的认证机构发放的；三是信赖人不持有任何电子证书。第一种情况，信赖人与认证机构存在认证服务合同，具有合同关系；第二种和第三种情况，信赖人与认证机构之间没有合同，纯粹是基于对认证机构的信任而相信证书持有人。但是不论属于何种情况，对认证机构的信赖始终是存在的。可以说，他们之间的关系应是一种法定信赖利益关系，其权利、义务和责任应当由法律做出规定。

4．监管法律关系

监管法律关系是在电子商务活动中形成的政府监管部门与其他电子商务法律主体之间的关系，包括工商管理部门与电子商务企业的关系，信息产业部门与网络服务商的关系，央行与电子货币发行机构的关系等。

1.4 电子商务立法

全球电子商务立法，是近几年世界商事立法的重点，电子商务立法的核心，主要围绕电子签章、电子合同、电子记录的法律效力展开。据不完全统计，目前世界上至少有 40 多个国家与地区已经制定、颁布了实质意义上的电子商务法。

1.4.1 国外电子商务立法

1．国际组织的电子商务立法

在国际组织方面，自 1985 年至今，联合国国际贸易法委员会（以下简称贸法会）主持制定了一系列调整国际电子商务活动的法律文件。1996 年 12 月，联合国大会决议通过了《电子商务示范法》。它是经众多的国际法律专家多次集体讨论后制定的，旨在向各国政府的执行部门和议会提供电子商务立法的原则和框架，尤其是对以数据电文为基础的电子合同订立和效力等做出了开创性规范，它是世界上第一部电子商务国际基本法，给各国电子商务立法提供了框架和示范文本，在电子商务法律领域具有不可忽视的重要意义。

1999 年 9 月 17 日，贸法会电子商务工作组颁布了《电子签字统一规划（草案）》，旨在解决阻碍电子交易形式推广应用的基础性问题——电子签名及其安全性、可靠性、真实性问题。草案提出了电子签字与强化电子签字的概念，并对电子签名、认证证书、认证机构等做了规范。2001 年 3 月 23 日，联合国正式公布了《电子签字示范法》。这是继《电子商务示范法》后又一部里程碑式的电子商务国际法，为电子签字在电子商务交易中的广泛应用奠定了坚实的法律基础。

1997 年 7 月美国政府正式发布“电子商务政策框架”，世界经合组织 OECD 于 1998

年10月在加拿大渥太华召开了第一次以电子商务为主题的部长级会议，会议名称为“一个无国界的世界，发挥全球电子商务的潜力”。会议通过了三个具体的实施宣言和一个实施报告，即《在全球网络上保护个人隐私宣言》、《关于在电子商务条件下保护消费者的宣言》、《关于电子商务身份认证的宣言》以及名为《电子商务：税务政策框架条件》的报告。渥太华会议是迈向全球电子商务的里程碑，推动了电子商务的全面发展，促进了国际政策的进一步协调，为各种经济体充分利用新的电子平台提供了广阔的空间。

世界贸易组织（WTO）于1997年达成三个协议，分别是《全球基础电信协议》、《信息技术协议》和《开放全球金融服务市场协议》，还对贸易领域的电子商务立法提出了工作计划。1998年5月，WTO的132个成员签署了《关于电子商务的宣言》，规定至少一年内免征互联网上所有贸易活动关税。1999年9月通过了《数字签名统一规则（草案）》，就电子合同实施中的电子签名问题做了初步规定。

欧盟作为国际区域组织也十分重视电子商务立法。1997年提出《关于电子商务的欧洲建议》、《欧盟电子签字法律框架指南》、《欧盟隐私保护指令》等规定。这些规定对欧洲各国的电子商务立法及各国间电子商务活动的开展具有重要的指导作用。

2．欧洲地区电子商务立法

欧洲联盟始终将规范电子商务活动作为发展电子商务的一项重要工作，从1997年起欧洲联盟制定颁布了一系列有关电子商务发展的规范和相关的法律制度。欧盟委员会于1997年提出《欧洲电子商务行动方案》，为规范欧洲电子商务活动制定了框架。1998年颁布《关于信息社会服务的透明度机制的指令》。1999年年末，欧盟制定《电子签名统一框架指令》，该指令由15个条款和4个附件组成，主要用于指导和协调欧盟各国的电子签名立法。2000年，欧盟将电子商务立法作为启动欧洲网络经济发展的重要环节，在布鲁塞尔-罗马条约中讨论了合同法、网上争端解决办法等立法程序。

俄罗斯是世界上最早进行电子商务立法的国家，1994年俄开始建设俄联邦政府网，1995年俄国家杜马审议通过了《俄罗斯信息、信息化和信息保护法》。1996年通过了《国际信息交流法》。2001年通过了《电子数字签名法（草案）》，规定了国家机构、法人和自然人在正式文件上用电子密码进行签名的条件、电子签名的确认、效力、保存期限和管理办法等。

另外，还有德国1997年颁布的《信息与通用服务法》，意大利1997年颁布的《数字签名法》，法国2000年颁布的《信息技术法》等。2001年2月16日，德国议员投票通过了使电子签名具有与手写签名同样的法律效力的议案，使德国成为第一个电子签名合法化的欧洲国家。2002年8月16日，波兰电子签名法正式生效，电子签名在波兰与书写签名具有同等的法律效力。此外，还有葡萄牙2002年颁布的《数字签名法》，奥地利1999年颁布的《电子签名法》、2005年颁布的《数据安全法》，匈牙利1992年颁布的《个人数据保护法》、2001年颁布的《电子签名法》。

3．北美洲、澳大利亚电子商务立法

美国是电子商务的主导国家，其电子商务政策、法律也走在世界前列，对各国的电子商务政策和法律制定产生了重要影响。其电子商务立法是以各州的立法行动为先导的。1994年1月，美国宣布国家信息基础设施计划。1995年5月1日，犹他州率先公布了《数字签名法》，这部法案是世界上最先授权使用数字签名的法案；1997年在统一商法典中增加了

两章：电子合同法和计算机信息交易法；1998年做出进一步的修改。

1997年7月1日，美国颁布《全球电子商务统一框架》，正式形成美国政府系统化电子商务发展政策和立法规划。美国统一州法委员会1999年7月通过了《统一电子交易法》，现在已经为大多数州批准生效。2000年9月29日，又发布了《统一计算机信息交易法》，并向各州推荐采纳。另外，2000年颁布了《国际与国内商务电子签章法》、《反垃圾邮件法》、《政府信息安全改革法》；2002年颁布了《关键基础设施信息法》、《信息自由法》、《电子政务法》；2005年颁布了《联邦信息安全管理法》；2010年3月24日，美国参议院商务、科学和运输委员会通过了《加强网络安全法》。截至目前，美国各州关于电子商务及其配套的法律文件有近百部之多。美国近期正在讨论一项新法案，将赋予总统奥巴马权力，于“国家紧急事态”下关闭因特网。据香港《文汇报》报道，法案一旦通过，奥巴马将有权命令Google和Yahoo等网络服务暂时关闭，其他美国网络服务和宽带供应商也须遵从，违例将面临巨额罚款。

1999年加拿大制定了《统一电子商务法》，正式承认数字签名和电子文件的法律效力。此后，通过制定具体的政策、法规，实现电子商务的发展，通过及时更新法律、法规，消除电子商务的障碍。与此同时，又创立了世界上第一个全国性研发高速光纤网络，率先实现了国家所有的学校与图书馆全部联机。

1999年澳大利亚颁布了《电子交易法》，确定了电子交易的有效性，并对适用范围进行了适当限制。对“书面形式”、“签署”、“书面信息的保留”、“电子通信发出、接收的时间和地点”等进行了规定。此外，颁布的相关法律还有2001年的《反网络犯罪法》、2002年的《安全立法（反恐）修正案》、2003年的《反垃圾邮件法》。

4．亚洲地区电子商务立法

新加坡是世界上积极推广电子商务的国家之一。早在1986年新加坡政府就宣布了国家贸易网络开发计划，1991年全面投入使用EDI办理和申报外贸业务。1998年制定了《电子交易法》，并逐步建立起完整的法律和技术框架。

马来西亚是亚洲最早进行电子商务立法的国家。20世纪90年代中期提出建设“信息走廊”的计划，1997年颁布了《数字签名法》，该法采用了以公共密钥技术为基础并建立配套认证机制的技术模式，极大地促进了电子商务发展。

韩国于1999年颁布的《电子商务基本法》是最典型的综合性电子商务立法。该法包括：关于电子信息和数字签名的一般规定；电子信息；电子商务的安全；促进电子商务的发展；消费者保护及其他；对电子商务的各方面做出基础性的规范。此外，韩国制定的相关法律还有：2001年的《电子政务法》及《信息基础设施保护法》，2005年《全国网络安全管理规定》、《促进电子政务电子管理法》、《信息和通信网络推广法》。

印度1998年推出《电子商务支持法》，并在2000年针对电子商务的免税提出实施方案，促进了信息产业和相关产业的持续增长。

2000年6月，日本政府颁布《数字化日本之发端——行动纲领》，其中对电子签名做了明确规定。该纲领建议立法要点包括：明确“电子签名”的法律地位，保障“电子签名”所使用技术的中立性等。日本2000年制定的《电子签名与认证服务法》，主要的篇幅用于规范认证服务，从几个方面对认证服务进行了全面细致的规定；该法还明确了指定调查机构的权利与义务，形成了独特的监管模式。日本制定的其他相关法律还有：1999年的《反未经授权访问法》，2000 年的《电子签名和认证法》及《反黑客法》，2001 年的《建设先进信息和电信网络社会基本法》，2002 年的《反垃圾邮件法》。

中国香港 1997 年制定了《版权条例》，2000 年颁布了《电子交易条例》。中国台湾 2000 年颁布了《电子广告信件管理条例（草案）》和《电子交易条例》，2001 年制定了《电子签章法》。

《中华人民共和国电子签名法》在 2004 年 8 月 28 日第十届全国人大常委会第十一次会议上表决通过，2005 年 4 月 1 日起施行。该法共五章 36 条，赋予电子签名与手写签名或盖章同等的法律效力，明确了电子认证服务的市场准入制度，对中国电子商务的发展影响重大。

1.4.2 国际电子商务立法的启示

1．立法的主要模式

（1）修改适用模式。依赖于网络、信息的电子商务在 20 世纪 90 年代以后迅速成为经济社会活动中的热点问题，大量的资本、人力进入这一领域，人们在比较中寻求和探索电子商务的有效发展形式及规范模式。现行的法律体系主要是以传统的社会行为与商业活动形态为调控对象。虽然电子商务的许多活动似乎大都可以在传统法律中找到依据，如电子合同订立、电子合同效力、电子支付中消费者保护、网络知识产权保护等，这些规定完全适合电子商务，但又存在许多难以解决的问题。为此，许多国家为调整快速兴起和发展的电子商务活动，要么修改已有的法律规定，要么在已有的法律中增加相应的补充规定，从而使现有的法律体系一方面基本形式、架构得以保持，另一方面又较好地适应了电子商务活动初步获得法律规制的需要。

（2）专门立法模式。对电子商务进行法律规范虽然可以通过法律的修改补充来完成，但两套相差甚远的概念、制度放置于一部法律中，总显得格格不入，难以保持一部法律的完整性和相互协调运作。更何况，随着电子商务在全球经济、社会生活中的地位不断提升，影响力不断增强，靠修修补补的立法规范已难以满足电子商务发展的要求。因此，许多信息技术相对发达、电子商务发展较快的国家，在电子商务实践的基础上陆续针对电子商务的各方面问题，制定、颁布了专门法律。美国、新加坡、阿根廷、韩国等是这一模式的代表。专门立法的优点：一是可以集中解决电子商务的新情况、新问题，立法效率较高；二是可以较好地与现有法律相互协调，同时保持了电子商务的相对独立性。

（3）政策为主，立法缓行模式。电子商务作为新兴的商业模式，许多问题还处于未定状态，包括技术问题、认证问题、信息数据的证据力问题、侵权责任认定问题等，而且这些问题的解决有赖于电子商务的进一步深入发展和各方面经验的积累。但许多国家经济较落后或电子商务刚兴起，对电子商务诸问题的认识不深或更多地来源于其他国家的介绍，缺乏本国的经验累积。在此情况下比较适合先用较灵活的政策去引导电子商务的发展，待各方面条件成熟后再自行制定电子商务法律和法规。实际上，在美国、日本、加拿大、法国等国家电子商务发展的早期，也持这种观点。目前，世界各国电子商务立法进程较慢，而以政策为主导的国家主要是一些电子商务发展较慢的国家。

2．立法的原则

（1）促进电子商务发展的原则。立法是为电子商务发展排除障碍。传统的法律在许多方面不仅不适应电子商务的快速发展和需要，而且客观上阻碍着电子商务的快速发展。例如，传统的合同法认为合同应从双方当事人手书签名时生效，但电子商务交易合同就无法手书签字，那么是否电子合同就不具有效力呢？传统证据法认为书面证据应有原件，那么是否电子记录的证据就无效呢？所以各国在制定电子商务法时十分重视对现有法律法规中不适应电子商务发展要求的内容进行修改、补充，实际上正是在排除传统法律体系和法律规范中阻碍电子商务发展的内容。

立法是为电子商务发展提供法律依据。电子商务的持续发展有赖于法律的规制。法律规制的目的是促进电子商务在协调有序运作中获得持续发展，而不是限制其发展。所以各国十分重视电子商务的创新立法，制定了许多专门的法律，为飞速发展的电子商务提供法律上的依据和支持。

（2）技术中立原则。立法应排除具体技术的影响。电子商务依托的技术数量众多，不同的技术产品质量及应用效能应通过市场竞争来验证。国家在制定电子商务法时主要是创造宽松的法律环境，规范各类竞争行为，而不应直接对具体技术进行许可，将某一技术标准确认为法律规范。当然在涉及国家安全或国家整体利益时，可立法将特定的安全技术或其他技术法律化。

立法应为各种技术的发展预留空间。支撑电子商务实施的各项技术只是目前人们开发的相对成熟的技术。实际上，许多技术在应用中仍存在速度、安全、认证等问题。这就要求各国立法中应为新技术的不断开发和应用创造可能的法律条件，而不应禁锢现有技术的进一步开发和完善。特别是在电子商务立法中不应对不同的技术作区别性的对待。

（3）全球协调一致原则。电子商务具有全球化特征，不论是商业信息的发布、交易的实施，还是争议的管辖与解决，均应在全球的视野中进行思考。由此，决定电子商务立法首先要考虑与国际组织及有关国家已有立法内容的协调一致，以便与国际接轨。在电子商务发展中应积极参与电子商务“游戏规则”的制定，以使本国占据主动地位。1996 年联合国贸法会颁布《电子商务示范法》后，各国电子商务立法受到很大影响。美国作为网络和电子商务发展最快的国家，它制定的许多电子商务发展原则和法律制度，对其他国家立法产生了重大导向作用。当然，电子商务立法在考虑全球相互借鉴和协调一致的同时，也要根据本国的法律传统、电子商务发展状况等因素，在某些方面（如安全保护、消费者权益、产品质量、广告等）创制本国特色的新规范。

3．立法的特点

信息技术革命所引起的电子商务立法在一定程度上与以往传统的立法形式有所不同。其特点表现如下。

（1）立法的速度快、周期短。从 1995 年俄罗斯的《联邦信息法》、美国犹他州的《数字签名法》开始，在短短 10 年间，已有几十个国家和地区以及国际组织制定了相关的电子商务法。电子商务的变化速度、尚未成熟的现实状态及难以预测的未来风险，使其立法出现了高效的奇迹，这在世界立法史上都是极为罕见的。

（2）立法的范围广、跨度大。电子商务法的关键性问题，涉及了多个法学部门和学科领域，其实质是把某一层次的技术全面地应用到社会生产和生活的各个层面，在总体上将这种互联网上的革命认知为一项社会系统工程，并为推进这一工程建立起可靠的保障，由此使得立法的范围、立法的模式发生了巨大的变化。

（3）立法的实践强、次序变。行业互联网向社会互联网的转变，促使互联网的发展正在从技术推动变为应用推动，迫使电子商务的立法侧重于法律的适用性、衔接性和实践性；这种转变又加速了电子商务全球规则的问世，由此造就了国际立法先于各国国内立法的奇特现象。

（4）立法的不平衡、差距大。发达国家和发展中国家的电子商务鸿沟，显示出世界电子商务发展的不平衡。目前，已形成以美国为首，欧洲和亚洲国家为主的国际电子商务格局，使得非洲、拉丁美洲地区处于落后的地位，由此加剧了南北差距。为此，只有全球合作，投资发展中国家的 IT 基础设施，才能使其从电子商务中受益。

1.4.3　我国电子商务的立法现状

1. 法律——主要是对传统法律的修改、补充

我国从 20 世纪 90 年代后期开始重视电子商务的立法活动。1999 年 3 月 15 日颁布的《合同法》中，第十一条规定了数据电文合同是书面合同之一；第十六条和第三十四条分别规定了采用数据电文形式订立合同的成立时间和地点。

2001 年 10 月 27 日修订的《著作权法》第十条确认著作权人享有作品的信息网络传播权；第四十一条确认录音录像制作者享有信息网络传播权和获取报酬权；第四十七条规定未经著作权人许可，通过信息网络向公众传播其作品应承担侵权责任。

1997 年，我国《刑法》第二百八十六条规定了破坏计算机信息系统功能的犯罪，破坏计算机系统数据和应用程序的犯罪等。2000 年 12 月 28 日，第九届全国人大常委会通过了《全国人民代表大会常务委员会关于维护互联网安全的决定》，将网络犯罪的适用范围进一步扩大。

2004 年 8 月 28 日通过、2005 年 4 月 1 日起施行的《中华人民共和国电子签名法》，全文约 4 500 字，共五章 36 条，分为总则、数据电文、电子签名与认证、法律责任、附则。

2009 年 2 月 28 日中华人民共和国第十一届全国人民代表大会常务委员会第七次会议通过了《中华人民共和国刑法》修正案（七）——非法获取个人信息罪，并自 2009 年 2 月 28 日起施行。

2009 年 12 月 26 日第十一届全国人民代表大会常务委员会第十二次会议通过的《中华人民共和国侵权责任法》自 2010 年 7 月 1 日起施行。

2. 行政法规和法规性文件

1991 年至今，国务院制定的与电子商务有关的法规和文件有 20 多部，其中主要有《计算机软件保护条例》（2001）、《电信条例》（2000）、《互联网信息服务管理办法》（2000）和《计算机信息系统安全保护条例》（1999）等。2006 年 5 月中共中央办公厅、国务院办公厅发布了《2006—2020 年国家信息化发展战略》。

3. 部门规章、行业规范和相关文件

国务院所属的各部、局、署、组均从行业管理或全面管理的需要出发，自 20 世纪 90 年代以来制定了较大数量的与电子商务有关的管理办法、细则、规定、通告、通知等。

信息产业部制定了一系列有关电信、网络基础设施及其管理方面的部门规章，主要有《中国公众多媒体通信管理办法》(1997)、《互联网电子公告服务管理规定》(2000)、《中文域名注册暂行管理办法》(2000)、《电信业务经营许可证管理办法》(2001) 和《电信建设管理办法》(2002)。2004 年 12 月 20 日新出台了《中国互联网络域名管理办法》。2005 年信息产业部先后发布了以下规章：《互联网 IP 地址备案管理办法》，2005 年 1 月 28 日发布、自 2005 年 3 月 20 日起施行；《电子认证服务管理办法》，2005 年 2 月 8 日发布、自 2005 年 4 月 1 日起与《中华人民共和国电子签名法》同步施行。

商务部 2007 年以来发布的相关规章包括：2007 年 3 月《关于网上交易的指导意见（暂行)》；2007 年 12 月《关于促进电子商务规范发展的意见》；2008 年 4 月为规范网上交易行为，促进电子商务持续健康发展，商务部起草了《电子商务模式规范》和《网络购物服务规范》。

公安部制定了一些有关信息、网络安全与防治方面的规章，主要有《计算机系统安全专用产品分类原则（A163－199)》(1997)、《计算机信息网络国际联网安全保护管理办法》(1997)、《计算机病毒防治管理办法》(2000) 等。中国人民银行制定了《网上银行业务管理暂行办法》(2001)；国家药品监督管理局制定了《互联网药品信息服务管理暂行规定》(2001)。

中国银监会于 2005 年 6 月 7 日公布了电子银行方面的两份征求意见稿，分别是《电子银行业务管理办法（征求意见稿)》和《电子银行安全评估指引（征求意见稿)》。2009 年 4 月，央行、银监会、公安部和国家工商总局联合发布《关于加强银行卡安全管理，预防和打击银行卡犯罪的通告》。2010 年 6 月 21 日中国人民银行出台了《非金融机构支付服务管理办法》，旨在规范当前发展迅猛的第三方支付行业。

公安部、信息产业部、文化部、新闻出版总署于 2007 年 1 月 25 日联合发布《关于规范网络游戏经营秩序查禁利用网络游戏赌博的通知》。我国第一部网络著作行政管理规章《互联网著作权行政保护办法》已于 2005 年 4 月 30 日发布、5 月 30 日起正式实施。

2010 年 1 月 14 日最高人民检察院第十一届检察委员会第 28 次会议、2010 年 1 月 18 日最高人民法院审判委员会第 1483 次会议通过的《关于办理利用互联网、移动通信终端、声讯台制作、复制、出版、贩卖、传播淫秽电子信息刑事案件具体应用法律若干问题的解释（二)》，自 2010 年 2 月 4 日起施行。这一司法解释针对利用互联网、移动通信终端、声讯台制作、复制、出版、贩卖、传播淫秽电子信息刑事犯罪及其利益链条等问题，进一步明确了相关刑事案件法律适用标准。

2010 年 6 月 1 日，国家工商总局出台了《网络商品交易及有关服务行为管理暂行办法》，自 2010 年 7 月 1 日起施行。

4．地方性法规

各地根据本省市的电子商务发展状况也相继颁布了一些地方性法规，最具代表性的是网络普及程度较高、电子商务发展较快的北京市、广东省、上海市制定的相关地方性法规。其中，2002 年 11 月广东省人民代表大会通过的《广东省电子商务交易条例》，是目前我国最早一部电子商务交易地方基本法，它是全国各省市电子商务立法的重要范本。

近年来，我国不少省市相继出台了有关电子商务的地方性法规，如《大连软件及信息服务业个人信息保护规范》(试用版）从 2006 年 4 月 1 日发布以来，其内容不断地修改与完善。经大连软件行业协会个人信息保护工作委员会讨论通过，于2007年2月5日正式发布《大连软件及信息服务业个人信息保护规范》。修改后的《规范》增加了个人信息保护方针、个人信息公示、委托监督、紧急事态的预防与处理等相关内容，并在文字和词语上做了部分修改和完善。

辽宁省《个人信息保护规范》于2008年6月16日正式发布、2008年7月16日起实施。该标准是又一部关于个人信息保护的标准，这也是我国第一部全社会跨行业的个人信息保护标准。

2009年10月22日北京市出台了《北京市网络与信息安全事件应急预案》。

但是，这些涉及电子商务的法律法规远不能满足电子商务交易活动的需要。目前我国电子商务立法的现状是，法律规范和主管部门不明确，各种管理部门对有关互联网经营活动的不同方面都在进行管理，职能重叠，界定不清。虽然工业和信息化部负责对整个信息产业包括互联网进行全面管理，但实际上，当互联网活动的内容涉及其他管理部门的职能时，这些部门也对互联网和电子商务经营活动进行管理。例如，文化部对音像制品的网上经营活动进行管理；国家保密局对有关涉及国家安全问题的互联网使用进行管理。中国互联网领域的投资者往往会为管理部门的多重性和互联网经营规范的彼此冲突而感到困惑，这是亟待解决的问题。

1.4.4 我国电子商务的立法模式

我国的电子商务立法工作较之国外的电子商务立法相对滞后，在一定程度上阻碍了我国电子商务的迅猛发展。为了进一步推进电子商务向广度和深度发展，必须在全国范围内加强这方面的法律和法规建设，以建立一个适合国内和国际电子商务发展的良好环境。

1. 我国的电子商务法制环境

具体到我国的电子商务法制环境，一方面，在立法上虽有一些成就，但欠缺尚存，在一些重要的电子商务领域，如电子合同、网上支付、交易规范等方面仍处于法律的相对真空地带，直接阻碍我国电子商务的发展。造成这样的局面，有我们的电子商务企业对我国的电子商务立法参与不够的原因，也有我们缺乏及时把握和总结电子商务交易规则的因素。另一方面，由于法制环境不健全、安全保障不够及交易不规范等原因，使得人们对于电子商务交易的安全感、信任度较低，缺乏对于交易者、交易服务者及用户的全面有力的保障机制，侵犯交易方利益、消费者合法权益、知识产权、隐私权等现象时有发生，各方面的权利、义务与责任很不明确，一定程度上制约了我国电子商务的规范和发展。

虽然电子签名法已经颁布并已于2005年4月1日实施，但这部签名法对于交易规则、交易服务者的法律责任等并没有做出具体的规定，而在电子签名的使用和认可上，也都遵循了当事人意思自治为先的原则，对于交易规范和行为统一等方面的指引作用有限。

随着我国电子商务的发展，以下几个问题越来越受到关注。

（1）电子商务的贸易规则及电子合同规范问题。

（2）电子商务中的税务问题（关税和税收）。

（3）电子商务交易方式的标准统一问题。

（4）电子商务的经营许可问题（市场准入）。

（5）电子商务的投资融资问题。

（6）电子票据的认证问题。

（7）知识产权保护问题。

（8）隐私权问题。

（9）安全保密问题。

（10）网上交易的仲裁原则。

以上各个方面急需制定出相应的配套法规，以支持我国电子商务的有序健康发展。

2. 我国电子商务法的立法原则

（1）安全性原则。电子商务法要把维护电子商务的安全放在重要位置。电子交易安全是电子商务主体决定选择利用网络进行电子商务的最重要的因素，维护网络安全，既需要先进的安全技术，更需要严密的安全法律规范支持。

（2）兼容性原则。电子商务的基础是因特网，因特网开放性的特点决定了电子商务本质上是全球性的商事活动，这也必然会导致法律的兼容性。

（3）动态性原则。电子商务发展迅猛，且目前仍处在高速发展过程中，新的法律问题还将随着电子商务的发展不断出现，因而目前要建立并完善国际电子商务法律体系是不可能的，也是不切实际的，只能就目前已成熟或已经达成共识的法律问题制定相应的法规，并随着电子商务发展而不断修改和完善。

（4）指导性原则。由于电子商务的主要活动是电子交易，而商业交易的主要特征是平等自愿，因此，电子商务立法应充分体现指导性原则，明确政府在发展电子商务中的地位，即宏观规划和指导作用，减弱政府对电子商务的管制与指令，充分体现当事人的意思自治。

（5）协调性原则。电子商务立法在解决问题的同时，还要注意与其他层面解决方案的协调，避免法出多门，避免因立法权与管理权冲突导致整个电子商务法律环境的无序。

3. 我国电子商务法的立法模式构想

对于电子商务的立法模式，理论界有两种不同的观点：一是主张先就电子商务出现的具体法律问题，先行制定单行规则或修订传统法律，形成统一思路后，再制定电子商务基本法；二是主张先制定电子商务基本法，然后以基本法为指导思想，就各个具体问题制定单行规则或修订传统法律。

以上两种立法模式各有利弊，尽管不能照套照搬任何一种立法模式，但出台一部电子商务基本法却是我国电子商务发展的当务之急。而且目前我国出台电子商务基本法时机已经成熟，理由如下：第一，我国电子商务已经有过多年的发展历程，开始渗透传统领域，并出现了一些现实的法律问题，为电子商务立法提供了立法需求；第二，国际电子商务立法较为成熟，有可借鉴的经验，如联合国国际贸易法委员会的《电子商务示范法》就为我国电子商务立法提供了一个范本，美国、新加坡颁布实施的《电子交易法》均可以借鉴；第三，我国近年来出台了一些规范信息市场、促进信息产业发展等方面的法律规范，有些省市也开始就电子商务的某些具体方面进行立法探索和研究，均为出台电子商务基本法奠定了立法基础。

当然，根据我国目前的立法体制，急需研究起草电子商务基本法，再考虑出台具体单行法律，但在电子商务基本法出台之前，国务院和国务院各部委应就电子商务的一些具体问题先行制定行政法规或部门规章，各省市也可以根据地方立法权限，就地方电子商务发展的需要制定电子商务法规、规章。电子商务基本法出台后，再以基本法为指导思想，并总结行政法规、地方性法规、规章的立法经验，就电子商务所涉及的各种具体问题制定单行法律或修订不适应电子商务发展的传统法律。从而构成相互配套的、完善的电子商务法律体系。

总而言之，在电子商务这种新兴的贸易方式冲击传统商务活动的同时，电子商务的新法律制度框架必然会有一个与传统商法不断协调和融合的时期，但这是必然也必经的阵痛。唯有如此，电子商务法律才能不断成熟和完善，从而电子商务才能得到健康持续的发展，成为扎实的国民经济增长点，为提升我国的综合实力服务。

1.5 相关链接——2014 年是电商立法元年

2013 年 10 月 31 日，第十二届全国人大常委会公布的新立法规划中，“电子商务法”被列为第二类立法项目，即需要抓紧工作、条件成熟时提请审议。这是电子商务法第一次正式列入我国最高立法机关的议事日程，标志着我国电子商务发展将开启一个全新的历史阶段！

正是在这样的大背景下，中国电子商务法律网、北师大互联网政策与法律研究中心在全国人大财经委等相关立法部门的指导下，联合北京大学电子商务法律发展研究基地、北京大学法学院互联网法律中心、清华大学网络行为研究所、北京邮电大学互联网治理与法律研究中心、中国人民大学互联网金融法律研究所、网规研究中心和网上交易保障中心等研究机构，以及阿里巴巴、腾讯、快钱等我国主要电子商务企业，组建了我国第一个“电子商务立法支撑研究平台”，聚集相关部门和相关领域专家、企业、网商、服务商，定期交流、研讨，为我国电子商务立法献计献策。

2013 年 12 月 28 日，首届中国电子商务立法高层论坛暨“电子商务立法支撑研究平台”成立大会在北京电子商务中心区成功举办，此次论坛还得到中国国际电子商务中心等单位的大力支持。

此次论坛邀请了全国人大财经委、发改委高技术司等与电子商务立法、监管相关的各政府部门和相关领域的专家、企业、平台、网商、服务商、律师等近百人参与，从四个方面对电子商务立法展开了深入研讨：关于中国电子商务立法的整体思考，跨境电子商务法律问题，互联网金融的法律制度建设，新消费者权益保护法与电子商务中的消费者权益保护等。

此次论坛对中国电子商务立法相关问题展开的深入研究和探讨，将引发公众及电商行业对电子商务立法和治理的广泛关注，并创造了民间参与立法、支撑立法的良好开端，推动我国第一部真正意义上的电子商务法的早日出台。

任何一部法律的制定和出台，背后都有着不同利益之间的角力和博弈，电商立法同样不可避免。

关于电商立法，一直以来讨论较多，但真正进入立法程序的并不多，即使有些涉及电子商务的法律出台，对现实生活的影响仍然有限。然而，2013 年，中国电子商务的蓬勃发展，彻底改变了这一情况：中国 10 亿手机用户，6 亿互联网用户，全年社会消费品零售总额中电商交易额约占 2 万亿元，相比 2012 年的 1.3 万亿元有大幅增长。伴随电商对传统零售产业的冲击，以及传统零售产业向 O 2 O 模式的转型，相信电商交易还会再攀高峰，同时，交易的复杂性以及互联网技术对整个实体经济领域的重构，极大地改变着人们的日常生活以及商业交往习惯，2013 年“两会”，电商纳税成为热门话题；同时，有效规范电商的假货问题、偷漏税问题，异地经营导致的监管不力问题也浮出水面。还有，技术变革带来的商业模式的嬗变，也使电商知识产权问题日益突出。

客观地说，立法虽然会受到利益主体的影响，但从一个良性社会发展来考虑，立法的角力和博弈，恰恰让法律有了它的适时性和适度性。有关专家表示，电商规范不适合规定过高的门槛，反之，应该通过规范鼓励广大电商去实现网上交易；当前电商立法需要考虑的问题更加全面，需要更具全局性和前瞻性。长期在守法环境下成长的传统企业要保护自己的利益，创新者也要保护自己的利益，来自不同层面的利益冲突，让电商法律的缺位开始显示出前所未有的尴尬。但另一方面，利益的角力和博弈的激烈程度，也让人们，尤其是监管者更能看清楚，哪种利益更代表未来的发展趋势。

2014 年是电商立法元年，这一年也被人们寄予期望，这种期望绝不是解决哪个具体问题，而是一个新的体系和秩序的建立。

以案用法

原告易趣网络信息服务（上海）有限公司（以下简称易趣）是一家主要提供C2C（消费者与消费者）的中介服务平台。2001 年 1 月 1 日被告刘某以“本田一郎”为用户名注册为易趣用户，同年 3 月 31 日又以“Jaliseng”为用户名在易趣注册了另一个用户账号。被告注册后，即开始使用上述两个用户名在易趣网交易平台上发布商品信息，从事销售活动。在刘某注册时，易趣网络平台实行免费服务，但未约定提供免费服务的期限。2001 年 7 月 1 日，原告开始向其用户收取网络平台使用费，并在网上发布修改后的服务协议供新老用户确认。该协议再次做了修改，其最终稿于 2001 年 9 月 18 日做了公证，并在易趣网发布再次供新老用户确认。该协议对用户注册程序、网上交易程序、收费标准和方式等做了具体规定，协议还约定如用户不按协议的约定付款，应承担赔偿损失的责任，其范围包括因追索欠款而支出的通信费、交通费、差旅费和律师费。此后，被告先后确认了原告的《服务协议》，并继续使用原告的网络交易平台。到 2001 年 9 月 17 日，被告的两个用户账号拖欠使用费共 4 336.6 元。2001 年 10 月 24 日易趣公司以刘某违反双方间网络服务协议为由向静安区人民法院提起诉讼，要求刘某依协议支付平台使用费 4 336.6 元、律师费 2 000 元、调查费 4 元并承担诉讼费。法院审理查明，用户“本田一郎”系被告的父亲注册使用，原告仅依“本田一郎”和“Jaliseng”注册时提供的个人资料及两个用户发布的信息相类似即认定用户“本田一郎”亦系由被告注册，缺乏充分的事实依据，故原告要求被告支付用户“本田一郎”的服务费，法院不予支持。

至于“Jaliseng”用户名下的欠费，法院认为，原告制定的《服务协议》经被告确认后即对双方产生约束力，故该协议被认定为有效，被告未按约定支付服务费已构成违约，其应承担支付欠款并赔付损失的民事责任。对于被告认为《服务协议》过于冗长，注册时不可能阅读全文，故不受约束，法院认为，经公证的协议和注册程序表明只有阅读了协议才能成为易趣用户，故没有支持。据此，法院判决如下：被告支付“Jaliseng”账户下平台使用欠费 1 330 元、相应的律师费 613.4 元、调查费 4 元，并驳回了原告的其他诉讼请求。

请分析：

1．本案存在哪些电子商务法律关系？

2．法院的判决是否正确？为什么？

思考练习题

一、选择题（含单选与多选）

1．继《电子商务示范法》后又一部里程碑式的电子商务国际法是（　　）。

A.《数字签字法》　　B.《全球基础电信协议》

C.《电子签字示范法》　　D.《全球电子商务统一框架》

2．以下说法中，属于电子商务立法的特点有（　　）。

A．立法的速度快，周期短　　B．立法的范围广，跨度大

C．立法的实践强，次序变　　D．立法的不平衡，差距深

3．以下关于“电子商务法的特征”的叙述中，正确的有（　　）。

A．电子商务法律主体的真实性与虚拟性。

B．电子商务法律规范具有任意性。

C．电子商务法律规范具有开放性。

D．电子商务法律内容具有程式性。

E．电子商务法律内容具有广泛性。

F．电子商务法律客体的全球性。

4．以下属于电子商务法的调整对象的有（　　）。

A．网络知识产权关系　　B．电子商务争议解决关系

C．网络电子消费权益保护关系　　D．电子税收关系

E．电子合同关系　　F．网上电子支付关系

5．以下说法中，属于电子商务立法原则的有（　　）。

A．促进电子商务发展的原则　　B．技术中立原则。

C．打击黑客的原则　　D．全球协调一致原则

二、填空题

1．电子商务交易法的主要内容包括电子合同制度；电子认证和电子签名法律问题以及__________法律问题。

2．1995 年 5 月 1 日，美国犹他州率先公布了__________，这部法案是世界上最先授权使用数字签名的法案。

3．电子商务立法的主要模式有：__________模式、__________模式和__________模式。

4．电子商务权益保护法主要包括：电子商务中的消费者权益保护法律问题、__________制度；__________法律问题等内容。

5．电子商务法是随着电子商务模式的普及推广而产生的一个独立的主要归属于__________法体系的法律学科。

6．我国第一部电子商务专门立法是__________，该法于______年______月

________日起施行。

三、判断题（请在括号内画√或×，如有错，请改正）。

1．电子商务法中法律关系的构成要素与经济法中的法律关系一样，都包括主体、客体和内容。（　）

2．电子商务法律关系的构成要素必须同时具备，缺一不可，否则就不构成电子商务法律关系。（　）

3．电子商务法律关系的客体包括网上商务行为、无形商品与无形财产、智力产品。（　）

4．电子商务法律关系主要包括三大类：电子商务交易法律关系、电子支付法律关系和电子认证法律关系。（　）

5．电子商务交易法律关系包括：电子买卖合同关系、电子服务合同关系和互联互通合同关系。（　）

四、填表题

电子商务法律关系的内容

	权　利	义　务
电子商务销售和服务企业		承担传统商务中卖方的义务； 在电子支付中扮演收款人
消费者		传统商务中买方的义务外； 签发正确的支付指令义务； 支付义务；接受认证机构的认证义务；挂失和通知义务等。
金融机构		审查客户的指令是否合法、有效； 按照指令人的指令完成资金支付； 信息公开和详尽告知的义务； 回赎其发行的电子货币等。
认证机构		

五、问答题

1．简述电子商务对传统法律造成的冲击与挑战。
2．电子商务法及其调整对象是什么？
3．电子商务法主要包括哪些内容？
4．谈谈国际组织及世界各国电子商务立法的状况。
5．学完国际电子商务立法有何启示？
6．谈谈我国的电子商务立法现状及立法思路。
7．试述电子商务法律关系的构成要素。
8．电子商务法律关系主体有哪些？它们在电子商务活动中分别起什么作用？
9．电子商务法律关系的客体分为哪几类？各具有什么特征？
10．电子商务法律关系有哪些分类？
11．电子商务法律主体的权利与义务分别有哪些？
12．电子商务法律监管法律关系有哪些分类？
13．如何理解电子商务法律关系具有任意性和开放性？

第 2 章

电子合同

导入案例

2011 年 6 月 22 日上午，远航商贸有限公司（其注册的电子邮箱为 Em:yh@online.sh.cn）向启明镜框加工厂（其注册的电子邮箱为 Em:qm@photo.com.cn）发出要求购买其厂生产的镜框的电子邮件一份，电子邮件中列有如下内容：

需要 25cm×50cm 的镜框 8 件，50cm×100cm 的镜框 12 件；

在 7 月 5 日之前将订购的镜框送至远航商贸有限公司；

总价格不高于 10 000 元。

电子邮件还对镜框的式样、颜色做了说明，并附了样图。

当天下午 4 时 30 分 16 秒，启明镜框加工厂也以电子邮件形式回复远航商贸有限公司，对远航商贸有限公司的要求予以全部认可。为对远航商贸有限公司负责起见，6 月 23 日启明镜框加工厂还专门派人到远航商贸有限公司做了确认，但双方均未签署任何书面文件。

2011 年 7 月 3 日，启明镜框加工厂将上述镜框送至远航商贸有限公司，由于远航商贸有限公司已于 7 月 2 日以 8 000 元的价格购买了另一家镜框加工厂生产的镜框，就以双方没有签署书面合同为由拒收。双方协商不成，7 月 11 日启明镜框加工厂将其起诉至法院，庭审中，双方对用电子邮件方式买卖镜框及启明镜框加工厂去人确认、7 月 3 日送货上门等均无异议。

以案问法

通过阅读导入案例，请思考以下问题：

1. 电子合同与传统合同有何区别？请列表说明。
2. 要约与要约邀请有区别吗？请列表说明。本案中，远航商贸有限公司所发的电子邮件属要约还是要约邀请？
3. 电子合同成立的条件是什么？电子合同从订立之时起就意味着有法律效力吗？本案远航商贸有限公司与启明镜框加工厂是否存在合同关系？
4. 电子商务环境下，合同成立的时间、地点如何确定？
5. 电子要约可以撤回吗？电子要约可以撤销吗？（难点）
6. 电子承诺可以撤回吗？电子承诺可以撤销吗？（难点）

7. 电子合同违约方应承担哪些违约责任？本案中，远航商贸有限公司是否违约？法院应如何判决？

以案解法

1. 电子合同与传统合同的区别请参见教材相关内容，比较表格此处略。

2. 要约与要约邀请有明显的区别（见下表），文字表述请参见教材相关内容。

	要　约	要约邀请
意思表示不同	希望和他人订立合同	希望他人向自己发出要约
约束力	只要受要约人承诺，合同即成立，要约人受到要约的约束	不具备成立合同的全部要素 要约人不承担约束力
主要条件	具备主要条款	不具备主要条款
法律效力	有	无

本案中，远航商贸有限公司所发的电子邮件属要约。

3. 电子合同成立的条件见教材相关内容。已订立的电子合同只有具备了合同生效的一般要件，才自成立时生效。合同生效一般要件见《民法通则》第五十五条。本案中，远航商贸有限公司与启明镜框加工厂之间存在合同关系。

4. 请参见教材 2.3.1 的有关内容。

5. 电子要约在下列情况中可以撤回：① 网络繁忙时，要约无法即刻到达；② 发送 E-mail 时，服务器故障，要约不能快速到达。但通过 EDI 等自动交易系统订约时，电子要约不可以撤回，电子要约几乎不可能撤销，如在自动交易系统完成交易。但在电子邮件情形或交易双方网上协商情形下，电子要约才可以撤销。

6. 电子承诺几乎不可能有撤回的机会。但在出现网络故障、信箱拥挤、病毒发作时，可以有撤回的机会。电子承诺绝对没有撤销的机会。因为此时合同已经成立。

7. 电子合同违约方应承担的违约责任参见教材相关内容。本案中远航商贸有限公司违约。法院应判决远航商贸有限公司履行合同，接收启明镜框加工厂送来的镜框，并支付货款。

2.1 电子合同概述

伴随着互联网技术和信息化的发展，越来越多的企业依赖网络这个平台完成交易的全过程，这就与传统经济模式下的贸易方式有很大差别，电子合同作为电子商务的基础与核心，以其独特的订立方式和表现形式给传统的纸面交易带来了法律、技术和监管等方面的挑战。电子合同与传统合同的根本区别不仅在于通过互联网通信手段达成合同，更在于记载合同内容的形式发生了变化。因此，合同法必须适应这一变化，确立通过互联网缔结合同的一些特殊规则，解决意思表示手段的改变产生的特殊问题。本章主要论述电子合同从订立到履行过程中的特殊问题。

2.1.1 电子合同的概念

1．概念

合同又称契约，在英文中称为“contract”，其本义为“共同交易”。我国《合同法》第二条规定：“本法所称合同是平等主体的自然人、法人、其他组织之间设立、变更、终止民事权利义务关系的协议。”合同反映了双方或多方意思表示一致的法律行为。目前，合同已经成为保障市场经济正常运行的重要手段。电子合同是伴随着数字信息时代的来临而出现的一种新兴的电子交易形式。电子商务主要分为B 2 B、和C 2 C等多种形式，其中B 2 B指的是发生在企业与企业之间的电子商务活动，通常方式是要约人向特定的受要约人通过EDI或E-mail发出要约，受要约人在规定的期限内以EDI或者E-mail方式作出承诺回复。B 2 C指的是发生在企业与消费者个人之间的电子商务活动，通常方式是消费者通过主动浏览网络商场的网页，查看选购商品，确定后点击网站上的电子合同的“同意键”或者是向系统用E-mail方式发出订单，然后经营者依据消费者的指示发出商品并要求消费者通过网上银行等形式付款。C 2 C是指通过为买卖双方提供一个在线交易平台，使卖方可以主动提供商品上网拍卖，而买方可以自行选择商品进行竞价。

一般认为，电子合同的概念分为广义和狭义两种。广义的电子合同，就是通常意义上所指的以“数据电文”为形式拟订的合同。根据联合国国际贸易法委员会1996年12月通过的《电子商务示范法》第二条的定义，数据电文是指“经由电子手段、光学手段或类似手段生成、发送、接收或存储的信息，这些手段包括但不限于电子数据交换（EDI）、电子邮件、电报、电传或传真”。所以可以说，广义的电子合同指经电子手段、光学手段或其他类似手段拟订的约定当事人之间权利与义务的契约形式。

狭义的电子合同是专指由EDI方式拟订的合同。联合国国际贸易法委员会在《示范法》中对EDI做了如下定义：“电子数据交换（EDI）系指电子计算机之间信息的电子传输，而且使用某种商定的标准来处理信息结构。”国际标准化组织（ISO）为EDI下了一个较为完整的定义，即EDI是“将商业或行政事务处理按照一个公认的标准，形成结构化的事务处理或信息数据格式，从计算机到计算机的数据传输”。也就是说，EDI方式的电子合同就是指按照双方或多方协议，对具有一定结构特征的标准数据信息，经过电子数据通信网络，在交易伙伴的计算机应用系统之间进行数据交换和自动处理。我国于1999年3月15日第九届全国人民代表大会第二次会议通过，自1999年10月1日起施行的《中华人民共和国合同法》也引入了数据电文形式，从而在法律上确认了合同可以采用电子手段缔结。我国《合同法》第三十三条规定：“当事人采用信件、数据电文等形式订立合同的，可以在合同成立之前要求签订确认书。签订确认书时合同成立。”

根据商务部2013年6月14日发布的《电子合同在线订立流程规范》所述：“电子合同是平等主体的自然人、法人、其他组织之间以数据电文为载体，并利用电子通信手段设立、变更、终止民事权利义务关系的协议。”本规范推荐订约双方采用电子签名并使用符合本规范的订约方式订立合同。

2．形式：电子合同属于独立的合同形式

合同的内容即当事人双方约定的权利义务，要靠一定的形式记载或表达出来，这种记载或表达合同内容的方式即合同的形式。合同是仅对当事人双方有约束力的协议，只要双方彼此知道其内容并履行之足以构成一种合同关系，无须特别的表达形式。许多合同根本不需要将内容记载下来，双方口头达成一致即可。商事交往中一般使用书面合同，用于记载双方权利义务关系。传统的书面合同主要指纸面的合同，如纸面文本、信件、电传、传真等。随着科技的发展，合同的表现形式也在不断发展。尤其是随着互联网的普遍应用，通过电子邮件、自动交易系统等缔结并以数据电文形式表现的电子合同越来越普遍。

根据我国现行合同法理论及《合同法》（第十条和第十一条）的规定，合同形式分为三种：口头形式、书面形式和其他形式。《合同法》第十一条规定："书面形式是指合同书、信件和数据电文（包括电报、电传、传真、电子数据交换和电子邮件）等可以有形地表现所载内容的形式。"该条已明确将电子数据交换和电子邮件等网络通信方式纳入书面形式的范畴，赋予其法律效力。它将定义书面形式的重点放在"可以有形地表现所载内容的形式"，这一点在世界各国现行立法中处于领先地位。将数据电文（如电子邮件、电子数据交换）视为书面形式，因而电子合同属于书面合同范畴。

但是，电子合同或以数据电文表现出来的合同与传统的以纸质为基础的合同有很大的差别。在某种意义上，传统的合同形式的划分是与证据规则联系在一起的：口头合同对应口头证据规则，书面合同则对应书面证据规则。而之所以将属于文书证据范畴的视听资料视为其他合同形式，也是因其适用的证据规则不同于一般证书规则。电子形式（数据电文电子记录）的合同尽管亦可以视为书面合同和数据，但是因其独特的特征，在证据法上采取区别传统书面合同的规则。实质上，联合国《电子签名示范法》采取将数据电文作为区别于口头和书面的另一类记录或意思表示方式，以解决数据电文的效力。因此，数据电文形式应当视为一种独立的合同形式，称为"电子合同"。鉴于数据独立对待和独立立法已经为世界各国所接受，所以亦应当成为我国合同法的基本原则。

我国《合同法》制定时，《电子签名示范法》刚刚出台，还没有人对其原理和精神进行研究，因而只在形式上采纳了《示范法》将数据电文视为书面的做法，而没有考虑《示范法》将数据电文规定为独立证据类型的事实。电子商务法律研究发展到今天，我们应当承认电子合同的独立性，并按照这样的思路调整和规范电子合同。

因此，合同的形式分为口头合同、书面合同、电子形式和其他形式四类。

2.1.2 电子合同的特征

与传统合同相比，电子合同主要具有以下特征。

（1）无纸化。电子合同通常不是以原始纸张作为记录的凭证，而是将信息或数据记录在计算机中，或记录在磁盘和软盘等中介载体中，因此以电子合同形式所进行的交易，又称为无纸贸易。这种无纸性，大大降低了交易的成本，加快了文件周转速度，但正是这种无纸性，使得电子合同出现两个弊端：电子数据的易改动性和电子数据作为证据的局限性。

（2）虚拟化。电子数据的传输，只需一台计算机、一条电话线和一个调制解调器，借助国际互联网就可以传遍世界各个角落。因此，电子合同的签订，双方当事人可以足不出户、互不谋面，只要坐在计算机屏幕前通过键盘和鼠标，在互联网上活动即可完成，所以当事人完全是在虚拟的网络世界里进行交易，无须人工干预，简化了中间环节，这既节省了双方为传统面对面的谈判所产生的费用和时间，提高了办事效率和市场竞争力，又避免了旅行中可能发生的各种意外。但也正是这种虚拟性，导致了以下问题：一是当事人的身份、信用度如何，对方是不是合格的民事主体，有无民事责任能力等，通过计算机是难以确认的；二是一方收到的信息是否为对方当事人真实的意思表示，对方是否确认了自己的信息内容，接收方也是很难认定的。

（3）信息传递的快速化。电子合同由于是采用数据信息的传输形式签订，速度极快，有利于当事人在市场行情千变万化的情况下，抓住机遇，大大缩短了业务处理时间，改善了服务质量。但是，信息传递的快速也带来一些问题。比如，当事人发出的要约或承诺在瞬间就已到达对方，即使发现错误也难以撤回或撤销。所以，民法关于意思表示的撤回或撤销制度在这里将面临很大困难。

（4）技术化与标准化。电子合同是通过计算机网络进行的，它有别于传统的合同订立方式，电子合同的整个交易过程都需要一系列的国际国内技术标准予以规范，如电子签名、电子认证等。这些具体的标准是电子合同存在的基础，如果没有相关的技术与标准，电子合同是无法实现和存在的。

电子合同生效的方式、时间和地点与传统合同不同，不需要经过传统的签字。传统合同一般以当事人签字或者盖章的方式表示合同生效，而在电子合同中，传统的签字盖章方式被电子签名所代替。

（5）电子化。主要指电子合同订立的电子化和电子合同中的意思表示电子化。我国《合同法》规定合同的订立需要有要约和承诺这两个过程，电子合同同样也需要具备这些要件。传统合同的要约和承诺采用的方式不同于电子合同，当事人一般通过面对面的谈判或通过信件、电报、电话、电传和传真等方式提出要约和接受要约，并最终缔结合同。而电子合同中的要约和承诺均可以用电子的形式完成，它主要输入相关的符合预先设定的程序的信息，计算机就可以自动做出相应的意思表示。意思表示的电子化，是指在合同订立的过程中通过相关的电子方式表达自己意愿的一种行为，这种行为的表现方式是通过电子化形式实现的。《电子商务示范法》中将电子化的意思表示称为“数据电文”。电子数据交换在功能上具有自动审断的功能，因此电子合同的签订过程是通过互联网在计算机的操作下完成的，这是电子合同区别于传统合同的关键特征。

（6）安全化。电子合同比传统的纸质合同具有更高的安全性。电子合同的安全性保障主要来自于电子印章技术和数字证书。一方面，电子合同的内容在盖了电子印章后不可更改，而且电子印章不能分拆出来使用。另一方面，数字证书是一个网上的身份证，它可以确保合同的签订方和合同本身是可信任的。此外，电子合同采用了密码验证和在传输过程加密的办法以保证其安全性。电子合同如果万一被篡改，还将会被提示为无效合同。与传统合同相比，数字认证更具有信息的保密性、数据的完整性等优势。

2.1.3 电子合同的类型

合同的分类就是将种类各异的合同按照特定的标准所进行的抽象性区分。一般来说，依据合同所反映的交易关系的性质，可以分为买卖、赠与、租赁、加工承揽等不同的类型。我国《合同法》就以此为标准，建立了有名合同的法律制度。当然，除了这一标准之外，还有：根据双方权利义务的分担方式可分为双务合同与单务合同；根据当事人是否可以从合同中获取某种利益可分为有偿合同与无偿合同；根据合同的成立是否须交付标的物可分为诺成合同与实践合同；根据合同的成立是否以一定的形式为要件可分为要式合同与不要式合同等。

电子合同作为合同的一种，也可以按照传统合同的分类方式进行划分，但基于其特殊性，还可以将其分为以下几种类型。

（1）从电子合同订立的具体方式的角度，可分为利用电子数据交换订立的合同和利用电子邮件订立的合同。

（2）从电子合同标的物的属性的角度，可分为网络服务合同、软件授权合同、需要物流配送的合同等。

（3）从电子合同当事人的性质的角度，可分为电子代理人订立的合同和合同当事人亲自订立的合同。

（4）从电子合同当事人之间的关系的角度，可分为B 2 C合同，即企业与个人在电子商务活动中所形成的合同；B 2 B合同，即企业之间从事电子商务活动所形成的合同；B 2 G合同，即企业与政府进行电子商务活动所形成的合同。

其中电子数据交换和电子邮件是电子合同订立的两种最主要的形式。

2.1.4 电子合同的法律地位

在我国贸易习惯和法学研究中，大多数法学研究者倾向于将电子合同归于书面形式的一种，建议对书面形式做出扩大解释。我国1999年3月15日颁布的《合同法》也将电子合同列入传统的书面合同范畴，承认电子合同的合法有效性，但是，对于电子合同的法律定义及其效力的认定等问题没有做出任何规定。在贸易实践中，往往采用《电子商务示范法》的“功能等同”原则，即电子合同是在特定条件下的信息，只要它满足可以调视以备查阅，就可以视为书面形式。但是，通过以上分析中可以发现，电子合同和传统的书面合同在合同的载体、意思表达、订立过程等方面存在很大的区别，“数据电文”形式的合同能否真正归于书面形式有待从法律层面进一步明确。

根据我国《民法》的规定，书面形式是以书面文字表达意思表示的法律行为的形式，作为书面合同具有两个特征，一是作为合同的文本的原件可以被保存和识读；二是在需要时可以复制，可以有复制件。从这两个要求来看，电子合同很难满足要求。首先，电子合同虽然可以同样被保存和识读，但必须借助于一定的计算机设备和程序，才可以完成存储和识读功能；同时，电子合同没有可以直接识读的原件，需借助计算机功能调取才能阅读。其次，“数据电文”形式的合同也可以被复制，但复制件与原件具有不可分辨性，电子合同的原件显然与传统书面合同的原件不同。最后，传统的纸面合同具有长久保存、难以篡改、当事人难以否认的特性，是理想的司法证据。人们之所以采用书面形式就是为了证明他们之间的民事关系的存在和合法，以便发生纠纷时有利于保护自己的合法权利。而电子合同不具有这些特征，因此，我们不能把电子合同简单归于扩大意义上的书面形式合同之中，它是一种有别于传统书面合同的新型的合同形式。另外，我国合同法已经承认了“数据电文”形式的合法性，只是为了适应传统形式的种类，将其归于书面形式，为“数据电文”形式在传统的法律中寻找法律依据。但是，根据传统的书面形式规定，并不能解决电子合同的具体问题，也就是说，传统的书面规定很难规范这种新的合同形式。所以，我们没有必要在一个与其性能差异很大的传统合同形式类别中为其寻找合法的地位。

为了解决电子合同的法律地位问题，我们必须改变已成定式的“功能等同”理论，因为，这种假设的“功能等同”并不是实质相同，无论从电子合同的定义上还是性质上都与传统的合同并不吻合。为了解决法律漏洞，避免在发生纠纷时陷入难以适用的局面，在未来的立法中首要问题是明确规定电子合同定义，以区分电子合同和传统的书面合同，界定电子合同法的适用对象，赋予以“数据电文”形式签订的合同的法律效力，使“数据电文”形式合同真正的合法化。

2.1.5 电子合同与传统合同的区别

在电子商务中，合同的意义和作用没有发生改变，但其形式却发生了极大的变化。

（1）合同订立的环境不同。传统合同的订立发生在现实世界里，交易双方可以面对面地进行协商；而电子合同的订立发生在虚拟空间中，交易双方一般互不见面，甚至不能确定交易相对人，其身份仅依靠密码的辨认或认证机构的认证。

（2）合同订立的各环节发生了变化。在网络环境下，要约与承诺的发出和收到的时间较传统合同复杂，合同成立和生效的构成条件也有所不同。

（3）合同的形式发生了变化。电子合同所载信息是数据电文，不存在原件与复印件的区分，无法用传统的方式进行签名和盖章。

（4）合同当事人的权利和义务也有所不同。在电子合同中，既存在由合同内容所决定的实体权利义务关系，又存在由特殊合同形式产生的形式上的权利义务关系，如数字签名法律关系。在实体权利义务法律关系中，某些在传统合同中不被重视的权利义务在电子合同里显得十分重要，如信息披露义务、保护隐私权义务等。

（5）电子合同的履行和支付较传统合同复杂。对合同履行产生影响的主要是电子支付方式采用后引起的一些变化，在信息产品交易中，订约、交付和支付都可能在网上完成，会对合同履行有重大影响。合同履行涉及的问题主要包括以下几方面。

① 履行中的救济措施。

② 在信息产品交易中的电子自助权利的行使问题。

③ 风险责任的界定。

④ 电子支付中的法律问题等。

宁波康尔绿色日用品有限公司与美国万顺工业有限公司签订合同时，双方对合同内容确认后，甲方先把电子印章一个类似于U盘大小的物体插入计算机，两次输入密码后，一个红色的公司印章就印在了指定位置。之后，甲方用网络将合同传输到乙方，乙方则用同样的方法盖上电子印章。这样，一份具有法律效力的电子合同就生效了，而这个过程前后只花了不到两分钟。

与传统纸质合同相比，电子合同具有便捷、效率高的优势，大大提高了企业的整体商务水平。许多公司每年都要签订大量合同，采用传统方式管理比较繁杂，而电子合同则可以在计算机中原样归档、检索、提供数据，方便企业查找信息，还可以导入企业的ERP系统，企业在对账、结算、资金控制等方面可以因此获得极大的便利。

2.2 电子合同的订立过程

2.2.1 电子合同的主体

1. 当事人的行为能力

合同是当事人之间权利义务关系的协定，当事人订立合同，是为自己带来法律后果的行为，也就是一种民事法律行为，在电子交易过程中，我们很难分辨交易对方当事人真正的性别、年龄和身份，更谈不上当事人中一方能得知他方是否具有相应的行为能力，这确实存在判断上的困难。比如，一个 9 岁的男孩经常上网，某日在网上购物网站以其父亲的身份证号注册订购了一台冰箱。结果购物网站在把货送到家后，才发现是他订的，其父母表示很抱歉，但拒绝买下。这时购物网站该如何处理这个问题？

根据我国《民法通则》的规定，公民的权利能力是法律规定的公民享有民事权利和承担民事义务的资格。《民法通则》第十一条、第十二条、第十三条规定：十八周岁以上的公民、十六周岁以上不满十八周岁但以自己的劳动收入为主要生活来源的公民是完全民事行为能力人，可以独立进行民事活动；不满十周岁的未成年人，不能辨别自己行为的精神病人是无民事行为能力人，不能独立进行民事活动；十周岁以上的未成年人、不能完全辨认自己行为的精神病人是限制民事行为能力人，只能从事与其年龄、智力、精神健康状况相适应的民事行为活动。完全民事行为能力人，除法律有特别限制外，具有完全的缔约能力；限制民事行为能力人，只能从事与其年龄、智力、精神健康状况相适应的民事活动，其他民事活动由他的法定代理人代理或征得其法定代理人的同意。无民事行为能力人，由其法定代理人代理民事活动。我国《合同法》第九条第一款规定：“当事人订立合同，应当具有相应的民事权利能力和民事行为能力。”这项规定适用于电子商务合同。我国《合同法》第四十七条规定：“限制民事行为能力人订立的合同，经法定代理人追认后，该合同有效，但纯获利益的合同或者与其年龄、智力、精神健康状况相适应而订立的合同，不必经法定代理人追认。”“相对人可以催告法定代理人在一个月内予以追认。法定代理人未做表示的，视为拒绝追认。合同被追认之前，善意相对人有撤销的权利。撤销应当以通知的方式作出。”如前所述例子中，如果小孩的父母不加以追认，这个小孩所做出的订购行为则是无效行为。在这种情况下，购物网站可以让家长或其他监护人补偿购物网站送货所花的部分费用，以示其监护不力的小小惩罚。

在明确了消费者的行为能力的同时，商家的行为能力或权利能力也是一个必须考虑的问题。商家作为法人同样具有民事权利能力和民事行为能力。就法人而言，其缔约能力与其民事行为能力是一致的。目前，我国法律对从事电子商务的当事人资格有限制性规定的仅限于网络中心。根据我国《计算机信息网络国际联网管理暂行规定（修正）》第九条规定，设立网络中心应具备下列条件。

（1）是依法设立的企业法人或事业法人。

（2）具有相应的计算机网络、装备以及相应的技术人员和管理人员。

（3）具有健全的安全保密管理制度和技术保护措施。

（4）符合法律和国务院规定的其他条件。

这些条件对网络中心的主体资格进行了限制。另外，根据《互联网上网服务营业场所管理办法》第六条规定，对在我国境内设立的互联网上网服务营业场所的主体资格进行了严格的限制。而从联合国、发达国家的立法经验来看，世界主要发达国家的立法中极少对电子合同当事人的主体资格加以限制，但是从保证电子交易的安全性和可行性的角度出发，发达国家相关电子商务的立法均对电子签名、电子认证制度做出了详细的规定，以此确保电子交易的安全性和对电子合同当事人的主体加以确认。

张某起诉中国工商银行 A 省分行营业部储蓄存款合同纠纷案内容如下。

2013 年 3 月 8 日，原告张某在被告中国工商银行 A 省分行营业部（以下简称工行营业

部）下设的红里储蓄所开设了活期储蓄账号，账号为30105059110××××，同时办理了中国工商银行A省分行牡丹灵通卡，卡号为430110000130××××，该卡性质是借记卡，不可透支，原告为存折和牡丹灵通卡设置了密码。2001年7月5日下午，原告在被告设在A省C市的银行自动柜员机（以下简称ATM）上两次取款共3 000元。同日下午18时59分30秒和19时0分27秒，原告所属账户在B省D市ATM上两次被支取1 000元，并收取异地取款手续费各10元，原告与被告联系解决未果，故诉至C市××区人民法院要求处理。C市××区人民法院经审理认为，在归责原则上，原告主张适用无过错责任，这是恰当的，但前提是必须存在违约行为。

从本案的事实来看，本案所涉及的4笔交易均是通过牡丹卡进行的ATM交易，是电子商务的一种方式，对此种电子数据交易，是通过私人密码的设密和运用进入自动交易系统从而完成交易行为的，作为电子商务中广泛运用的私人密码，它具有三个基本功能：一是私人密码的使用表明对交易者身份的鉴别及对交易内容的确认，从而起到电子签名的功能；二是私人密码的使用表明本人进行了交易行为，在交易中，信息发送者和接收者都不能对此予以否认，这就是电子商务行为的“不可抵赖性”；三是私人密码的使用表明交易是在保密状态下进行的。

基于这三项功能，产生了私人密码的使用效力规则，即本人行为原则，其含义就是：只要客观上在交易中使用私人密码，如无免责事由，则视为交易者本人使用私人密码从事了交易行为，本人对此交易应承担相应的责任。因此，从民事行为的角度可以将在B省D市进行的两笔ATM交易行为视为原告本人的行为，因此，被告不存在违约行为。本案中，原告认为其本人不可能同一天在C与D取款，法院认为，情理上存在可能，但从电子签名的原则来看，电子签名的拥有者负有妥善保护其电子签名不被泄露、不被滥用的义务，即必须将电子签名保持于其独占控制之下，本案原告并没有证据证实其已履行该义务。作为金融机构负有保障储户存款安全的义务，但保障存款安全的义务是双方的，且安全与否只是一个相对概念，是与先进科学技术能力相适应的安全，而不是绝对的安全。根据上述理由，法院判决驳回原告诉讼请求。

2．电子合同代理人

在电子商务交易中，越来越多的电子合同采用EDI或电子邮件、网页点击或者企业自动反应系统订立，甚至有的电子合同还采用自动方式履行。互联网自动交易是由一方或双方当事人在数据电文正常传送的情况下进行，而由当事人的计算机信息处理系统自动完成电子合同的订立与电子合同的履行。这些电子交易系统，具有按照预先设定好的程式自动发出要约、承诺，并具有审单判断的功能，许多自动履行的合同，较少需要、甚至不需要人工的介入。当事人通常要在得到清单时，才知道这些合同的详细发生情况。这些智能化交易系统，自动发送、接收和处理交易订单，就是电子代理人。可见，电子代理人既不是自然人，也不是法人或者其他任何机构，而是一些计算机程序和自动化手段，是一种能够执行人的意图的智能化的交易工具。电子代理人不具有法律人格。这与具有完全民事行为能力、具有法律主体资格的传统意义上的“代理人”是截然不同的。

2.2.2 电子合同的订立程序

电子合同是采取数据电文和电子数据的表达方式，其订立过程也是电子方式，也就是通过互联网通信缔结合同。但是，电子合同的订立过程仍要遵循传统合同订立的基本原理，签订电子合同的过程必须满足传统合同订立过程的“协商一致”。一般而言，这一过程包括要约和承诺两个阶段。只有具备这两个阶段，电子合同的订立过程才能完成。

1. 电子合同的要约

根据我国《合同法》第十四条规定：“要约是希望和他人订立合同的意思表示，该意思表示应当符合下列规定：（一）内容具体确定；（二）表明经受要约人承诺，要约人即受该意思表示约束。”

要约通常都具有特定的形式和内容，一项要约要取得法律上的效力，则必须具备特定的有效要件。

（1）要约是由具有订约能力的特定人作出的意思表示，其目的是希望得到受要约人的承诺并最终签订合同。所谓特定人就是指在客观上可以确定的人。

（2）要约必须具有订立合同的意图。

（3）要约必须向要约人希望与之缔结合同的相对人发出。要约必须经过相对人的承诺才能签订合同，因此，要约必须是向相对人发出的意思表示。

（4）要约的内容必须明确、具体和完整。所谓内容具体明确，就是要求要约的内容应当具备合同成立所必须具备的条款，即只要受要约人作出承诺，合同就应当成立。在合同成立所应具备的条款方面，我国《合同法》第十二条规定的第八项一般条款，当事人在订立合同时可以在此基础上增减。从要约内容可以达到合同成立的角度来考察，要约至少应当包括标的、数量、价格或确定价格的方法，并根据交易的具体内容做相应的增加。其传达给受要约人的信息应该是明确的。

（5）要约必须明确提出受要约人做出答复的期限。在此期限内要约人受自己要约的约束，且不得擅自撤回或变更要约。如果撤回要约或变更要约的通知先于或与发出的要约同时到达受要约人，要约人则可以撤回或变更要约。电子要约显然也必须符合以上条件，只是实现要约的手段不同而已。由此可以认为电子要约是通过电子的方式希望和他人订立合同的意思表示，该意思表示应当是特定人所为的意思表示，内容应当具体明确，并且表示一经受要约人的承诺，要约人即受该意思表示的约束。

2. 要约与要约邀请的区别

要约邀请又称 “引诱要约”，是指希望他人向自己发出要约的意思表示。在电子商务活动中，从事电子交易的商家在互联网上发布广告的行为到底应该视为要约还是要约邀请？在该问题上学界有不同的观点，一种观点认为是要约邀请，他们认为这些广告是针对不特定的多数人发出的。另一种观点认为是要约，因为这些广告所包含的内容是具体确定的，其包括了价格、规格、数量等完整的交易信息。我国《合同法》第十五条规定：“要约邀请是希望他人向自己发出要约的意思表示。寄送的价目表、拍卖公告、招股说明书、商业广告等为要约邀请。”“商业广告的内容符合要约规定的，视为要约。”从法律性质上看，要约邀请不是一种意思表示，而是一种事实行为，也就是说，要约邀请是当事人订立合同的预备行为。在发出要约邀请时，当事人仍处于订约的准备阶段，要约邀请只是引诱他人发出要约，它既不能因相对人的承诺而成立合同，也不能因自己做出某种承诺而约束要约人。在发出要约邀请以后，要约邀请人撤回邀请，只要没有给善意相对人造成信赖利益的损失，要约邀请人一般不承担法律责任。

区分要约和要约邀请可以根据以下标准。

（1）根据法律规定。法律明确规定为要约邀请的应当是要约邀请。

（2）根据内容确定。内容具体明确，已达到合同成立所具备的条件的，是要约。

（3）根据发送人的意图确定。发送人有约束自己的条款的，是要约；表明不受约束的，是要约邀请。

（4）根据交易惯例确定。

3. 电子合同的承诺

承诺又称接盘或接受，是指受要约人做出的，对要约的内容表示同意并愿意与要约人缔结合同的意思表示。我国《合同法》第二十一条规定："承诺是受要约人同意要约的意思表示。"一经受要约人承诺并送达要约人，合同即告成立。一项有效的承诺需具备以下条件。

（1）承诺必须由受要约人向要约人做出。受要约人以外的第三人即便知道要约的内容并作出同意要约的意思表示，合同也不能因此成立。因为任何第三人都不享有承诺的资格。受要约人只有向要约人作出承诺才能实现订立合同的目的，故承诺只有向要约人作出才有意义。

（2）承诺必须是对要约明确表示同意的意思表示。

（3）承诺的内容不能对要约的内容做出实质性的变更。受要约人必须完全同意要约的意思表示，才能构成承诺，合同才能成立。如果受要约人对要约的内容做出实质性的变更，则只是一个新的要约，合同因此不能成立；如果受要约人对要约的内容做出非实质性的变更，除非要约人及时表示反对或者要约表明承诺不得对要约的内容作出任何变更的以外，该承诺有效，合同的内容以承诺的内容为准。对于合同标的、数量、质量、价款或者报酬、履行期限、履行地点和方式、违约责任和解决争议方法等的变更，是对要约内容的实质性变更。

（4）承诺必须在合理期限内做出，或要约规定了承诺期限，则应在规定期限内作出，若未规定期限，应在合同期限内做出。

电子合同的承诺也应符合上述规定，由于网络的虚拟性，确定承诺的生效就成为判断电子合同成立的非常重要的问题。

关于承诺的方式。我国《合同法》第二十二条规定："承诺应当以通知的方式作出，但根据交易习惯或要约表明可以通过行为作出承诺的除外。"在电子商务的交易环境下，以行为方式做出承诺而使合同成立的例子并不少见。当一个网络使用者阅读了某一网页上所展现的合同条款，并依照该网页的要求用鼠标点击某个超级链接或某个标有"同意"字样的按钮时，该使用者的行为即可以构成一个有效的承诺。

关于承诺生效的时间和地点。我国《合同法》第十六条和第二十六条明确规定了采取数据电文形式的要约或承诺到达和生效的时间："采用数据电文形式订立合同，收件人指定特定系统接收数据电文的，该数据电文进入该特定系统的时间，视为到达时间；未指定特定系统的，该数据电文进入收件人的任何系统的首次时间，视为到达时间。"同时，《合同法》第三十三条还规定："当事人采用信件、数据电文等形式订立合同的，可以在合同成立之前要求签订确认书。签订确认书时合同成立。"

承诺生效的地点决定了合同的成立地点，我国《合同法》第三十四条规定："承诺生效的地点为合同成立的地点。采用数据电文形式订立合同的，收件人的主营业地为合同成立的地点；没有主营业地的，其经常居住地为合同成立的地点。当事人另有约定的，按照其约定。”即电子合同成立的地点，除当事人另有约定的外，以收件人的主营业地或其经常居住地为准，而主营业地一般为其在工商行政管理机关的登记注册地。

4．电子要约与电子承诺的撤回

（1）要约的撤回。要约的撤回，是指要约人在发出要约后，到达受要约人之前，取消其要约的行为。我国《合同法》第十七条规定：“要约可以撤回。撤回要约的通知应当在要约到达受要约人之前或者与要约同时到达受要约人。”如果要约人以邮寄信件的方式发出要约，在要约到达受要约人之前，可以用更快捷的方法，如电话将之撤回。但是，要约人采用快速通信的方法发出信息，就很难撤回了。如要约人向受要约人发传真，在发出的同时，受要约人也就收到了，此时，不存在撤回的余地。要约一旦达到受要约人后，就发生效力，要约人便不能撤回要约。

对于电子合同中要约的撤回问题，一种观点认为，在电子合同的签订过程中，电子要约也是可以撤回的。由于现在很多网络系统都是“最大努力投递”系统，该类系统常见的做法是，当一个信息无法到达目的地的时候，系统会等待一段时间（通常是几分钟到几小时不等），然后进行再次投递，因此，当网络繁忙的时候，信息无法立刻到达受要约人，此时要约人给受要约人发出撤回要约的通知，该通知是可以先于要约到达受要约人或者与要约同时到达受要约人指定的接收信息的系统的。因此电子商务中，电子要约是可以撤回的。

另一种观点则认为，虽然通过 EDI 订约时，整个订约过程都可能是在计算机自动操作下进行，甚至不存在当事人面对面的谈判和协商过程。要约人的撤回几乎是不可能的。但是当通过电子邮件交易时，电子邮件在互联网上的传输受客观条件影响较大，要约的撤回并不是不可能。虽然时间短暂，但如果要约方发现市场有变化，想撤回要约，还是可以使一份撤回通知先于或者同时到达受要约人以保护其利益的。某人利用某一网络向对方当事人发出一份电子邮件形式的要约，但由于此网络服务器发生故障，或者发出要约的人所在网络的服务器发生故障，没有像通常情形快速送达。要约人突然发现要约的错误，并立即通过另一正常运行的网络向受要约人的另一约定电子邮件信箱发出撤回要约的通知，或通过电话直接通知受要约人，在这种情况下，完全可能实现撤回要约的通知先于或者同时到达受要约人。

（2）承诺的撤回。承诺的撤回，是指承诺人阻止承诺发生法律效力的一种意思表示。对于承诺能否撤回的问题，英美法系和大陆法系持截然相反的态度。英美法系对承诺生效采用“投邮主义”，即载有承诺的通知一经发出即告生效，不能撤回。大陆法系对于非对话要约采取“到达主义”，因而允许承诺人撤回承诺，只要撤回承诺的通知比承诺更先到达要约人或者同时到达就可以。我国《合同法》也是采取这种“到达主义”原则，其第二十七条规定：“承诺可以撤回。撤回承诺的通知应当在承诺通知到达要约人之前或者与承诺通知同时到达要约人。”

对于电子合同中承诺的撤回问题，法学界有两种不同的观点。反对者认为，电子数据在网络中传递的速度非常快，顷刻就可以到达对方，撤回几乎是不可能的，从而使得在法理上对承诺的撤回规定变得毫无意义。所以，这种观点认为应该采取英美法上的“投邮主义”，使得承诺一经发出，马上生效。另一种观点赞同承诺撤回的学者则认为不管电子传输速度有多快，总是有时间间隔的，而且也存在网络故障、信箱拥挤、计算机病毒等突发性事件的存在，使得要约、承诺不可能及时到达。

从尊重契约自由原则和诚实信用原则出发，我们应当认可要约人或承诺人的撤回通知，以使电子合同的成立要件既不优于也不劣于以其他方式订立合同。要约或承诺的撤回作为要约人或承诺人的一项权利，也不应该随意被剥夺。

5．电子要约的撤销

要约的撤销，是指在要约生效后使要约失效的行为。要约的撤销不同于要约的撤回，前者发生于生效后，后者发生于生效前。我国《合同法》第十八条规定：“要约可以撤销。撤销要约的通知应当在受要约人发出承诺通知之前到达受要约人。”第十九条规定，有下列情形之一的，要约不得撤销：

（1）要约人确定了承诺期限或者以其他形式明示要约不可撤销；

（2）受要约人有理由认为要约是不可撤销的，并已经为履行合同作了准备工作。在线交易中，要约能否撤销与要约的撤回一样，取决于交易的具体方式。

如果当事人采用电子自动交易系统从事电子交易，承诺的做出是即刻的，要约人没有机会撤销要约。如果通过电子邮件方式订立合同，在一般情形下，要约是可以撤销的。因为要约人通过以电子邮件方式发出要约后，受要约人收到要约可有一个考虑期，而不是一种自动回应和瞬间撮合的程序。因而在发出要约与最终作出承诺之间可能会有一段间隔。在此期间内，要约人就可以撤销要约。另外，如果当事人在网上进行协商，这与口头方式无异，要约人在受要约人作出承诺前也是可以撤销要约的。

对于电子要约能否撤销的问题，有人认为可以遵从一般合同法规定，有人认为应加入新的内容。在传统合同中规定，要撤销要约，撤销要约的通知应当在受要约人发出承诺通知之前到达受要约人。有人认为这一点应用于 EDI 的特殊环境可能是不现实的，因为 EDI 的速度极快，从而使撤销要约的机会几乎不存在。还有一种观点认为要约能否撤销应该视采用的电文通信方式而定，此观点得到大多数人的认同。如果电子要约采取电子数据交换的方式，则数据电文发出与到达相对方具有同一性，这使要约人撤销要约成为不可能，如果采取电传、电报、传真等通信方式传送，则存在一段收件人处理信息的时差。此时，要约人若改变主意撤销要约，这是有时间依据的。所以在我国《合同法》中，应对数据电文的要约撤销做出分别的规定。这才符合电子要约的传输规律，也有利于保护要约人本身的权利。

承诺自到达要约人时生效，承诺生效时合同即成立。同样，对于电子合同而言，承诺到达要约人，合同即告成立。我国《合同法》同时允许承诺人在承诺生效之前取消承诺，撤回的通知应当在承诺通知到达要约人之前或者与承诺通知同时到达。显然，承诺不存在撤销的问题，因为承诺到达要约人时，合同就宣告成立了。根据大陆法系合同理论，“承诺生效时合同成立”中的“合同”仅指诺成合同，而电子合同多为诺成合同，因此可以根据承诺生效的时间判断合同的成立时间。这也是电子合同在大陆法系和英美法系不同理论中一致性的表现之一。在两大法系不断融合的今天，各国对电子合同的相关规定也越来越趋同。

2.3 电子合同的成立与生效

2.3.1 电子合同的成立

合同的成立，是指当事人经由要约、承诺，就合同的主要条款达成合意，即双方当事人意思表示一致而建立了合同关系，表明了合同订立过程的完结。由于合同是双方或多方之间发生的法律行为，单方法律行为不能构成合同。这就意味着，成立一份合同，其主体必须是两个或两个以上，其意思表示必须一致合意。合同订立的过程就是当事人双方使其意思表示趋于一致的过程。这一过程在《合同法》中规定为要约、承诺。因此，合同的成立必须有双方或多方当事人对合同标的、数量、质量、价款或报酬等内容协商一致，即达成合意。

现实生活中经常遇到在网上订购以后，却不付款或不接收物品的事情。这就涉及合同成立的时间问题。有人提出网上订购时，若使用在线支付，则款项被划出账户时合同成立，若使用邮寄付款，则以邮戳为准。这显然对商家不利，那么未付款的合同是否成立呢？

1．电子合同成立的时间

一般情形下，合同的成立时间也就是合同的生效时间。我国《合同法》第四十四条规定：“依法成立的合同，自成立时生效。”

所谓电子合同成立时间是指电子合同当事人产生法律约束力的时间。一般情况下电子合同的成立时间就是电子合同的生效时间，合同成立的时间是对双方当事人产生法律效力的时间。

我国《合同法》第二十六条规定：“承诺通知到达要约人时生效……采用数据电文形式订立合同的，承诺到达的时间适用本法第十六条第二款的规定。”第十条第二款规定：“采用数据电文形式订立合同，收件人指定特定系统接收数据电文的，该数据电文进入该特定系统的时间，视为到达时间；未指定特定系统的，该数据电文进入收件人的任何系统的首次时间，视为到达时间。”可以看出，我国《合同法》坚持了“到达主义”的传统。

现实生活中消费者在网上购物时，当单击“确认”时，即已做出了“承诺”，此时电子合同已告成立。至于付款方式，实际上将进入电子合同的履行阶段。

认定发送和接收电子合同的时间对于判断交易成立和生效具有重要的意义。我国的《合同法》对此只是作出了原则性的规定。根据《合同法》和民事法律关系基本原理和电子合同的实际情况，认定发送和接收电子通信时间的默认规则为：在双方没有相反约定的情况下，某个电子信息进入某个输送人无法控制的信息系统就视为该信息已经被发送；如果信息先后进入了多个信息系统，如首先进入其网络服务提供者的服务器，再发送到接收人的计算机系统，那么该信息被发送的时间就是先进入网络服务提供者的服务器的时间。在判断信息接收时间方面，如果电子信息的接收人指定了一个信息接收系统，则电子信息进入该系统的时间即为信息接收的时间。

2．电子合同成立的地点

电子合同的成立地点，是指电子合同成立的地方。确定电子合同成立的地点涉及发生合同纠纷后由哪地、哪级法院管辖及其适用的法律问题。我国《合同法》第三十四条规定："承诺生效的地点为合同成立的地点。采用数据电文形式订立合同的，收件人的主要营业地为合同成立的地点；没有主营业地的，其经营居住地为合同成立的地点。当事人另有约定的，按照其约定。"我国立法对电子意思表示采取的是"到达主义"，所以规定以收到地点为合同成立的地点，其原因是考虑到当事人意思自治原则和特殊性问题。

我国《合同法》第三十四条之所以这样规定，主要是因为电子交易中收件人接收或者检索数据电文的信息系统经常与收件人不在同一管辖区内，上述规定确保了收件人与视为收件地点的所在地有着某种合理的联系，可以说我国《合同法》这一规定充分考虑了电子商务不同于普遍交易的特殊性。

2.3.2 电子合同的效力

电子合同的成立只是意味着当事人之间已经就合同内容达成了意思表示一致，但合同能否产生法律效力、是否受法律保护还需要看其是否符合法律的要求，即合同是否符合法定的生效要件。

1. 电子合同生效的含义

电子合同的成立并不等于电子合同的生效，合同的生效是指已经成立的合同在当事人之间产生一定的法律拘束力。因为合同成立并具备一定的要件后便能产生一定的法律效力。但这种法律效力并不是指合同能够像法律那样产生约束力，而是指符合法定生效要件的合同，便可以受到法律的保护，并能够产生合同当事人所预期的法律后果。如果一方当事人不履行合同义务，另一方当事人则可以依靠国家强制力强制当事人履行合同并承担违约责任。这里强调的是合同对当事人的拘束性。

虽然我国的《合同法》没有对合同的生效作出具体的规定，但是电子合同是一种典型的民事法律关系。我国的《民法通则》第五十五条规定，民事法律行为应当具备以下几个要件。

（1）行为人具有相应的行为能力。

（2）意思表示真实。

（3）不违反法律或社会公共利益。

这些条件是合同生效的一般要件，有的电子合同还需具备特殊要件，如有些特殊的电子合同还需到有关部门办理批准登记手续后才能生效。

在大多数情况下，合同成立时即具备了生效的要件，因而其成立和生效时间是一致的。《合同法》第四十四条第一款规定："依法成立的合同，自成立时生效。"

2. 电子合同的生效要件

电子合同的生效需具备以下几个法定要件。

（1）行为人具有相应的民事行为能力。行为人具有相应的民事行为能力的要件在学理上又被称为有行为能力原则或主体合格原则。行为人必须具备正确理解自己行为性质和后果，独立地表达自己的意思的能力。

（2）电子意思表示真实。电子意思表示真实是指利用资讯处理系统或者计算机而为真实意思表示的情形。电子意思表示的形式是多种多样的，包括电话、电报、电传、传真、电邮、EDI、互联网数据等，具体通过封闭型的 EDI 网络，局域网与互联网连接开放型的因特网或传统的电信进行电子交易信息的传输。

（3）不违反法律和社会公共利益。不违反法律和社会公共利益，是指电子合同的内容合法。合同有效不仅要符合法律的规定，而且在合同的内容上不得违反社会公共利益。

在我国，凡属于严重违反公共道德和善良风俗的合同，应当认定其无效。

（4）合同必须具备法律所要求的形式。我国现行的法律规定无法确认电子合同的形式属于哪一种类型，尽管电子合同与传统书面合同有着许多差别，但是在形式要件方面不能阻挡新科技转化为生产力的步伐，立法已经在形式方面为合同的无纸化打开了绿灯。法律对数据电文合同应给予书面合同的地位，无论意思表示方式是采用电子的、光学的还是未来可能出现的其他新方式，一旦满足了功能上的要求，就应等同于法律上的“书面合同”文件，承认其效力。

3．合同成立与合同生效的不同

合同成立并不等于合同生效。《合同法》第一次将合同的成立与生效区分开来。这主要体现在《合同法》第四十四条、第四十五条和第四十六条规定的内容中。结合《合同法》及其他法律的相关规定，可以对合同的成立与合同生效做出如下区分。

（1）体现的意志不同。合同是当事人之间达成的合意。但合同成立后，能否产生效力，能否产生当事人所预期的法律后果，并不是当事人意志所能决定的，它取决于国家法律对该合同的态度和评价。这就是说，即使合同已经成立，如果不符合法律法规规定的生效要件，仍然不能产生法律效力。所以，合同成立体现了合同自由的原则，体现了当事人的意志，而合同是否生效，则体现了国家对合同所作的肯定或否定的评价，反映了国家对合同关系的干预。

（2）反映的内容不同。合同的成立与生效是两个不同性质、不同范畴的问题。合同的成立属于合同的订立范畴，解决的是合同是否存在的事实问题，属于对合同的事实上的判断。而合同的生效属于合同的效力范畴，解决的是已经存在的合同是否符合法律规定，是否具有法律效力的问题。合同生效属于法律上的判断。合同成立是判断合同生效的前提，合同只有在成立以后，才谈得上生效问题。也就是说，合同成立后，只有符合生效条件的合同，才能受到法律保护。而不符合生效条件的合同，尽管其已经成立，并且也可能反映着当事人之间事实上发生了一定的经济往来关系，但这种合同及其反映的经济往来关系不仅得不到法律的保护，有时还要受到法律的制裁。

（3）构成要件不同。合同的成立是订约当事人就合同的主要条款达成合意，即合同因承诺生效而成立，故合同成立的条件一般就是承诺生效的条件。《合同法》第八条规定：“依法成立的合同，对当事人具有法律约束力。”在这里，合同“成立”的前提件是“依法”，说明合同的成立应当具有法定的构成要件。联系《合同法》第二章“合同的订立”中关于合同的订立，包括合同的主体资格、合同的形式、合同的内容、合同的订立过程等的规定，可以看出合同成立的要件一般包括以下几点。

① 合同的主体必须有一方或多方当事人；仅有一方当事人是不可能产生合意的，因而不可能成立合同。

② 合同的内容必须具备合同的必备条款。

③ 合同的订立程序必须经过要约、承诺两个阶段，并达成合意，这是合同成立的根本

要件，也是合同成立的实质要件。另外要式合同必须依合同方式，实践合同必须交付合同标的，合同才告成立。

合同生效的条件是判断合同是否具有法律效力的标准。对合同生效的构成要件，《合同法》并没有做出明确的规定。但从逻辑上看，合同只有成立，才能考察其是否有效，合同成立是合同生效的前提。因此，合同成立的要件也可以看成合同生效的要件。除此之外，根据《民法通则》第五十五条关于民事法律行为生效要件的规定精神，合同生效的要件还应当包括以下几方面。

① 行为人具有相应的民事行为能力。

② 意思表示真实。

③ 不违反法律或社会公共利益。

这些规定也就是合同生效的一般要件，也称实质要件。

有些合同还须具备特殊要件方能生效。这些合同主要包括两种情形：一是附条件和附期限的合同。即当事人根据《合同法》第四十五条、第四十六条的规定："附生效条件的合同，自条件成就时生效。""附生效期限的合同，自期限届至时生效。"所订立的合同，在所附条件成就时或所附生效时间到来时，合同才能生效；二是有些合同必须具备法律所要求的形式。《民法通则》第五十六条规定："民事法律行为可以采取书面形式、口头形式或者其他形式。法律规定用特定形式的，应当依照法律规定。"《合同法》第四十四条第三款所规定的："依法成立的合同，自成立时生效。法律、行政法规规定应当办理批准、登记等手续生效的，依照其规定。"即依照法律行政法规规定应当办理批准、登记等手续生效时，在办理了批准、登记等手续后，合同才能生效。

（4）法律效力及产生的法律后果不同。《合同法》第八条规定："依法成立的合同，对当事人具有法律约束力。当事人应当按照约定履行自己的义务，不得擅自变更或者解除合同。依法成立的合同，受法律保护。"合同成立以后，当事人不得对自己的要约与承诺随意撤回，合同不成立的后果仅仅表现为当事人之间的民事赔偿责任，这种责任一般表现为缔约过失责任。也就是说，合同不成立只能产生民事责任而不能产生其他法律责任。虽然合同生效以后当事人也必须按照合同的约定履行，这一点与合同成立的效力是一致的，且多数合同成立的时间就是生效的时间。但对于已成立但未生效的合同来说，其结果可能有多种：有的因依法批准登记或条件成就、期限届至而生效，因危害国家和社会公共利益而无效，也有的属于效力待定合同、可变更可撤销合同，等等。其中，无效合同自始就没有法律上的约束力，当事人必须停止履行。如合同的无效是由于违反了国家的强制性规定而无效，有过失的当事人除了要承担一定的民事责任以外，还有可能产生行政或刑事上的责任。当事人恶意串通，损害国家、集体或者第三人的利益，因此获得的财产应当收归国家所有或者返还集体、第三人。

（5）适用的法律与处理原则不同。合同是否成立，应当主要适用《合同法》第二章关于"合同的订立"，要约与承诺的有关规定，以及证据法关于证明责任的规定。这样就可以将一些不符合成立条件而可能导致无效的合同，如仅仅某些条款不具备或不明确的合同，可通过推测、探究当事人的真实意思而将其补缺，尊重当事人的意志，通过解释合同将当事人的真实意愿表现出来，从而减少无效合同的产生，减少财产的损失和浪费，充分鼓励交易。而对合同是否有效的纠纷，则应当适用《合同法》第三章"合同的效力"的有关规定。因为合同的效力体现了国家对合同的评价和干预，对于合同是否有效，就不能通过对合同当事人的意思的探究来加以认定。在此情况下，因无效合同内容或形式具有违法性，违反了法律的强制性规定或危害国家、集体第三人的利益，处理时就不能推测、探究当事人的真实意思而将其补缺并促成其生效，只能依据合同的生效制度确认合同无效。

4．电子合同的效力问题

（1）电子合同具有书面形式的法律效力。联合国贸法会 1996 年 6 月采用了《电子商业示范法》，该法指出：因为数码信息具有以后被引用的可能性，足以担当书面文件的任务，不能仅仅因为信息采用的方式是数码信息而否定其法律效力、有效性和可强制执行性。

我国 1999 年 10 月 1 日施行的《合同法》已将传统的书面合同形式扩大到数据电文形式。已赋予了电子合同与传统合同同等的法律效力。这种规定也完全符合国际贸易委员会建议采用的“同等功能法”。

（2）电子签名的效力与电子合同的成立。我国《合同法》第三十二条规定，只有“自双方当事人签字或者盖章时合同成立”。在传统合同中，手签名或加盖公章的行为有两种功能：一是表明合同各方的身份；二是表明受合法约束的意愿。但在电子商务中，传统的签名方式很难应用于这种电子交易方式。因此，人们开始采用电子签名机制来相互证明身份。这种电子签名由符号及代码组成，具备了上述签名的特点和作用。2005 年 4 月 1 日起施行的《中华人民共和国电子签名法》第十四条规定：“可靠的电子签名与手写签名或者盖章具有同等的法律效力。”

我国《合同法》第三十三条规定：“当事人采用信件、数据电文等形式订立合同的，可在合同成立之前要求签订确认书。签订确认书时合同成立。”这就是说，在实行合同签署时运用电子签名，可以不签订确认书，直接使用电子签名；也可以根据实际情况，首先签订使用这种方法的确认书。后一种做法可以提高合同的可靠性，防止电子签名的伪造。实际上，我国《刑法》第二百八十条已规定了有关伪造、编造、毁灭国家机关的公文、印章以及公司、企业、事业单位、人民团体的印章的犯罪。

5．电子合同效力的认定

（1）电子证据与电子合同。传统的确定交易各方权利义务的各种书面合同单证，被储存于计算机设备中的电子文件所代替后，这些电子文件就成为电子证据。由于电子商务中确定各方的权利和义务的各种合同和单证都是采用电子形式的，因此，电子证据作为一种新的能引起一定法律后果的行为载体，在诉讼中，已不仅仅是合同形式，同时也是具有证据意义的权利义务根据。《电子商务示范法》第九条规定：“任何方面不得以数据电文形式不是原件为由否定其作为证据的可接受性。”

当然，电子证据虽然应当是一种介于物证与书证之间的独立证据，但我国《民事诉讼法》目前对其法律效力并未明确规定，没有将其单列出来作为证据的一种，但因其属于计算机储存的能证明事实的数据和资料，对照《民事诉讼法》第六十三条的规定，可将其归入“视听资料”类，且《民事诉讼法》也规定在提交原件确有困难时，可提交复制品或副本。而《合同法》也已规定了电子合同可以作为书面合同的形式，因此，我国法律在证据采纳方面的规定不构成将电子证据采纳为证据的障碍，只需在今后的立法或司法解释中加以明确即可。

（2）电子合同证据效力的认定。我国《民事诉讼法》第六十九条规定：“人民法院对视听资料，应当辨别真伪，并结合本案的其他证据，审查确定能否作为认定事实的根据。”可见，视听资料不能单独、直接地证明待证事实，属间接证据的范畴。同时，由于电子证据容易被伪造、篡改，加上易受人为的原因或环境和技术条件的影响而出错，故也应将电子证据归入间接证据。

按照法理学的理论，只有直接证据才能直接单独地证明案件主要事实，而间接证据必须和其他证据联系在一起才能证明案件的主要事实。因此，审查判断电子证据的真实可靠性和如何与其他证据结合起来认定案件事实将是最主要的工作。主要从以下几个方面进行审查。

① 审查电子证据的来源，包括形成时间、地点、制作过程等。

② 审查电子证据的收集是否合法。

③ 审查电子证据与事实的联系，只有与案件相关的事实或逻辑上是相关的事实才能被认为是证据。

④ 审查电子证据的内容是否真实，有无伪造、篡改等。

⑤ 结合其他证据进行审查判断。如与其他证据相一致，共同指向同一事实，就可认定其效力，作为定案根据，反之则不能。

（3）认定效力需注意的问题。

① 在实践中，双方均予认可的电子证据，其打印件应当作为证据认定。因为当事人的承认性陈述本身就可以作为证据认定，而这种承认性陈述又可被电子证据的内容所印证，所以应当认定。

② 如当事人只提交打印稿，而原件已从计算机中永久删除，除对方认可，否则无论对方是否有能力提出反证，该打印稿均不可作为定案根据，因为根本无法判断是否就是原件。这时不能以对方举不出反证而确认该证据有效。

③ 对有争议的电子证据，应先核对其电子签名，如相符，应认定系拥有该电子签名的人所收发，因为电子签名就是代表个人身份的电子标记，如私人印章一般，自己应当有保管义务，即使为他人盗用，也应对善意相对人承担责任；但如未用电子签名，在目前网络立法尚不完备的情况下，则较难处理；有学者认为，对于轻信了未采用电子签名的合同行为，应承担相应的审查不严责任。

④ 由于电子系统的专业技术性太强，当面临使用公用资源的非注册用户或计算机“黑客”的侵袭的就应另当别论。因此，对电子证据的取证将十分重要。目前，对电子证据的取证只能向网络服务提供商作调查和证据保全，查明对电子证据有无删改，再确定收发件的网址与时间等。在必要的情况下，应当引入专家评定制度，即由专门机构和专家对技术上的问题进行认证鉴定，以保证最大限度的公正合理性。

2.4 电子合同的履行

2.4.1 电子合同履行的概念

电子合同的履行是指合同的当事人按照合同的约定，全面或适当地完成各自应承担的合同义务，使合同关系得以全部终止的整个行为过程。合同的履行是一个行为过程，是合同效力的具体体现。我国法律对合同的履行规定了基本的要求，我国《合同法》第六十条规定："当事人应当按照约定全面履行自己的义务。"由于电子合同的履行中，交易的产品有数字化产品与非数字化产品之分，因此在履行上表现出不同。对于非数字化产品，其履行方式与传统方式没有较大的差异；对于数字化产品，由于其特殊性，合同履行中表现出较多不同。

2.4.2 电子合同履行的原则

1. 全面履行原则

全面履行原则又称正确履行原则和适当履行原则，是指合同的当事人必须按照合同关于标的、数量、质量、价款或报酬、履行期限、履行方式等的约定，正确而完整地履行自己合同的义务。当事人一方在履行中对合同约定义务的任何一个环节的违反，都是违反了全面履行原则。

2. 诚实信用原则

《合同法》第六十条第二款规定："当事人应当遵循诚实信用原则，根据合同的性质、目的和交易习惯履行通知、协助、保密等义务。"此规定可以理解为在合同履行问题上将诚实信用作为基本原则的确认。当事人在合同履行中不仅要适当、全面履行合同约定，还要基于诚实信用原则，对对方当事人履行债务的行为给予协助，使之能够更好地、更方便地履行合同。

根据诚实信用原则的要求，当事人在履行合同时至少应做到以下几点。

（1）债务人不得履行自己已知有害于债权人的合同，对于此种情形，债权人可以请求撤销合同。

（2）在以给付特定物为义务的合同中，债务人于交付物之前，应以善良管理人的注意，妥善保存该物。

（3）在发生不可抗力或者其他原因致使合同不能履行或者不能按预定条件履行时，债务人应及时通知债权人，以便双方协商处理合同债务。

（4）在合同就某一有关事项未规定明确时，债务人应依公平原则并考虑事实状况合理履行。如电子合同中的告知债务人其收货地址和身份信息等，债权人不得拒绝。

2.4.3 电子合同履行的特殊方式

从我国目前开展电子商务的情况来看，无论是哪一种产品，我们可根据支付与交货的方式将电子合同的履行方式分为三种。

（1）在线支付，在线交货。.

（2）在线支付，离线交货。

（3）离线支付，离线交货。

对于有形产品的支付可采取在线或离线方式，而其交货必然要采取离线方式，因此对有形产品支付可以根据《合同法》的有关规定执行；而对于无形产品的支付，亦可采取在线或离线方式，因此在合同履行的时间、履行地、检验、退货方面有其特殊性。在电子合同履行中，可能需要第三方加入协助履行，比如在线支付，往往需要银行的网络化服务，信息访问许可合同，往往需要中介服务提供商提供的信息平台等。

2.4.4　电子合同当事人的权利与义务

合同当事人的权利和义务有所不同。电子合同除了具有实体权利义务关系外，还存在由特殊合同形式产生的权利义务关系，如数字签名法律关系、保护隐私权义务、信息披露义务等。

2.5　电子合同的违约救济

违约责任是指当事人不履行合同债务或者履行合同债务不符合规定时，依法产生的法律责任。违约责任既是违约行为的法律后果，同时也是合同效力的表现。所谓电子合同违约责任是指电子合同当事人因违反电子合同所应承担继续履行、赔偿损失等民事责任。电子合同是以数据电文形式表现的合同，同样也应当遵守传统合同法的一般要求，具有传统合同违约的一般特征。但由于电子合同非传统化的特征，因而电子合同违约还具有订立过程的虚拟性、采用数字签名等特征。

2.5.1　电子合同违约的归责原则

归责原则是指违约方承担民事责任的法律原则。合同违约的归责原则有两种，一种是过错责任原则，另一种是严格责任原则。

1．过错责任原则

过错责任原则是指一方违反合同的义务，不履行和不适当履行合同时，应以过错作为确定责任的要件和确定责任范围的依据。

2．严格责任原则

严格责任原则指的是当事人一方不履行合同义务或者履行合同义务不符合约定的，应当承担继续履行、采取补救措施或者赔偿损失等违约责任。因为违约责任源于当事人自愿成立的合同，如果以过错免责，对于相对人就不公平。从国际立法文件和合同法归责的发展过程来看，以严格责任为合同的归责原则是发展趋势。

电子合同的违约责任应以严格责任为主。严格责任原则更符合合同责任的本质。合同责任的基础在于违反了合同，而合同从本质上讲是双方合意的产物，也是当事人允诺的一种体现。因而，违约行为是违反了自己与他人约定的义务，这种义务是当事人自愿同意为自己设定或创制的，理应受其允诺的意思表示的拘束。合同责任作为违反这种义务应当承担的法律后果理应比侵权责任更为严格。严格责任更能发挥合同责任的功能。合同责任作为保障债权实现和债务履行的重要措施，其主要功能在于补偿性，即保障债权人能从债务人的财产中获得或尽可能获得因债务不履行所遭到的全部损失的补偿。严格责任原则在我国《合同法》的总则中予以明确规定，因而有理由认为其是合同责任的主要归责原则。

2.5.2 电子合同违约的免责事由

违约救济是指一方当事人违反合同约定或法律规定义务的情况下，另一方当事人依照合同约定或法律规定，以保障合同的法律约束力，维护其合法权益为目的而采取的各种措施的总称。违约救济的目的是保护受害方的权益，为了使其尽量避免或者减少违约造成的损失。电子合同的违约救济主要有实际履行、停止使用、继续使用、中止访问、支付违约金和损害赔偿等措施。

网络传输的特殊性也会产生传统法律中不曾有过的问题，因此，在明确严格责任的同时，还需规定免责的事由。电子合同违约的免责事由包括不可抗力、法律的特殊规定、债权人的过错和约定的免责条款等。所谓不可抗力是指不能预见、不能避免且不能克服的客观情况。在网络中，下述情形可认为是不可抗力。

（1）电子文件感染病毒。许可方尽到了合理注意的义务后，不承担责任。目前，计算机绝大部分安全威胁来自于病毒，它能够破坏计算机系统、影响计算机工作并能实现自我复制。如果许可方采取了合理的、积极有效的防御措施仍无法避免电子文件感染病毒，也就是说许可方尽了最大努力仍不能克服事件造成的损害后果，那么我们认为许可方不承担违约责任。但这并不排除许可方返还对方的价款的义务。

（2）非因自己原因的网络中断。如果当事人对此无法预见和控制，则应属不可抗力。

（3）非因自己原因引起的电子错误。电子错误是在电子合同订立过程中，双方当事人因使用信息系统而产生的错误或者变异。若电子错误是由于系统本身的程序缺陷导致消费者作出错误的意思表示，则消费者不应承担违约责任。

（4）因遭受攻击而不能履行的，也应免责。不可抗力或当事人在免责条款中约定的免责事由导致合同义务人违约，可以免除当事人责任，但并非当然或者全部免除义务人责任。当不可抗力并没有导致合同义务人不能履行合同，或者仅导致义务人不能履行部分合同义务时，义务人就不能被免除责任或者只能免除部分责任。只有当不可抗力导致义务人不能履行全部合同义务时，才能被免除承担全部违约责任。另外若当事人延迟履行后发生不可抗力的，不能免除责任；若当事人订立的不可抗力条款违反了《合同法》第五十二条的禁止性规定的，依法不能免责。

2.5.3 电子合同违约救济的主要方式

1．实际履行

请求实际履行是债权人享有的一项权利。在许可方违约时，要求许可方实际交付，使被许可方能够实际使用。通过保证合同得到切实执行以实现缔约目的，有利于减少当事人尤其是接受方的利益损失。

2．停止使用

停止使用是指因被许可方的违约行为，许可方在撤销许可或解除合同时，请求对方停止使用并交回有关信息。停止使用对电子信息产品而言有着特殊的意义，因为电子合同终止后，交回的如果只是信息产品的载体，并没有实际意义，只有停止使用才能保护许可方的利益。但如果被许可的信息在许可过程中已发生改变或与其他信息混合，使之无法分离，则无须也无法交回。

3. 继续使用

继续使用是指在合同终止或许可方违约时，被许可人可以继续使用许可方的信息。继续使用不同于继续履行。继续履行是当事人未能按照合同约定正常履行义务时，由法律强制其继续履行该义务；但是在被许可方实际使用或者获得许可后，许可方违约，被许可方可以继续使用。

4. 中止访问

对信息许可访问合同的救济，当被许可方有严重违约行为时，许可方可以中止其获取信息。中止访问是许可方对被许可方的一种抗辩行为，是履行中的抗辩。

5. 支付违约金

违约金是当事人在合同中约定的一方违约应向另一方支付的金额。违约金的支付一般服从双方约定。但由于约定的违约金具有预定的赔偿性质，当约定的违约金过分高于或者低于违约金造成损失的，当事人可以请求法院或者仲裁机构予以适当减少或者增加。

6. 损害赔偿

损害赔偿是最基本的和最重要的违约救济方式。它与上述几种违约救济方式是互补的，一方违约后，除了要求其采取特定补救方式处理，对于已造成的损害还应予以赔偿。损害赔偿的作用在于使受害者得到完全的赔偿。损害赔偿的最主要特点，一是适用范围极其广泛；二是即使违约方履行了义务或采取了救济措施，只要守约方还有损失，仍可要求损害赔偿。

2.6 相关链接——电子合同在线订立流程规范部分内容

2013 年 6 月 14 日，中华人民共和国商务部发布了《电子合同在线订立流程规范》等 28 项国内贸易行业标准。

2.6.1 电子合同订立系统建立

电子合同订立系统是指具备缔约人身份认证、谈判磋商、合同电子签名、合同存储与调用等功能以实现在线订立电子合同及处理的信息系统。

1. 电子合同订立系统功能

电子合同订立系统应当具备以下功能。

（1）允许使用人引入合同范本，能够按照使用人要求的格式生成符合法律要求的合同文本。

（2）允许进行在线谈判和合同文本修改。

（3）能够实现多媒体通信（文字、视频、音频、移动通信）方式的交流互动。

（4）实现合同信息和谈判信息的实时传输、实时备份，备份的信息数据可追溯、可复制。

（5）合同文本应使用电子签名或其他方式以查验合同内容是否完整及改动。

（6）具有在线存储和允许第三方存储功能的技术接入和实现。

（7）具有符合国家有关安全和保密标准的技术、设备和管理制度。

2. 信息公示

电子合同订立系统应当在网站主页面醒目位置披露设立人的名称、地址、工商登记信息、税务登记信息、经营性网站许可信息、联系电话、电子邮件地址等，并公示系统业务说明，包括合同订立、谈判、签名和存储规则、系统安全保障措施、系统运营管理制度和相关风险提示等内容。

电子合同订立系统应当在网页上公开产品说明书、系统软件版本、技术鉴定文件、发明专利或著作权登记号、计算机安全等级证明等资料。

3. 电子合同订立过程中的其他服务商

电子签名与认证服务提供商应当遵守《电子签名法》和国务院信息产业主管部门的相关规定。

合同存储服务商应具有固定的经营场所和满足电子合同存储要求的物理环境，具有符合国家有关安全标准的技术、设备和管理制度，配备合格的管理人员。

电子签名与认证服务提供商、合同存储服务商和其他辅助服务商均应在电子缔约系统首页公示其身份信息和业务规则，告知使用人的操作方法和相关风险。

4. 使用协议的签订

电子合同订立系统的使用人应和电子合同订立系统设立人签订使用协议，就系统的使用、电子签名的应用、商业信息的保密和电子合同的存储保管等问题达成一致。

电子合同订立系统由订约一方当事人提供的，应当在双方使用该系统时，明确地告知签约相对方。

电子合同订立系统运营商应当向使用人披露系统的管理制度、系统风险，不得隐瞒系统缺陷和对系统安全性及保密性作错误或误导性陈述。

2.6.2 电子合同订立主体识别

1. 订立主体身份登记

电子合同缔约人在初次使用电子合同订立系统时应填写自己真实的身份信息，在身份信息发生变动时应当及时办理变更登记。

企业是缔约主体的，应当填写企业名称、住所或主要办公地、联系方式和企业工商登记号码等；

个人是缔约主体的，应当填写自己的姓名、个人身份证件号码；住所或主要办公地、联系方式等；

合同缔约主体所签订的合同涉及许可经营的，还应登记许可证上的相关信息。

电子合同缔约系统在缔约双方进入商业谈判阶段时，应当允许双方相互查看对方的身份信息；电子合同缔约系统可与使用人约定公开其身份信息的时点和公开或允许他人查看其身份信息的具体内容。

2. 订立主体身份验证

电子合同缔约系统应采取适当的方法对使用人的真实身份进行验证或核实。

电子合同缔约系统对于使用人身份信息无法验证或核实的，应当以醒目的方式予以提示或告知合同缔约相对人。

2.6.3 电子合同的订立

1. 合同谈判发起

电子合同订立系统使用人应在注册身份信息后，应以加密方式进入电子合同订立系统。

电子合同订立系统在电子合同订立一方发起谈判时，应提示查询对方身份状况。

在缔约双方进入商业谈判阶段后，电子缔约系统应当自动实时地记录双方的交流文字，并为缔约双方提供视频、语音等多种通信方式。缔约双方的任何交流的记录档案，非经一方请求，不得公开或者向第三方披露。

2. 合同谈判

电子合同订立系统应保持正常运行以确保谈判过程的顺利进行。

由于不可抗力发生谈判中断时，电子合同订立系统应能够进行灾难备份。

当事人应能够通过电子合同缔约系统查询谈判过程（包括内容的讨论过程和修改过程）的记录数据。

3. 电子合同的二次确认

经过谈判后形成的电子合同文本，应征求电子合同订立方的确认。确认过程应实施两次，即再次确认后进入电子签名阶段。

4. 电子合同的电子签名

电子合同必须附加合同签署各方的电子签名后依法具有与纸质书面合同相同的效力。

电子签名人应当妥善保管电子签名制作数据。电子签名人知悉电子签名制作数据已经失密或者可能已经失密时，应当及时告知有关各方，并终止使用该电子签名制作数据。

5. 电子合同的辅助认证

鼓励使用辅助加密或保密的技术设施的使用，包括二维码、时间戳、水印、短信通知等方法。

电子合同订立系统应对辅助加密或保密功能的使用做出详细说明，供当事人选择。

2.6.4 电子合同的备份与查询

1. 电子合同备份

经过电子签名后的电子合同最终文本应当同步在电子合同订约系统或第三方存储服务商服务器中备份，以便在发生纠纷时调用查询。

电子合同的完整储存信息应当包括合同内容、签约时间、合同订立各方主体信息、电子签名信息等。订约人可随时在订约系统中查阅自己签订的合同信息。

存储服务商可应电子合同订立人的请求，对其合同谈判过程提供存储服务。储存后的电子合同能够应缔约人的请求进行在线查看和下载。

2．电子合同查询

电子合同订立各方可以通过在线和离线两种方式查询电子合同第三方存储服务商保存的电子合同。

利用在线方式查询电子合同，应利用电子签名制作数据进入电子合同第三方存储服务商网站，并按照存储服务商规定的操作程序查询。

利用离线方式查询电子合同，应持主体身份文件，到电子合同第三方存储服务商办公地点进行查询。

电子合同第三方存储服务商有义务为合同订立各方或其他依法取证机构提供书面证明函。

合同缔约当事各方应当明确约定，如无相反证据，第三方存储的信息应当得到合同订立各方的确认。

3．电子合同保存期限

电子合同的存储期限不得晚于合同订立之日起五年，合同当事人另有约定的除外。

4．第三方存储的推荐性

合同当事人双方或一方使用第三方存储的，经存储的合同信息应被视为完全真实的信息。

2.6.5 保密与安全

1．电子合同订立系统的保密

电子合同订立系统工作人员不得主动介入或干预缔约过程，确保记录档案为自动生成。因系统故障等特殊情况需要人工干预时，应将人工介入的详细情况记载于系统中，并随合同档案一并保存。系统生成的档案记录非经缔约方请求，系统工作人员不得擅自查阅。

2．第三方存储服务商的保密

存储于第三方存储服务商的合同信息，除当事人请求或依法取证外，服务商应当严格保密电子合同信息，对于已经存档保管的记录信息，未经缔约双方的共同同意不得修改，且任何经授权修改的行为均应记载于系统中。第三方服务商应采取技术手段防止其工作人员利用工作便利获知、公开或披露合同信息。

3．缔约系统安全及存储系统安全

电子合同缔约系统和第三方存储服务商应遵循国家法律法规规定，采取符合法律要求的设备、技术和管理措施，配备合格的人员保障系统的安全运营。

电子合同缔约系统和第三方存储服务商应根据使用环境、数据信息和用户数量情况采取异地备份。

2.6.6 电子合同的推荐性条款

1. 法律适用

合同当事人可以在合同中约定适用的法律。

2. 电子合同的管辖

电子合同缔约可在合同中约定纠纷的管辖地和管辖机构。选择仲裁的，不能同时选择法院管辖。

3. 电子合同的争议处理

电子合同缔约人可在合同中约定争议处理的解决方式。对于小额和简单的争议案件，推荐当事各方进行网上仲裁。

以案用法

2013年7月，正在兴建某市住宅小区的被告宏达基建工程公司（以下简称工程公司）突然接到河沙供应商青蓝河沙厂的加急电报。该电报称：因连降大雨，致使洪水泛滥，运送河沙的铁路被洪水冲毁，无法再按时运送河沙，请工程公司另想良策购买河沙。因正值施工旺季，工地需要大量河沙，而冲毁的铁路又难以在短期内通车，工程公司为不影响施工进度，遂向东乡河沙厂和原告胜利河沙厂发出电报，电报称：我公司急需建筑用河沙200吨，如果贵厂有河沙，请于见电报之日起二日内电报通知我公司，我公司将派技术员前往验货并购买。东乡河沙厂和胜利河沙厂收到电报后，均向工程公司拍发了电报，并向工程公司提供了河沙的型号及价格，而胜利河沙厂在拍发电报的同时，又通过关系向铁路车站报领了车皮，用火车将100吨河沙运往工程公司所在的车站。在该批河沙到达工程公司所在的车站前，工程公司已派技术员丁某到东乡河沙厂验货并签订了购销合同，合同签订后的第二天上午，东乡河沙厂和丁某一起给工程公司拍电报，称货已发出。下午，胜利河沙厂的河沙运到，工程公司告诉胜利河沙厂，他们已购买了东乡河沙厂的河沙并已经支付了货款，因此，无资金再购买胜利河沙厂的河沙。胜利河沙厂认为，工程公司既然发出了要约，而自己又在要约约定的有效期内做出了承诺，工程公司应受要约的约束，因此，胜利河沙厂坚持要求工程公司收货并付款，工程公司则以自己发出的仅仅是购买河沙的意向书而非要约为由拒绝收货并支付货款，双方协商不成，胜利河沙厂遂向人民法院起诉。

请分析：

1. 被告向原告发出的电报称："我公司急需建筑用河沙200吨，如果贵厂有河沙，请于见电报之日起二日内电报通知我公司，我公司将派技术员前往验货并购买。"请分析这份电报的法律性质。

2．原告与被告之间是否已形成合同关系？为什么？

3．法院会支持原告的诉讼请求吗？为什么？

思考练习题

一、判断题（请在括号内画√或×，如有错，请改正）。

1. 刘某看到某网站出售VCD影碟的广告后，依照该网页的要求用鼠标单击了标有“同意”字样的键钮，刘某的行为完全可以构成一个有效的承诺。 （ ）

2．要约的生效地点就是电子合同成立的地点。 （ ）

3．承诺的生效地点就是电子合同成立的地点。 （ ）

4．要约邀请具备合同的主要条款。 （ ）

5．电子承诺的意思表示形式可以是数据电文也可以是行为方式，还可在合同成立之前，要求签订确认书。 （ ）

6．在电子合同被确认为无效或被撤销后，双方当事人也应进行财产返还，赔偿损失等民事责任的承担。 （ ）

7．要约的撤回与撤销是一回事。 （ ）

8．合同成立后，当事人不得对自己的要约与承诺随意撤回。 （ ）

9．要约一经承诺，合同即告成立。 （ ）

10．当事人在网上进行协商的话，要约不可以撤销。 （ ）

11．要约邀请是受要约人同意要约的意思表示。 （ ）

12．承诺可以撤回但不可以撤销。 （ ）

13．电子合同订立的环境与传统合同相同。 （ ）

14．电子合同生效的确认方式是数据电文。 （ ）

15．现实生活中消费者在网上购物时，当点击“确认”时，即已做出了“承诺”，此时电子合同已告成立。 （ ）

16．按照法理学的理论，只有直接证据才能直接单独地证明案件主要事实，电子证据属于直接证据。 （ ）

17．通过电子邮件方式，在一般情形下，要约是可以撤销的。 （ ）

18．通过电子邮件方式，在一般情形下，承诺是可以撤销的。 （ ）

19．电子要约几乎不存在撤回的可能。 （ ）

20．电子承诺几乎不存在撤回的可能。 （ ）

二、选择题（含单选与多选）

1. 某商业网站在其广告页上称某品牌某型号笔记本电脑八折出售给某日访问该网站的前三位访问者，该网络广告属于（ ）。

A．要约　　B．要约邀请　　C．承诺

2．当电子合同履行过程中当事人发生违约行为时，承担违约责任的具体方式包括（ ）。

A．警告　　B．实际履行　　C．采取补救措施

D．赔偿损失　　E．支付违约金　　F．定金罚则

3．以下情形中，可归于电子合同违约免责事由的有（　　）。

A．电子文件感染病毒　　B．债权人的过错

C．约定的免责条款　　D．非因自己原因引起的电子错误

E．赔偿损失

4．以下说法中正确的有（　　）。

A．电子邮件情况下，网络服务器发生故障，撤回承诺的通知可以通过另一正常网络或电话通知要约人。

B．采用电子自动交易系统，承诺的做出是即刻的，要约人没有机会撤销要约。

C．通过电子邮件方式，在一般情形下，要约是可以撤销的。

D．通过电子邮件方式，在一般情形下，承诺是可以撤销的。

5．以下说法中不正确的有（　　）。

A．承诺的生效地点就是电子合同成立的地点。

B．要约邀请具备合同的主要条款。　　C．承诺可以撤回但不可以撤销。

D．要约的撤回与撤销是一回事。　　E．合同成立即意味着合同生效。

三、填表题

	（电子）要约	（电子）承诺
概念		
构成要件		
生效时间		
意思表示方式		
撤回		
撤销		
其他		

四、问答题

1．什么是电子合同？与传统合同相比，电子合同具有哪些特征？

2．电子合同的订立必须经过哪两个程序？

3．电子要约与电子承诺的构成要件分别有哪些？

4．简述要约与要约邀请的区别。

5．简述要约的撤回与撤销的区别。

6．对电子合同而言，影响其效力的原因之一是无权代理订立的合同。请说出其具体的情形有哪些？

7．电子合同的履行方式有哪几种？

8．试述电子合同的违约救济方式。

9．请自己制作表格，比较说明合同成立与合同生效的区别。

10．电子合同的效力认定应注意哪些问题。

第3章

电子签名与电子认证法律制度

导入案例

2013 年 7 月 19 日，甲工具制造有限公司（以下简称甲公司）与乙电子商务有限公司（以下简称乙公司）签订电子商务服务合同 1 份，约定：乙公司为甲公司安装其拥有自主版权的 IteMS20001.0 版国际贸易电子商务系统软件 1 套，安装后 1 年之内最少为甲公司提供 5 个有效国际商务渠道。乙公司对甲公司利用其软件与商情获得的成交业务，分不同情况收取费用，最高不超过 50 万元。如果在 1 年之内，乙公司未能履行提供有效国际商务渠道的义务，则无条件退还甲公司首期付款 5 万元并支付违约金。合同签订后，乙公司在甲公司处安装了软件平台，并代甲公司操作该系统。2013 年 10 月，甲公司以乙公司违约，未能提供有效国际商务渠道为由起诉至法院，要求解除合同，返还已付款项并支付违约金。乙公司在举证期限内提供了海外客户对甲公司产品询盘的 4 份电子邮件（打印文件），以此证明乙公司为甲公司建立的交易平台已取得业务进展，至于交易最终没有能成交，是由于甲公司提供给外商的样品不符合要求。法庭审理此案时，乙公司拒绝当庭用储存该电子邮件的计算机通过互联网现场演示。

以案问法

通过阅读导入案例，请思考以下问题：

1. 电子邮件是数据电文吗？是电子签名吗？
2. 只要是电子签名，就与手写签名具有同等的法律效力，这句话对吗？
3. 电子邮件能否作为证据？（难点）
4. 本案双方争议的焦点是什么？
5. 本案中的电子邮件能否作为证据？其作为证据的法律效力如何？（难点）

以案解法

1. 请参照自 2005 年 4 月 1 日起施行的《中华人民共和国电子签名法》中的有关规定予以判断。电子邮件中的信息符合数据电文、电子签名的形式。同时电子邮件信息能够有效地表现所载内容并可供随时调取查用，能够识别数据电文的发件人、收件人以及发送、接收的时间。

2. 这句话不对。请依照我国《电子签名法》第十四条予以判断。而且对电子签名可靠性的判断要依据我国《电子签名法》第十三条的有关规定。

3. 电子签名法的核心内容，在于赋予数据电文、电子签名、电子认证相应的法律地位，其中数据电文的概念非常广泛，基本涵盖了所有以电子形式存在的文件、记录、单证、合同等，可以理解为信息时代所有电子形式的信息的基本存在形式。根据证据规则的相关规定，录音、录像及数据电文可以作为证据使用，但数据电文可以直接作为认定事实的证据，还应有其他书面证据相佐证。因此，电子邮件可以作为证据使用，但必须审查其作为证据的真实性。

4. 本案的争议焦点在于乙公司在合同约定的 1 年内是否为甲公司提供了有效的国际商务渠道，而确定该问题的关键在于对乙公司提供的 4 份电子邮件如何进行认定。

5. 由第 3 题已知，电子邮件可以作为证据使用，但必须审查其作为证据的真实性。请根据我国《电子签名法》第八条的规定来审查数据电文作为证据的真实性。此外建议，审查一个数据电文作为证据的真实性，要着重审查传送数据电文的系统是否具备相当的稳定性，被非法侵入、篡改的可能性有多大，操作时是否严格按照所要求的程序来进行，能否有效地鉴别发信人，等等。本案中乙公司提供的电子邮件只是打印件，对乙公司将该电子邮件从计算机上提取的过程是否客观和真实无法确认，而乙公司又拒绝当庭用储存该电子邮件的计算机通过互联网现场演示，故无法认可这 4 份电子邮件的证据效力。

3.1 电子签名法律制度

传统交易中，一份书面合同一般要由当事人签名或盖章，能够让交易对方识别是谁签的合同，并能保证签名或者盖章的人认可合同的内容，法律上才承认这份合同是有效的。电子商务中，合同或者文件是以电子的形式表现和传递的，传统的手写签名和盖章无法进行，必须靠技术手段替代。因此需要一种电子签名的手段，这种电子签名必须能够在电子文件中识别交易人的身份，保证交易安全，起到与手写签名或者盖章同等的作用。要实现电子签名不仅需要技术保障，更需要法律保障。电子签名技术在我国早已成熟，可是由于没有法律保障，妨碍了电子签名的实际应用。

在传统的法律环境下，电子签名的应用遇到如下法律问题：一是因电子签名、数据电文是否具有法律效力无明文规定，造成了电子商务和电子政务发展的法律障碍，客观上制约了电子商务和电子政务的发展；二是电子签名的规则不明确，对电子签名人的行为缺乏规范，纠纷发生后的责任难以认定；三是电子认证服务提供者的法律地位和法律责任不明确，行为不规范，认证的合法性难以保证；四是电子签名的安全性、可靠性没有法律保障，交易双方对电子交易的安全没有信心。

3.1.1 我国电子签名立法状况

美国犹他州于1995年颁布的《数字签名法》是全世界范围内第一部全面规范电子签名的法律，欧盟和欧洲各国也很快出台了相关法律。在我国，广东、上海等地也较早完成了与数字签名有关的地方性法规和规章的建设，并出现了一些电子签章的认证机构。中央一级的立法则是从2002年开始的，当时国务院信息办委托有关单位开始起草《中华人民共和国电子签章条例》，最初的定位是行政法规，但在网络经济和数据电信事业迅猛发展的背景下，国务院决定直接将这一层级的立法提升为法律。在对原来起草的条例内容进行了较大幅度的修改后，形成了《中华人民共和国电子签名法（草案）》。2004年3月24日，在国务院常务会议上，《中华人民共和国电子签名法（草案）》获得原则通过，随即被提交全国人大讨论。4月2日，十届全国人大常委会第八次会议第一次对该法进行审议，6月21日，十届全国人大常委会第十次会议再次对该草案进行了审议。

2004年8月28日，中华人民共和国第十届全国人民代表大会常务委员会第十一次会议通过了《中华人民共和国电子签名法》（以下简称《电子签名法》），并于2005年4月1日起施行。《电子签名法》通过确立电子签名的法律效力和签名规则，设立电子认证服务市场准入制度，加强对电子认证服务业的监管，规定电子签名安全保障制度等，来规范各方当事人在电子签名活动中的行为，确立其行为准则。

我国《电子签名法》分为5章共36条，包括总则、数据电文、电子签名与认证、法律责任和附则。它主要解决了以下几个问题：一是确立了电子签名的法律效力；二是规范了电子签名的行为；三是明确了认证机构的法律地位及认证程序，并给认证机构设置了市场准入条件和行政许可的程序；四是规定了电子签名的安全保障措施；五是明确了认证机构行政许可的实施主体是国务院信息产业主管部门。

《电子签名法》中明确规定该法自2005年4月1日起施行，即自2005年4月1日起，有关数据电文、电子签名与认证以及违反本法规定应当承担的责任等都应当执行本法的规定。

来自工业和信息化部的有关数据显示，数字证书的数量在2012年是8 000多万张，2013年就已经达2.6亿张的规模，发展速度相当之快。2012年，我国的电子产业认证服务达到了31.3亿元，电子认证在网上银行、网上交易日益广泛应用，在确保网络身份支持系统方面越来越突出。

2013年1月1日，我国正式实施的新的《刑事诉讼法》和《民事诉讼法》，首次将电子证据纳入法定证据种类之一，使电子证据的法律地位首次得到了明确。值得注意的是，电子证据种类形式包括很多种，如文本、图片、音频或视频文件及网络、数据库中的电子信息等。同时，移动互联网的发展，云计算和大数据的应用，正在打破原有的网络边界，让原本边界责任清晰的工作模式和理念发生颠覆性的变化，这也直接影响到立法及司法的实践，司法鉴定及认证的难度越发困难，这也使得后续更加落地的法规和标准显得极为必要。

3.1.2 电子签名概述

1. 电子签名的定义

传统的签名必须依附于某种有形的介质，而在电子交易过程中，文件是通过数据电文的发送、交换、传输、存储来形成的，没有有形介质，这就需要通过一种技术手段来识别交易当事人，保证交易安全，以达到与传统手写签名相同的功能。电子签名要能够在电子文件中识别双方交易人的真实身份，保证交易的安全性和真实性以及不可抵赖性，要起到与手写签名或者盖章同等的作用。

联合国贸易发展委员会的《电子签名示范法》中对电子签名给出如下定义："在数据电文中以电子形式所含、所附或在逻辑上与数据电文有联系的数据，它可用于鉴别与数据电文相关的签名人和表明签名人认可数据电文所含信息。"在欧盟的《电子签名共同框架指令》中规定，"以电子形式所附或在逻辑上与其他电子数据相关的数据，作为一种判别的方法"称电子签名。

我国《电子签名法》第二条规定："本法所称电子签名，是指数据电文中以电子形式所含、所附用于识别签名人身份并表明签名人认可其中内容的数据。本法所称数据电文，是指以电子、光学、磁或者类似手段生成、发送、接收或者存储的信息。"

具体来说，电子签名的概念包括以下内容。

（1）电子签名是以电子形式出现的数据。

（2）电子签名是附着于数据电文的。电子签名可以是数据电文的一个组成部分，也可以是数据电文的附属，与数据电文具有某种逻辑关系，能够使数据电文与电子签名相联系。

（3）电子签名必须能够识别签名人身份并表明签名人认可与电子签名相联系的数据电文的内容。

2、电子签名的形式

电子签名具有多种形式，诸如：附着于电子文件的手写签名的数字化图像，包括采用生物笔迹鉴别法所形成的图像；向收件人发出正式发送人身份的密码、计算机口令；采用特定生物技术识别工具，如指纹或是眼虹膜透视辨别法等。无论采用什么样的技术手段，只要符合我国《电子签名法》第二条规定的条件，就是《电子签名法》所称的电子签名。

3. 电子签名的实现方法

目前，实现电子签名的方法有多种技术手段，前提是在确认了签署者的确切身份即经过认证之后，人们可以用多种不同的方法签署一份电子记录。这些方法包括：基于 PKI（Public Key Infrastructure，公钥基础设施）的公钥密码技术的数字签名；用一个独一无二的以生物特征统计学为基础的识别标志，例如，手写签名和图章的电子图像的模式识别；手印、声音印记或视网膜扫描的识别；一个让收件人能识别发件人身份的密码代号、密码或个人识别码 PIN，基于量子力学的计算机等。但比较成熟的，使用方便并具有可操作性的，在世界先进国家和我国普遍使用的电子签名技术还是基于 PKI 的数字签名技术。

基于 PKI 的电子签名被称为"数字签名"。有人称"电子签名"就是"数字签名"，这是错误的。数字签名只是电子签名的一种特定形式。电子签名虽然获得了技术中立性，但也带来使用的不便。所以，法律上又对电子签名做了进一步规定，如前述联合国贸法会的《电子签名示范法》和欧盟的《电子签名共同框架指令》中就规定了"可靠电子签名"和"高级电子签名"，实际上就是规定了数字签名的功能，这种规定使数字签名获得了更好的应用安全性和可操作性。目前，具有实际意义的电子签名只有公钥密码理论。所以，目前国内外普遍使用的、技术成熟的、可实际使用的还是基于 PKI 的数字签名技术。作为公钥基础设施的 PKI 可提供多种网上安全服务，如认证、数据保密性、数据完整性和不可否认性，其中都用到了数字签名技术。

所谓“数字签名”就是通过某种密码运算生成一系列符号及代码组成电子密码进行签名，来代替书写签名或印章。对于这种电子式的签名还可进行技术验证，其验证的准确度是一般手工签名和图章的验证所无法比拟的。数字签名技术通过这种数学运算建立起唯一匹配的一对密钥，即公钥和私钥。把公钥与签名人的信息作为验证签名人身份的中介；私钥则是签名制作数据，通过公钥与私钥的特性，建立起电子签名人与电子签名制作数据之间的联系。“数字签名”是目前电子商务、电子政务中应用最普遍、技术最成熟、可操作性最强的一种电子签名方法。它采用了规范化的程序和科学化的方法，用于鉴定签名人的身份以及对一项电子数据内容的认可。它还能验证出文件的原文在传输过程中有无变动，确保传输电子文件的完整性、真实性和不可抵赖性。

4. 电子签名的功能

传统的签名主要有三个功能：一是证明文件的来源，即识别签名人；二是表明签名人对文件内容的确认；三是构成签名人对文件内容正确性和完整性负责的根据。可靠的电子签名也能够与传统商务活动中的签名盖章具有相同的功能。此外，基于 PKI 技术的数字签名还具有三项新增的功能。

（1）保密功能。经过数字签名的数据电文只有在接收方知道发送方的公钥时才能够对密文进行解密而得到明文。互联网遵循 TCP/IP 协议，是一个开放的网络，在网络上的其他人即使截取了密文，但由于没有发送方的公钥也无法解密。所以，使用数字签名大大提高了数据电文的保密性。此外，在数字签名中还可以采用数字信封技术来保证通信内容的高度保密。

（2）识别机器的身份。在网络上人们使用域名连接到特定的服务器进行交易，如果客户连接到错误的服务器，就可能出现被欺诈的危险。例如，连接到错误的银行网站，输入的银行卡号和密码就可能被盗，给客户造成损失。使用基于 PKI 和数字签名的服务器证书就能够证明客户访问的服务器确实是客户想要访问的服务器，从而避免欺诈情况的发生。

（3）数字时间戳、VPN（虚拟专用网）证书、软件发行者证书等其他新增功能。

5. 电子签名相关概念

（1）电子签名人。指持有电子签名制作数据并以本人身份或者以其所代表的人的名义实施电子签名的人。

（2）电子签名依赖方。指基于对电子签名认证证书或者电子签名的信赖从事有关活动的人。也称电子签名信赖方。

（3）电子签名认证证书。指可证实电子签名人与电子签名制作数据有联系的数据电文或者其他电子记录。记载了公钥与签名人（公钥持有人）信息的数据电文就是电子签名认证证书。

（4）电子签名制作数据。指在电子签名过程中使用的将电子签名与电子签名人可靠地联系起来的字符、编码等数据。如前文所述，对数据原文进行变换的程序和算法就是电子签名制作数据。

（5）电子签名验证数据。指用于验证电子签名的数据，包括代码、口令、算法或者公钥等。可以直观获得并能将签名人鉴别出来的数据就是电子签名验证数据。如通过数字签名技术中的公钥就可以找出电子签名人是谁。

6．电子签名与传统签名的关系

签名一般是具有法律意义的行为。在传统商业活动中，为了保证交易的安全与真实，书面文件要由当事人或其负责人签字、盖章，以便让交易双方识别，法律上才能承认该书面文件的合法有效性。在电子商务活动中，合同或文件是以无形的电子文件形式表现和传递的，传统的手写签名和盖章无法在电子文件上进行，这就必须依靠技术手段来替代。电子签名是起到与手写签名或者盖章同等作用的电子技术手段。

电子签名与传统签名的主要功能相同。表现为以下三点：一是表明文件的来源，即识别签名人；二是表明签名人对文件内容的确认；三是能够构成签名人对文件内容正确性和完整性负责的根据。

但是，电子签名并不是传统签名的简单电子化。从手段上来看，电子签名与传统签名之间并无实质联系。之所以称为“电子签名”，只是基于电子签名使用目的和履行的功能与传统签名相同而已。

3.1.3 电子签名和数据电文的法律效力

1．使用电子签名、数据电文应当遵从意思自治原则

当事人意思自治，是民事法律中的一项基本原则。即在民事活动中，除法律有强制性规定外，各民事主体可以自主决定自己的行为，交易各方可以自愿约定相互之间的权利义务关系。当事人意思自治的核心是尊重当事人自主的意思选择，从法律上承认当事人可以自由决定相互之间的法律关系。电子商务领域的活动虽然通过电子形式进行，但在本质上与一般的民事交易活动没有区别，因此同样应当遵循意思自治原则，由当事人自主约定是否使用数据电文、电子签名。有关国家的电子签名法一般都承认当事人意思自治，如美国《统一电子交易法》规定:“本法仅适用于每一方均同意以电子手段进行交易的当事人之间的交易。当事人是否同意以电子手段进行交易，由上下文和周围情势，包括当事人的行为来确定。”

借鉴国际立法经验与我国电子商务发展的实际情况，我国《电子签名法》第三条第一款明确规定:“民事活动中的合同或者其他文件、单证等文书，当事人可以约定使用或者不使用电子签名、数据电文。”应该注意的是，电子签名、数据电文的使用并不仅限于民事活动，还可以适用于电子政务活动和其他社会活动。

2．电子签名、数据电文的法律效力范围

电子签名、数据电文虽然以电子形式出现而与手写签名、书面文件不同，但是法律不应仅因为这一点而不承认其法律效力。只要符合法律规定的条件，电子签名、数据电文与手写签名、书面文件具有同等的法律效力。因此，我国法律和有关国际组织、国家及地区的电子商务法或电子签名法一般都对电子签名、数据电文的法律效力问题做出规定，要求不得以其采用电子形式而加以歧视。

电子交易是一种新兴的交易方式，电子签名并未在社会活动中获得广泛应用，广大民

众的认知度不高。同时，电子签名的应用需要借助于一定的技术手段，物质条件也会限制一部分民众使用这种方式。由于上述原因，并基于交易安全因素的考虑，我国《电子签名法》第三条第三款规定了该法的适用例外，包括以下内容。

（1）涉及婚姻、收养、继承等人身关系的。

（2）涉及土地、房屋等不动产权益转让的。

（3）涉及停止供水、供热、供气、供电等公用事业服务的。

（4）法律、行政法规规定的不适用电子文书的其他情形。

同时，为了使本法在实施过程中具有更大的灵活性，还规定了一个兜底条款，即法律、行政法规可以对其他不适用电子文书的情形做出规定。

3. 可靠的电子签名

（1）可靠的电子签名应当具备的法定条件。依据我国《电子签名法》第十三条规定，电子签名同时符合下列条件的，视为可靠的电子签名：

① 电子签名制作数据用于电子签名时属于电子签名人专有。电子签名制作数据是指在电子签名过程中使用的，将电子签名与电子签名人可靠地联系起来的字符、编码等数据。它是电子签名人在签名过程中掌握的核心数据。唯有通过电子签名制作数据的归属判断，才能确定电子签名与电子签名人之间的同一性和准确性。因此，一旦电子签名制作数据被他人占有，则依赖于该电子签名制作数据而生成的电子签名有可能与电子签名人的意愿不符，显然不能视为可靠的电子签名。

② 签署时电子签名制作数据仅由电子签名人控制。这一项规定是对电子签名过程中电子签名制作数据归谁控制的要求。这时所规定的控制是指一种实质上的控制，即基于电子签名人的自由意志而对电子签名制作数据的控制。在电子签名人实施电子签名行为的过程中，无论是电子签名人自己实施签名行为，还是委托他人代为实施签名行为，只要电子签名人拥有实质上的控制权，则其所实施的签名行为，满足此项规定的要求。

③ 签署后对电子签名的任何改动能够被发现。采用数字签名技术的签名人签署后，对方当事人可以通过一定的技术手段来验证其所收到的数据电文是不是发件人所发出的，发件人的数字签名有没有被改动。倘若能够发现发件人的数字签名签署后曾经被他人更改，则该项签名不能成为一项可靠的电子签名。

④ 签署后对数据电文内容和形式的任何改动能够被发现。电子签名的一项重要功能在于表明签名人认可数据电文的内容，而要实现这一功能，必须要求电子签名在技术手段上能够保证经签名人签署后的数据电文不能被他人篡改。否则，电子签名人依据一定的技术手段实施电子签名，签署后的数据电文被他人篡改却不能够被发现，此时出现的法律纠纷将无法依据《电子签名法》予以解决，电子签名人的合法权益难以得到有效的保护。因此，要符合《电子签名法》规定的可靠的电子签名的要求，必须保证电子签名签署后，对数据电文内容和形式的任何改动都能够被发现。

一项电子签名如果同时符合上述四项条件，可以视为可靠的电子签名。另外，当事人也可以选择符合其约定的可靠条件的电子签名。

（2）可靠的电子签名与手写签名或者盖章具有同等的法律效力。随着现代科学技术的发展，越来越多的技术手段被运用于电子签名领域。这些技术和手段主要包括计算机口令、虹膜识别技术以及数字签名技术等。在电子商务交易中，以何种技术生成的电子签名才是安全可靠的、才具有法律效力，这是电子签名法应当解决的问题。从世界各国的规定来看，电子签名法主要有三种立法模式：一是采用技术特定化方案，即只承认数字签名的法律效力；二是技术中立方案，即在法律上不规定某种技术方案，而将技术方案的选择留给当事人各方约定；三是折中方案，即一方面规定了安全可靠的电子签名应当具备的条件，另一方面则没有限定采用何种技术的电子签名才具有法律效力。我国《电子签名法》采取的是技术中立方案，主要借鉴了《电子商务示范法》以及一些国家电子商务、电子签名立法的有关规定，确认了可靠的电子签名具有与手写签名或盖章同等的法律效力。

我国《电子签名法》第十四条规定："可靠的电子签名与手写签名或者盖章具有同等的法律效力。"

4．电子签名人的法律义务

（1）电子签名人应当妥善保管电子签名制作数据。在实践中，电子签名制作数据的载体包括磁盘、光盘等，尽管这些载体在使用过程中需要加入电子签名人的安全指令才能启动，但是这些载体一旦丢失或者被他人窃取，则他人有可能通过破解这些相对简单的安全指令然后以电子签名人的名义从事交易活动。与传统交易不同，网上交易过程中当事人之间往往并不见面，当事人之间主要凭借的是对方当事人的电子签名来验证和核实相互间的身份，电子签名制作数据的丢失会给不法分子提供可乘之机。因此，电子签名人应当妥善保管电子签名制作数据，防止丢失或者为他人所窃取，以免给自己和对方当事人造成不必要的损失。

（2）电子签名人知悉电子签名制作数据已经失密或者可能已经失密时，应当及时告知有关各方，并终止使用该电子签名制作数据。所谓的"知悉电子签名制作数据已经失密或者可能已经失密"包含两层意思：一是电子签名人已经明确知道电子签名制作数据已失密，例如，电子签名人发现未经自己允许，有人在互联网上以电子签名人的名义从事商业活动；二是电子签名人知悉电子签名制作数据有可能已经失密，例如，电子签名人发现自己存放签名制作数据的磁盘丢失，在这种情况下，丢失磁盘中的安全指令有可能被破译，电子签名制作数据有可能被他人用于非法活动。在这两种情况下，依据《电子签名法》的规定，电子签名人应当做到：① 立即停止使用电子签名制作数据；② 二是及时告知有关各方当事人，避免有关各方当事人因继续信赖电子签名人的签名而造成损失或者损失进一步扩大。

5．伪造、冒用、盗用他人的电子签名的法律责任

伪造他人的电子签名是指未经电子签名合法持有人的授权而创制电子签名或者创制一个认证证书，列明实际并不存在的用户签名等；冒用他人的电子签名是指非电子签名持有人未经电子签名人的授权而以电子签名人的名义实施电子签名的行为；盗用他人的电子签名是指秘密窃取并使用他人电子签名的行为。

（1）伪造、冒用、盗用他人电子签名的刑事责任。伪造、冒用、盗用他人电子签名的犯罪，主要是指构成《刑法》第二百八十条关于妨害国家机关公文、证件、印章的犯罪，伪造公司、企业、事业单位、人民团体印章的犯罪。构成该条的犯罪，必须具备以下条件：一是主观上是故意；二是客观上实施了伪造他人的电子签名的行为。对于构成犯罪的依照《刑法》第二百八十条规定，伪造、变更国家机关的公文、证件、印章的，处三年以下有期徒刑、拘役、管制或者剥夺政治权利；情节严重的处三年以上十年以下有期徒刑；伪造公司、企业、事业单位、人民团体的印章的，处三年以下有期徒刑、拘役、管制或者剥夺政治权利。

（2）伪造、冒用、盗用他人电子签名的民事责任。民事责任，是指进行了民事违法行为的人在民法上承担的对其不利的法律后果。合法的民事权益受法律保护，如果受到他人的非法侵害，则需要给权利人以充分的法律救济，这就是民事责任制度。伪造、冒用、盗用他人电子签名属于侵权的民事责任，承担方式主要包括停止侵害、排除妨碍、消除危险、返还财产、恢复原状、赔偿损失、赔礼道歉等。对于承担民事责任的几种方式，可以单独适用，也可以合并适用。

3.2 电子认证法律制度

3.2.1 我国现行电子认证服务的法律体系

我国现在的电子认证法律主要包括《电子签名法》、《电子认证服务管理办法》和《电子认证服务密码管理办法》等。

1.《电子签名法》

《电子签名法》重点解决了五个方面的问题：一是确立了电子签名的法律效力；二是规范了电子签名的行为；三是明确了认证机构的法律地位及认证程序，并给认证机构设置了市场准入条件和行政许可程序；四是规定了电子签名的安全保障措施；五是明确了认证机构行政许可的实施主体是国务院信息产业主管部门。《电子签名法》是我国信息化领域的第一步，同时也是我国《行政许可法》实施以来以法律形式对直接关系公众利益的电子认证业设置行政许可，并授予工业和信息化部作为实施机关对电子认证服务提供者实施监督管理的一部法律。

2.《电子认证服务管理办法》

2009 年 2 月 4 日中华人民共和国工业和信息化部审议通过《电子认证服务管理办法》，自 2009 年 3 月 31 日起施行。原中华人民共和国信息产业部于 2005 年 2 月 8 日发布的《电子认证服务管理办法》同时废止。

《电子认证服务管理办法》共分为 6 章 43 条，以电子认证服务机构为主线，主要有以下几个规定。

（1）电子认证机构的设立。规定设立电子认证机构应具备的条件以及在申请时应向工业和信息化部提交的材料；工业和信息化部对申请进行形式和实质审查；变更和续展的相关要求。“中华人民共和国工业和信息化部依法对电子认证服务机构和电子认证服务实施监督管理。

（2）电子认证服务。规定了电子认证机构的业务规则、服务内容以及电子认证机构应履行的义务。

（3）电子认证机构的暂停、终止。对电子认证机构的注销和承接的程序做了规定。

（4）关于证书。明确了电子证书的内容、撤销证书的几种情况以及电子认证机构的审批义务。

（5）监督管理及罚则。规定了相关部门的监督管理只能涉及电子认证机构的行政和刑事责任。

该管理办法是对《电子签名法》关于电子认证的内容的细化，其制定与实施有特殊现实意义，其表现在两个方面。首先，由于我国电子认证服务业还处于起步阶段，靠市场引导与行业自律的条件还不具备，政府部门有必要对从事电子认证服务的机构实施适度监督与管理，而政府部门如何进行适度监督，还需要在实践中进行探索，要边实践边总结经验。其中，必须有电子认证方面的相关配套法律，才能保证《电子签名法》的顺利实施。其次，就现实情况看，在《电子签名法》出台之前，我国已有很多家不同类型、各种性质的认证构在从事着不同程度的电子认证服务，这些机构普遍存在着无法律规定、无标准规定、无主管部门的“三无”问题，也急需对它们进行规范。

3.《电子认证服务密码管理办法》

2005 年 3 月 31 日，国家密码管理局公布了《电子认证服务密码管理办法》（经国家密码管理局修订后自 2009 年 12 月 1 日起施行）。该办法明确规定了电子认证服务机构申请“国家密码管理机构同意使用密码的证明文件”的条件和程序，同时将证明文件的具体形式界定为《电子认证服务使用密码许可证》。目前，一些符合要求的电子认证服务机构陆续向国家密码管理局提出申请，领取《电子认证服务使用密码许可证》。

3.2.2 电子认证概述

1. 电子认证与认证机构

“认证”一词的传统意思就是鉴别，主要指权威的、中立的、没有直接利害关系的第三人或机构，对当事人提出的包括文件、身份、物品及其产地、品质等具有法律意义的事实与资格，经审查属实后做出的证明。“电子认证”是以特定的机构对电子签名及其签字者的真实性进行验证的具有法律意义的服务。在目前较为普遍应用的数字认证过程中，有一个把数字签名和特定的人或者实体加以联系的专门管理机构，这个特定的机构就是“认证机构”（CA）。CA 作为电子商务交易中受信任的第三方，承担公钥的合法性验证的责任。CA 中心为每个使用公开密钥的用户发放一个认证证书，认证证书的作用是证明证书所列出的用户合法拥有证书中列出的公开密钥。它负责产生、分配并管理所有参与网上交易的个体所需的认证证书，是安全电子交易的核心环节。

《电子签名法》第十六条规定：“电子签名需要第三方认证的，由依法设立的电子认证服务提供者提供认证服务。”

这里所说的电子认证服务提供者就是认证机构。电子签名与电子认证都是电子商务的保障。电子签名的目的是保护数据电文的安全，防止其内容的仿冒、更改或者否认。法律强调对电子签名安全技术标准的认定。电子认证的目的是把电子签名和交易联系起来，确保对方得到的电子签名不是其他人假冒的。为此，法律强调对电子认证机构的组织结构和权利义务的分配，对认证机构的设立和监管，以及确定认证机构的归责原则及其赔偿责任。如果说电子签名主要用于数据电文本身的安全，并使之不被否认或者篡改，是一种技术手段上的保证，则电子认证是以特定的机构对电子签名及其签署者的真实性进行验证服务，主要应用于交易安全方面，是一种组织制度上的保证。

2. 电子认证的程序

电子签名的认证是指特定的机构通过一定的方法对签字者及其所做签字的真实性进行验证的过程。电子签名主要包括生理特征签名、电子化签名和数字签名三种。在对生理特征进行认证时，签名方应先将其采用的生理特征样本交给认证机构，以便文件接收方在鉴别签字时，可以到认证机构的网站将自己收到的签名与签署方提交给认证机构的样本加以对照；如果签署方使用的是电子化签名，那么其向认证机构提交的是电子化签名的原本样式；如果采用的是数字签名，那么其向认证机构提交的是公用密钥。可见，这三种认证过程基本相似。目前，在开放性网络中被广泛使用的电子签名以数字签名为主，因此，认证机构也主要是对数字签名的真实性进行确认。电子认证的具体操作程序如下所述。

（1）发件人利用密钥制造系统产生公钥和私钥。

（2）发件人在做电子签名前，必须将他的身份信息和公钥送给一个经合法注册、具有从事电子认证服务许可证的第三方，也就是 CA 认证中心，向该认证中心申请登记并由其签发认证证书。

（3）认证机构根据有关的法律规定和认证规则以及自己和当事人之间的约定，对申请进行审查。如果符合要求，就发给发件人一个认证证书，证明发件人的身份、公开密钥以及其他有关的信息。

（4）发件人对其要约信息以其私钥制作数字签名文件，连同认证证书一并送给收件方，向对方发出要约。

（5）收件方接收到电子签名文件和认证证书之后，根据认证证书的内容，向相应的认证机构提出申请，请求认证机构将对方的公开密钥发给自己。

（6）收件人通过公钥和电子签名的验证，即可确信电子签名文件的真实性和可靠性。若认证机构有“认证废止目录”，则可以查询该目录以了解该认证证书是否依然有效。若收件人承诺，则电子合同成立。

由此可见，在电子文件环境中，CA 认证中心起到了一个行使具有权威性、公证性的第三人的作用。

3. 在电子认证中所涉及的法律关系

首先，电子认证机构对公众承担着责任。由于电子认证机构在整个电子商务体系中处于至关重要的地位，电子认证机构能否提供值得信赖的认证服务对公众利用电子商务来进行交易的信心有重要影响。所以，电子认证机构要通过订立和严格遵守电子认证业务规则，提供可靠的电子认证服务，来承担对公众的责任。公众利益的代表即政府，政府要通过信息产业主管部门来监督电子认证机构是否对公众负责。

网络交易不像传统交易，网络交易首先要搞清楚是在和谁做交易，他的身份是否真实，信用如何，而有关身份方面的事情，则由认证机构提供的证书来说明。这样，围绕认证证书这个核心形成了两种法律关系。

（1）电子认证机构与电子签名人之间的关系。

（2）电子认证机构与电子签名依赖方之间的关系。

电子签名人是指持有电子签名制作数据并以本人身份或者以其所代表的人的名义实施电子签名的人；电子签名依赖方是指基于对电子签名认证证书或者电子签名的信赖从事有

关活动的人。

电子认证机构提供证书服务，目的是表明电子签名人身份信息的真实性。这是建立网络商事关系的前提。这种证书提供的服务是一种信息服务，双方的权利义务记载在该证书的申请、接受等认证业务规则中，用户要经申请才能获得这样的服务。

电子认证机构与电子签名人即电子签名认证证书持有者是民事合同关系，电子认证机构依照合同约定承担责任。电子认证机构对电子签名依赖方的责任是基于法律规定而产生的，即两者是法律上的信赖关系，电子认证机构对电子签名依赖方的法定义务是其承担责任的基础。同时也应当看到，电子认证服务是一个高风险的行业，既有内部风险又有外部风险，并且一旦发生风险往往会造成非常严重的后果。

电子认证机构在从事电子认证服务活动时当然应当尽合理的义务，承担相应的责任。但在无过错的情况下，不应承担责任，而无过错的举证责任要由认证机构承担。这是因为电子认证机构处于中立的第三方，其行为和信誉直接关系到电子签名人与电子签名依赖方的利益，且相对于电子签名人及电子签名依赖方又处于强势地位，一些国家均规定了较为严格的责任制度，且设立了举证责任倒置的制度，即电子认证服务提供者如能证明其对于责任事项无任何过错方可免责。

4. 电子签名和电子认证的关系

电子签名和电子认证都着力解决电子商务的安全问题，但二者有着明显的区别。电子签名解决的是文件归属与身份辨别的问题，即交易者是谁的问题；电子认证解决的是签名者的可信度问题，即交易对方是否确实就是签署名字所代表的人，而且是由公正的第三方来保证签名者的身份。电子签名属于网络安全的技术保证，即从技术角度进行的身份认证；电子认证则属于网络安全的制度保证，即从制度角度进行的身份认证。因此，电子签名是电子认证产生的前提条件，电子认证则是电子签名的有效保障，二者既相互一致，又相互区别。

3.2.3 电子签名认证证书制度

1. 电子签名认证证书的概念与作用

电子签名认证证书是指可证实电子签名人与电子签名制作数据有联系的数据电文或者其他电子记录，必须具有唯一性和可靠性。目前最常用的认证证书是数字证书，它是由电子认证服务提供者签发的数据电文或相关记录，用以确认持有特定密钥者身份的文件。基于PKI的数字证书是电子商务安全体系的核心，用途是利用公共密钥加密系统来保护和验证公众的密钥，由可信任的、公正的权威认证机构颁发。用户向认证机构申请证书时，可提交自己的身份证或护照，经认证机构对申请者所提供的信息进行验证，然后通过向电子商务各参与方签发数字证书，证书包含了用户的姓名等信息和其公钥，以此作为网上证明自己身份的依据，保证网上支付的安全性。有了数字证书，当事人在从事交易时，向相对方提交一个由认证机构签发的包含个人身份的证书，即可使对方相信自己的身份。

2. 电子签名认证证书的内容

我国《电子签名法》第二十一条规定：“电子认证服务提供者签发的电子签名认证证书

应当准确无误，并应当载明下列内容。”

（1）电子认证服务提供者名称。

（2）证书持有人名称。

（3）证书序列号。

（4）证书有效期。

（5）证书持有人的电子签名验证数据。

（6）电子认证服务提供者的电子签名。

（7）国务院信息产业主管部门规定的其他内容。

3. 电子签名认证证书的使用流程

（1）电子商务的参与各方。电子商务应用中主要有以下五个交易参与方：买家、服务商、供货商、银行和电子认证中心。

（2）交易流程的主要阶段。

第一阶段：电子签名认证证书的注册申请。交易各方通过认证中心获取各自的电子签名认证证书。

第二阶段：银行的支付中心对买家的电子签名认证证书进行验证，通过验证后，将买家的付款冻结在银行中。此时，服务商和供应商也相互进行电子签名认证证书的验证，通过验证后，可以履行交易内容，进行发货。

第三阶段：银行验证服务商和供货商的电子签名认证证书后，将买家冻结在银行中的货款转到服务商和供货商的户头上，完成此项电子交易。

由于参与交易的各方都持有认证中心所颁发的电子签名认证证书，所以能够保证在交易的过程中参与各方的真实身份，防止他人假冒。

3.2.4 电子认证机构的设立及管理

1. 电子认证机构的管理部门及其责任

《电子签名法》第二十五条规定：“国务院信息产业主管部门依照本法制定电子认证服务业的具体管理办法，对电子认证服务提供者依法实施监督管理。”

与《电子签名法》相配套，同样于2005年4月1日实施的《电子认证服务管理办法》现已废止，新的《电子认证服务管理办法》已于2009年2月4日经中华人民共和国工业和信息化部重新审议通过，并自2009年3月31日起施行。《电子认证服务管理办法》是国家法律特别授权制定的，与《电子签名法》配套同步实施，具有重要法律效力和作用。

为了保证电子认证机构以公正的第三方的身份对电子签名提供真实可信的认证服务，应当加强政府部门对电子认证服务的监督管理。国务院信息产业主管部门是依照《电子签名法》负责电子认证服务业管理工作的部门，具体负责电子认证服务机构的从业许可。在电子认证服务机构拟暂停或者终止电子认证服务、未能就业务承接事项与其他电子认证服务提供者达成协议时，要安排其他电子认证服务提供者承接其业务，并负责对违反该法规定的行为行使行政处罚权。如果不能很好地履行该法赋予的这些职责，就要承担相应的法律责任。

《电子签名法》第三十三条规定："依照本法负责电子认证服务业监督管理工作的部门的工作人员，不依法履行行政许可、监督管理职责的，依法给予行政处分；构成犯罪的，依法追究刑事责任。"

2．电子认证机构的设立

（1）电子认证服务提供者应当具备的条件。《电子签名法》第十七条规定："提供电子认证服务，应当具备下列条件：

① 具有与提供电子认证服务相适应的专业技术人员和管理人员；

② 具有与提供电子认证服务相适应的资金和经营场所；

③ 具有符合国家安全标准的技术和设备；

④ 具有国家密码管理机构统一使用密码的证明文件；

⑤ 法律、行政法规规定的其他条件。

（2）从事电子认证服务活动的申请与受理。《电子签名法》第十八条规定："从事电子认证服务，应当向国务院信息产业主管部门提出申请，并提交符合本法第十七条规定条件的相关材料。国务院信息产业主管部门接到申请后经依法审查，征求国务院商务主管部门等有关部门的意见后，自接到申请之日起四十五日内做出许可或者不予许可的决定。予以许可的，颁发电子认证许可证书；不予许可的，应当书面通知申请人并告知理由。

申请人应当持电子认证许可证书依法向工商行政管理部门办理企业登记手续。

取得认证资格的电子认证服务提供者，应当按照国务院信息产业主管部门的规定在互联网上公布其名称、许可证号等信息。"

从事电子认证服务，应当向国务院信息产业主管部门提出申请，并提交符合《电子签名法》第十七条规定的五项条件的相关材料，以证实其具有从事电子认证服务活动的能力。申请人应当如实向行政机关提交有关材料和反映真实情况，并对其申请材料实质内容的真实性负责。行政机关也不得要求申请人提交与其申请的行政许可事项无关的技术资料和其他资料。

国务院信息产业主管部门受理申请人从事电子认证服务活动的申请后，依法进行审查，即行政程序进入审查阶段，既要审查申请材料是否齐全，是否符合法定形式，还要审查申请材料的实质内容是否符合法定条件。在审查阶段，国务院信息产业主管部门还要征求国务院商务主管部门等有关部门的意见。国务院信息产业主管部门自接到申请之日起四十五日内做出许可或者不予许可的决定。予以许可的，颁发电子认证许可证书；不予许可的，应当书面通知申请人并告知理由。说明理由内容应当包括事实方面和法律方面以及自由裁量是否符合法定目的。说明理由应当以明文方式做出，叙述时应当简洁、清楚。

申请人应当持电子认证许可证书依法向工商行政管理部门办理企业登记手续。取得认证资格的电子认证服务提供者，应当按照国务院信息产业主管部门的规定在互联网上公布其名称、许可证号等信息。电子认证服务提供者应当遵守这一规定，公布相关信息。

（3）未经许可提供电子认证服务应承担的法律责任。《电子签名法》第二十九条规定："未经许可提供电子认证服务的，由国务院信息产业主管部门责令停止违法行为；有违法所得的，没收违法所得；违法所得三十万元以上的，处违法所得一倍以上三倍以下的罚款；没有违法所得或者违法所得不足三十万元的，处十万元以上三十万元以下的罚款。"

对于未经许可提供电子认证服务的，应当承担以下行政责任。

① 责令停止违法行为。即由国务院信息产业主管部门责令违法行为人停止提供电子认证服务的行为。由于电子认证服务涉及民事合同有关各方的交易安全，为了使电子签名人以及电子签名依赖方免受损失，国务院信息产业主管部门一旦发现未经许可从事提供电子认证服务的行为，应当立即责令违法行为人停止违法行为。

② 对于有违法所得的，没收违法所得。这里讲的违法所得，是指由于非法提供电子认证服务行为而获得的全部经营收入。

③ 违法所得三十万元以上的，对其处以罚款。罚款是指有行政处罚权的行政机关强制行为人承担金钱给付义务，即在一定期限内缴纳一定钱款的处罚形式。按照《电子签名法》的规定，行使行政处罚权的机关是国务院信息产业主管部门，即由国务院信息产业主管部门对违法行为人处以罚款。罚款的幅度为违法所得一倍以上三倍以下。

④ 没有违法所得或者违法所得不足三十万元的，处十万元以上三十万元以下的罚款。

3. 电子认证机构的暂停与终止

《电子签名法》第二十三条规定："电子认证服务提供者拟暂停或者终止电子认证服务的，应当在暂停或者终止服务九十日前，就业务承接及其他有关事项通知有关各方。

电子认证服务提供者拟暂停或者终止电子认证服务的，应当在暂停或者终止服务六十日前向国务院信息产业主管部门报告，并与其他电子认证服务提供者就业务承接进行协商，做出妥善安排。

电子认证服务提供者未能就业务承接事项与其他电子认证服务提供者达成协议的，应当申请国务院信息产业主管部门安排其他电子认证服务提供者承接其业务。

电子认证服务提供者被依法吊销电子认证许可证书的，其业务承接事项的处理按照国务院信息产业主管部门的规定执行。"

电子认证服务提供者拟暂停或者终止电子认证服务的，将会影响到相关方的利益，因此应当在暂停或者终止服务九十日前，就业务承接及其他有关事项通知有关各方。此外，电子认证服务提供者拟暂停或者终止电子认证服务的，还应当履行以下义务。

（1）报告。电子认证服务提供者应当在暂停或者终止服务六十日前向国务院信息产业主管部门报告，使其了解情况。

（2）协商承接。电子认证服务提供者除在法定期限内向国务院信息产业主管部门报告外，还要与其他电子认证服务提供者就业务承接进行协商，协商达成一致意见的，对业务承接事项做出妥善安排。

（3）指定承接。电子认证服务提供者未能就业务承接事项与其他电子认证服务提供者达成协议的，应当申请国务院信息产业主管部门安排其他电子认证服务提供者承接其业务。对于电子认证服务提供者被依法吊销电子认证许可证书的，其业务承接事项的处理按照国务院信息产业主管部门的规定执行。

3.2.5 电子认证法律关系

1. 电子认证机构对公众的责任

电子认证机构能否提供令人信服的认证服务关系到公众利用电子商务从事交易的信心。公众要求电子认证机构制定、公布电子认证业务规则，包括责任范围、操作规范和信息安全保障措施。这有利于增强公众对于电子商务的信心，促进电子商务的发展。公众还需要电子认证服务者严格遵守自己制定的电子认证业务规则，妥善保存与认证相关的信息。这需要国家的监督，国家通过国务院信息产业主管部门来行使这一职责。

《电子签名法》第十九条规定："电子认证服务提供者应当制定、公布符合国家有关规定的电子认证业务规则，并向国务院信息产业主管部门备案。

电子认证业务规则应当包括责任范围、作业操作规范、信息安全保障措施等事项。"

《电子签名法》第三十一条规定："电子认证服务提供者不遵守认证业务规则、未妥善保存与认证相关的信息，或者有其他违法行为的，由国务院信息产业主管部门责令限期改正；逾期未改正的，吊销电子认证许可证书，其直接负责的主管人员和其他直接责任人员十年内不得从事电子认证服务。吊销电子认证许可证书的，应当予以公告并通知工商行政管理部门。"

电子认证业务规则是电子认证服务提供者制定的，用于约束电子认证服务提供者以及电子签名人、电子认证证书的信赖者的业务声明，各方当事人必须遵守。电子认证服务是专业性很强的活动，由电子认证服务提供者制定有关业务规则是合理的，也是符合实际的。当然，电子认证服务者不能制定损害电子签名人和电子签名依赖方利益的、不公平的"霸王条款"。为了防止这种情况出现，《电子签名法》第十九条第一款规定了两项要求：一是电子认证服务者制定的电子认证业务规则要符合国家有关规定，而且还要公布；二是电子认证业务规则要向国务院信息产业主管部门备案，以接受监督。

电子认证业务规则主要包括以下事项。

（1）责任范围。电子认证服务提供者在提供认证服务过程中，由于未履行其应尽义务，尤其是保证其签发证书的真实、可靠性的义务，既可能产生对电子签名人的责任，也可能产生对电子签名依赖方的责任。电子认证服务提供者如能证明其对于责任事项无任何过错，方可免责。

（2）作业操作规范。电子认证作业操作规范包括的内容非常广泛，如对数字证书申请身份审查的内容、提供相应的身份有效证件和审查流程，数字证书类别及证书申请、签发、撤销、更新等新的操作流程，以及信息公开的要求，主要是发布相关认证信息，如证书生效、失效等公开信息。

（3）信息安全保障措施。电子认证服务提供者是为互联网用户提供身份认证服务的。主要负责接收证书申请、审核申请人身份、签发证书及管理证书等服务，与其他互联网服务提供商一样，电子认证服务提供者所提供的服务也是通过互联网，因此也存在安全威胁，存在被攻击的可能，如非法入侵、植入病毒、窃取密钥等外部攻击。另外，认证系统内部也存在威胁，如内部工作人员的管理、机房的安全管理、软件的管理等。这些都需要制定具体的信息安全保障措施，防范风险。

如果电子认证服务提供者不遵守认证业务规则的规定，就构成了违法行为。如按照某电子认证服务提供者制定的电子认证业务声明的规定，电子认证服务提供者应当对认证证书申请者的身份进行鉴别。如果电子认证服务提供者对申请者所提供的材料没有进行验证，就会影响认证证书的真实性与安全性，构成违法行为，应依照相关规定承担相应的法律责任。

电子认证服务提供者应当妥善保存与认证相关的信息。这是《电子签名法》对电子认证服务提供者规定的一项义务。考虑到与认证相关的信息涉及电子签名人的一些个人资料，还要保证电子签名依赖方能够证实或者了解电子签名认证证书所载内容及其他有关事项，电子认证服务提供者应当采取有效的措施予以保存，如应采取物理安全保障措施以使相关信息免遭恶劣环境或者突发事件等的破坏。如果未妥善保存信息，不能确保这些信息在规定的期限内满足查阅的需要，则构成违法行为，应承担相应的法律责任。

国务院信息产业主管部门有权制定电子认证服务业的具体管理办法。电子认证服务提供者对于国务院信息产业主管部门依法制定的电子认证服务业管理办法必须遵守，如果未遵守就构成违法行为，也应依照相关规定追究其法律责任。

电子认证服务提供者不遵守认证业务规则、未妥善保存与认证相关的信息，或者有其他违法行为的，首先由国务院信息产业主管部门责令限期改正，即责令违法行为人在规定的期限内纠正违法行为。如果电子认证服务提供者在规定的期限内未纠正违法行为，则由国务院信息产业主管部门吊销电子认证许可证书，同时，要对电子认证服务提供者的直接负责的主管人员和其他直接责任人员处以资格处罚，即在十年内不得从事电子认证服务。

2．电子签名人与认证机构之间的关系

电子签名人与认证机构之间的关系，一方面，可以视为认证服务机构和客户即消费者之间的服务关系，可以从有关消费者保护方面的法律规则中寻找到双方的权利义务规定；另一方面，双方的法律关系又是根据认证合同建立起来的，所以双方的权利义务可以从有关合同方面的法律规则以及合同本身的规定中找到依据。除此之外，《电子签名法》对电子签名人与认证机构之间的关系也作了如下规定。

《电子签名法》第十五条规定：“电子签名人应当妥善保管电子签名制作数据。电子签名人知悉电子签名制作数据已经失密或者可能已经失密时，应当及时告知有关各方，并终止使用该电子签名制作数据。”

《电子签名法》第二十条规定：“电子签名人向电子认证服务提供者申请电子签名认证证书，应当提供真实、完整和准确的信息。

电子认证服务提供者收到电子签名认证证书申请后，应当对申请人的身份进行查验，并对有关材料进行审查。”

《电子签名法》第二十四条规定：“电子认证服务提供者应当妥善保存与认证相关的信息，信息保存期限至少为电子签名认证证书失效后五年。”

《电子签名法》第二十七条规定：“电子签名人知悉电子签名制作数据已经失密或者可能已经失密未及时告知有关各方并终止使用电子签名制作数据，未向电子认证服务提供者提供真实、完整和准确的信息，或者有其他过错，给电子签名依赖方、电子认证服务提供者造成损失的，承担赔偿责任。”

《电子签名法》第二十八条规定：“电子签名人或者电子签名依赖方因依据电子认证服务提供者提供的电子签名认证服务从事民事活动遭受损失，电子认证服务提供者不能证明自己无过错的，承担赔偿责任。”

《电子签名法》第三十二条规定：“伪造、冒用、盗用他人的电子签名，构成犯罪的，依法追究刑事责任；给他人造成损失的，依法承担民事责任。”

综上所述，在通常情况下，电子认证机构对电子签名人必须履行如下义务。

（1）提供可靠、安全系统的义务。证书信赖人对电子签名的验证，完全有赖于通过电子认证机构的系统完成。所以，提供可靠的系统是完成认证机构和证书持有人之间合同的必要条件。同时，认证机构还应该建立认证系统的备份机制和紧急事件处理程序，确保在人为破坏或者发生自然灾害时认证系统和认证证书使用的安全。

（2）谨慎审核的义务。对认证证书申请者所提交的有关材料的真实性，认证机构应该谨慎地加以审核。因为证书的发布、信赖方的信赖都依赖于对这些资料真实性的审查。

（3）颁发证书的义务。一旦认证证书申请方的材料通过审核，认证机构就应该按照有关规定，颁发认证证书。

（4）中止证书的义务。针对影响认证安全的紧急事件，经请求，认证机构应该中止证书的效力。中止证书只是暂时阻止证书的使用，待需要调查处理的事宜处理完毕后，再决定证书是否可以继续使用。

（5）撤销证书的义务。证书的有效期是有限制的，通常标示在证书的签署部分，规定了起始与期满的时间。然而，在某些情况下，用户必须在有效期满之前，停止对证书的使用。这些情况包括发生私钥泄露的危险，主体名称或与认证机构关系的改变等。在这些情况下，认证机构应该撤销证书。

（6）披露信息的义务。认证机构应该将其所颁发的证书予以公布。因为如果只有用户知道证书的存在而交易，公众并不知道，就不能使证书起到其应有的作用。另外，申请认证证书应该符合什么条件，申请的程序，应提交的材料，哪些证书已被中止、撤销、终止等事项，都应该予以公布。

（7）保护证书持有人的商业秘密和个人隐私的义务。

当然，电子认证机构在履行以上这些义务的时候，同时也拥有下列权利。

（1）要求证书申请者提供真实信息的权利。

（2）证书持有人的身份信息发生某种程度的变化的时候，电子认证中心有及时获得通知的权利。

（3）在用户申请数字证书的重要事项不真实，用户数字证书已遭冒用、伪造、篡改，用户解散、终止，个人用户死亡等情况下，单方撤销或者中止证书的权利。

（4）对所提供的服务收取费用的权利。

电子签名人即证书持有人必须对电子认证机构履行如下义务。

（1）证书持有人对其身份、地址、营业范围等重要信息必须真实陈述。这是证书可信赖性产生的前提，这是其应履行的基本义务。

（2）妥善保管私人密钥和证书的义务。

（3）认证机构颁发证书时，用户有义务检验证书中所描述信息的准确性。

（4）证书持有者应按照法律法规和认证机构宣布的证书使用相关规定，正确地使用证书，不得利用证书从事任何非法的行为。

（5）在发生私钥泄露或其他有可能影响到电子签名的真实性的事件时，证书持有人应该及时通知认证机构，以便认证机构及时采取措施，减小损失。

（6）对所享受的服务按照约定缴纳费用。

当然，证书持有人同时拥有如下权利：获得电子证书的权利；中止证书的权利；变更证书的权利；撤销证书的权利。

3. 电子认证机构与电子签名依赖方之间的关系

《电子签名法》第二十二条规定：“电子认证服务提供者应当保证电子签名认证证书内

容在有效期内完整、准确，并保证电子签名依赖方能够证实或者了解电子签名认证证书所载内容及其他有关事项。”

（1）电子认证机构对电子签名依赖方的权利与义务。一般来说，电子认证机构对电子签名的依赖方有如下义务。

① 电子认证机构有义务制定并公布符合国家有关规定的电子认证业务规则，并严格依据此规则行事。

② 在证书的整个有效期内，保证所有和证书有关的或者已包括在证书内的重要陈述具有准确性和完整性。

③ 提供合理的查证途径，使证书依赖方能够通过证书确认：证书服务者的身份；证书持有人在签名时对签名设施拥有控制权；签名设施在证书签发时运行正常。

④ 提供合理的查证途径，使证书依赖方能够通过证书及相关资料确认：用以识别证书持有者身份的方法；签名设施及所用证书的目的和意义；签名设施运行是否正常；认证机构约定的责任范围是什么；签名设施受损时是否能及时通知证书持有者；是否提供及时的证书撤销服务。

⑤ 在签名设施受损时，及时通知签名的各个依赖方，并保证及时中止或撤销认证服务。

⑥ 认证机构所使用的系统、程序和人员是绝对可靠的。

电子认证机构对电子签名的依赖方有如下权利。

① 要求电子签名的依赖方按照一定程序对电子签名进行确认。

② 向电子签名的依赖方明确以证书为基础的交易范围。

（2）电子认证的依赖方对认证机构的权利与义务。一般来说，电子认证的依赖方对认证机构具有如下义务。

① 遵守认证机构的要求，采取合理的步骤确认签名的真实性。按照认证机构规定的程序获取证书的相关信息，确认证书的有效性，如没有被中止、撤销等。

② 遵守任何有关证书的限制，在证书所载的可信赖度以内从事交易，将证书用于规定的用途。如果证书依赖方超出了认证机构建议的范围来使用，那么认证机构不对其超出证书可靠性建议范围的交易负责。

同时，电子签名的依赖方对认证机构拥有如下权利。

① 要求认证机构谨慎地保证证书中内容的真实性，否则可以求得赔偿。

② 要求认证机构履行信息披露的义务，可以就不明事宜向认证机构询问。

3.3 相关链接——“一签通电子签章认证云服务平台”

一签通电子签章认证云服务平台（以下简称一签通平台）是北京安证通信息技术有限公司集 10 年电子签章应用解决方案之经验、结合企业之间电子合同应用需求而推出的主要为企业 B 2 B 电子商务提供安全认证的云服务平台。

一签通平台采用国家工信部授权的第三方数字证书服务机构颁发的数字证书，确保电子签章具有较高的公信力，能够满足企业之间电子合同/电子订单的安全性要求。一签通支持并集成了除北京 CA 之外的所有第三方数字证书服务机构的证书服务，具有广泛的代表性和公信力。

一签通平台的价值在于：一个企业只需要持有一个一签通发放的电子印章就可以与一签通平台中的任何合作伙伴签订电子合同和电子订单，而不像传统的电子印章使用方式——与不同供应链合作伙伴签署合同，由于采用不同公司的电子签章软件，就需要采用不同的电子印章，这样一个企业需要持有多套电子印章，使用成本过高，管理也非常不方便。

一签通平台同时为供应链中的合作伙伴提供了电子合同签署平台和电子签章服务。

对于中小企业内部应用电子签章的情况，用户可以租用一签通平台来管理本机构内部的电子印章，从而免除了较高的系统初建费和后期维护费。而将每一年的服务费计入管理成本，成本可控，投入小。

一签通平台的宗旨是建设一个“安全、权威、可信、易用”的电子签章认证云服务平台，推动企业间网上电子合同的应用，在提高企业间商务活动效率和安全性的同时，也推动整个社会的无纸化和低碳环保生活习惯的形成。

以案用法

原告赵某（住址宜宾）通过上网浏览广东中山市阪神电器有限公司网页，并按照网上留下的电话号码与业务员邓某取得联系，准备经营该公司的厨卫产品。2013 年 10 月 28 日，赵某前往中山实地考察后与邓某签订了一份订货单，并当场交付定金 1000 元。回到宜宾后，双方多次通过网络聊天的方式商量订购电器的型号、数量、价格、送货等细节问题。原告赵某 QQ 名为“梦想成功”，被告邓某 QQ 名为“邓某”。

2014 年 1 月 3 日，赵某根据邓某的要求将货款现金 68790 元存入了其个人银行账户。同月，邓某通过物流公司分数次托运给赵某电器 179 台和展示架一批。赵某收货后发现，涉案产品并非阪神公司产品并明显存在质量问题。后赵某携带该产品前往阪神公司交涉。该公司经检查，认定涉诉电器不是公司生产的产品，并出具书面材料答复给赵某，其与邓某口头协议或网络 QQ 协议系邓某的个人行为，所有订单均未有该公司的确认。

法院查明，原告、被告双方所有关于商谈买卖的内容均是在名称“梦想成功”和“邓某”的两个 QQ 上进行的，号码稳定未更换；被告的公司同事张某向法庭作证，邓某在出差时期委托其与赵某跟单，也能从侧面证实 QQ 名称为“梦想成功”为原告所有，“邓某”则是邓某所有；且双方的 QQ 记录上有“邓某”留下的电话号码，法官曾按此电话号码打过去，接听电话的人正是被告。庭审中，被告确认与原告存在交易，但提供不了证据证实双方是通过 QQ 之外的方式进行交易的。

请分析：

1. QQ 聊天记录可以作为定案证据吗？请说明法理。
2. 审查数据电文能否作为证据？应考虑哪些因素？
3. 原、被告双方存在买卖合同关系吗？为什么？
4. 被告是否违约？为什么？

思考练习题

一、判断题（请在括号内画√或×，如有错，请改正）。

1. 电子认证服务提供者不遵守认证业务规则被责令限期改正而逾期未改正的，除吊销电子认证许可证书外，其直接负责的主管人员和其他直接责任人员五年内不得从事电子认证服务。（　　）

2. 从事域名注册服务活动，应当具备的条件之一是注册资金不得少于人民币150万元。（　　）

3. 域名注册服务机构必须是依法设立的企业法人或事业法人。（　　）

4. 认证机构与证书信赖人之间的关系是一种法定信赖利益关系。（　　）

5. 在中华人民共和国境内设立域名注册管理机构和域名注册服务机构，应当经国务院批准。（　　）

二、选择题（含单选与多选）

1. 世界上最先授权使用数字签名的法案是（　　）。
   A.《统一电子交易法》　B.《意大利数字签名法》
   C.《数字签名指南》　D.《数字签名法》

2. 电子认证的核心是（　　）。
   A. 公钥　B. 私钥　C. 电子认证证书　D. 个人身份证

3. 电子认证服务提供者应当妥善保存与认证相关的信息，信息保存期限至少为电子签名认证证书失效后（　　）年。
   A. 5　B. 10　C. 15　D. 20

4. 以下属于电子签名形式的有（　　）。
   A. 附着于电子文件的手写签名的数字化图像
   B. 采用生物笔记鉴别法所形成的图像
   C. 身份密码
   D. 计算机口令
   E. 指纹
   F. 眼虹膜

5. 电子签名认证证书的作用有（　　）。
   A. 信息的保密性　B. 交易者身份的确定性
   C. 不可修改性　D. 不可否认性

6. 以下关于“认证服务”的说法中，你认为正确的有（　　）。
   A. 认证机构与证书持有人之间的关系是一种金融服务合同关系。
   B. 认证机构与证书持有人之间的关系是一种认证服务合同关系。
   C. 认证机构与证书持有人之间的合同是双务、有偿合同。
   D. 认证机构与证书持有人之间的合同具有最大诚信、诺成的特点。
   E. 认证机构与证书持有人之间的合同属于无名合同。

7. 电子认证服务机构违反《电子认证服务管理办法》规定，未能按照公布的电子认证业务规则提供电子认证服务，应承担以下责任（　　）。

A．限期改正　　B．警告　　C．罚款　　D．有期徒刑 3 年

8．电子认证服务机构向信息产业部隐瞒有关情况、提供虚假材料或者拒绝提供反映其活动的真实材料的，应承担（　　）的责任。

A．责令改正　　B．警告　　C．有期徒刑 10 年　D．罚款

三、问答题

1．简述《电子签名法》的立法时间和主要包括的内容。

2．电子签名和数据电文具有什么法律效力？

3．电子签名与手写签名（或者盖章）具有同等的法律效力吗？为什么？

4．在世界先进国家和我国普遍使用的电子签名技术是哪种？

5．简述电子认证和认证机构的概念。

6．电子认证机构的设立必须符合什么条件？经过什么程序？

7．电子认证机构的主管部门是谁？

8．电子认证业务规则的主要内容有哪些？

9．电子认证相关法律关系有哪几种？

10．电子认证机构的法律责任有哪些？

第 4 章

电子支付法律制度

导入案例

原告赵某在工行某支行办理了牡丹灵通卡一张，并办理了手机银行（短信）业务。20××年12月24日23时31分，原告收到手机短信牡丹灵通卡被支取29 800元的信息。因此时原告的银行卡在自己身上，于是就到附近的中国工商银行自动取款机上查询款项，发现29 800元现金被支取。23时34分，在查询过程中，原告的手机又接到ATM支出9笔共38 100元的短信。23时45分，原告的手机再次接到支出2500元的短信。23时49分，赵某拨打工行24小时服务热线挂失未果。23时55分，原告赵某拨打110报警，110出警后，在警察询问情况过程中，原告又接到"25日00: 07ATM支出11笔共48 400元"的短信。至此，原告赵某的牡丹灵通卡在自己保管的情况下，被盗取118 800元。

后赵某找被告工行某支行交涉，但被告工行某支行拒绝承担任何责任。双方为此发生纠纷，原告将工行某支行告上法庭，要求被告工行某支行返还原告赵某在被告处的储蓄存款118 800元，并赔偿其他损失10 000元。

以案问法

通过阅读导入案例，请思考以下问题：

1. 电子支付过程中涉及哪几方当事人？
2. 电子支付过程中各参与方的权利与义务分别有哪些？并以表格列明。
3. 试分析本案中赵某与银行间的法律关系。
4. 电子支付过程中各违约方应承担的责任分别有哪些？请以表格列明。
5. 本案中工行某支行是否应承担责任？为什么？（难点）
6. 本案中赵某是否应承担责任？为什么？（难点）

以案解法

1. 请参照教材有关内容予以回答。
2. 电子支付过程中各参与方的权利与义务见下表（文字表述请参照教材有关内容）。

当事人	权　利	义　务
付款人	1. 开户权；2. 信息反馈；3. 指令错误纠正；4. 投诉权；5. 指令；6. 个人信息保护	1. 开设电子账户；2. 提供个人信息；3. 受自身指令约束；4. 修改错误指令；5. 存款
电子支付银行	1. 开户信息审查；2. 资金划拨；3. 收取服务费；4. 拒绝接收错误指令	1. 完成资金支付；2. 客户资料保密
收款人	要求支付相应款项，不强调其主张权利	1. 遵守法律法规；2. 接受认证和审查；3. 提供回执；4. 支付款项；5. 遵守保密规定
电子认证机构	1. 资料审查；2. 证书发放；3. 证书撤销；4. 收取费用	1. 颁发证书；2. 使用可信赖系统；3. 保管自身私钥；4. 信息发布

3. 原告赵某在工行某支行办理了牡丹灵通卡，即与工行某支行形成了储蓄存款合同关系。根据储蓄存款合同的性质，银行储蓄部门只要按照储户的指示将存款支付给储户或者储户的代理人，就足以维护储户的存款安全。工行某支行作为经营存、贷款等业务的专业金融机构，负有保证储户存、取款安全的义务。要维护储户的存、取款安全，工行在付款时就必须履行取款权利人身份审查义务，以识别取款权利人。

4. 请参照教材有关内容列表说明。

5. 银行部门设置的自动取款机，是通过技术手段，识别取款权利人，以达到维护储户存款安全和方便储户、提高金融机构工作效率的重要措施之一。因此，在人机交易中产生的风险，应当由设置柜员机的银行部门承担。本案中，原告赵某的牡丹灵通卡还在其本人手中，其卡内的存款却在工行设置的自动柜员机上被支取、转账，也就是说工行设置的自动取款机，不能达到足以识别取款权利人以维护储户存款安全的目的，由此产生的交易风险，应当由被告工行某支行承担。

6. 《合同法》规定，当事人一方违约后，对方应当采取适当的措施防止损失的扩大；没有采取适当措施致使损失扩大的，不得就扩大的损失要求赔偿。本案中，原告赵某于20××年12月24日23时31分接到29 800元被支取的短信后，立即到最近的自动存款机上查询，其间，23时34分、23时45分又分别接到其卡内存款支出38 100元、2 500元的两条短信，慌乱中，其于23时49分开始拨打工行的24小时服务热线，并于23时55分拨打110报警，这其间14分钟的时间，即便无法接通工行的24小时服务热线，即便其对此事的骤然发生产生心理上的慌乱、紧张、不知所措，但14分钟的时间足以使原告赵某在自动取款机上通过修改密码以防止损失的继续发生，因其没有采取适当措施致使损失扩大，故依法对23时55分以后扩大的损失48 400元，其无权要求被告赔偿，只能自行承担。即，原告赵某要求被告赔偿的118 800元中，法院对其中23时55分之前损失的70 400元予以支持。

4.1 电子支付概述

4.1.1 电子支付的概念与特征

1. 电子支付的概念

在传统的商务活动中，支付主要采用两种方式：一是票据支付，如支票、汇票等，这种方式多用于企业与企业间的交易活动；二是现金支付，常用于企业对个体消费者之间的商品零售过程。在电子商务环境下，传统的支付方式已不适应商务活动电子化的要求，而必须由全新的电子支付方式来代替。电子支付是指从事电子商务交易的当事人，包括消费者、厂商和金融机构，使用安全电子支付手段通过网络进行的货币支付或资金流转。具体地说，电子支付是支付命令发送方把存放于商业银行的资金通过一条线路划入收益方开户银行，以支付给收益方的一系列转移过程。

电子支付行为是在商务活动中使用电子支付工具来进行资金给付的一种民事法律行为。当前，电子支付按其所涉及的内涵和外延不同，分为广义的电子支付和狭义的电子支付。广义的电子支付不仅涉及网上支付，还包括 ATM/POS、支付卡、互联网、手机、机顶盒等支付行为，狭义的电子支付是指在互联网上的电子支付行为。

2. 电子支付的特征

电子支付与传统的支付方式相比具有以下特征。

（1）电子支付是采用先进的技术通过数字流转来完成信息传输的，其各种支付方式都是采用数字化的电子信息指令方式进行款项支付的；而传统的支付方式则是通过现金的流转、票据的转让以及银行的汇兑等物理实体的流转来完成款项支付的。

（2）电子支付的工作环境基于一个开放的系统平台（互联网）；而传统支付则是在较为封闭的银行系统中进行运作。

（3）电子支付具有方便、快捷、高效、经济的优势。用户只要拥有一台能上网的个人计算机，便可足不出户，在很短的时间内完成整个支付过程，支付费用仅相当于传统支付的几十分之一，甚至几百分之一。

4.1.2 电子支付的形式与流程

1. 电子支付的主要形式

由于使用的传输网络、传输协议和支付程序的不同及相互组合，在实践中衍生出了各种各样的电子支付工具。如果将各种电子支付方式加以分类，可以分为互联网环境下的电子支付和非互联网环境下的电子支付。前者包括网上银行和电子货币，后者则是指自动柜员机、自动售货机、销售终端等。结合电子支付的表现形式和特点，将电子支付方式概括地分为以下三种形态。

（1）电子现金和电子钱包。电子现金是一种以数据形式流通的货币。它把现金数值转换成一种加密的序列数据，通过这些序列数据来表示现实中各种现金的金额值。电子现金具有多用途、灵活使用、匿名性、快速简便的特点，无须直接与银行连接便可使用，适用于小额交易。其主要好处是可以提高效率，方便用户使用。从目前支持电子现金的要件不同来区分，电子现金可分为两类。

① 需要新硬件并以其为核心的电子现金支付系统。主要是智能卡形式的支付卡，其用途多，应用范围广，具有信息存储、安全密码锁等功能，安全可靠。最常见的是我们日常使用的 U 盾。从技术角度看，U 盾是用于网上银行电子签名和数字认证的工具，它内置微型智能卡处理器，采用 1024 位非对称密钥算法对网上数据进行加密、解密和数字签名，确保网上交易的保密性、真实性、完整性和不可否认性。

② 只需要软件支持的电子现金支付方式，如数字方式的现金文件。基于安全使用的考虑，消费者、销售商和发行者之间交换金融申请都有其自己不同类型的协议。每个协议由后端服务器软件（电子现金支付系统）和客户端的“钱包”软件执行。所谓电子钱包，是一个可以由持卡人用来进行安全电子交易和储存交易记录的软件，就像生活中随身携带的钱包一样。持卡人可以直接使用与自己银行账号相连接的电子商务系统服务器上的电子钱包软件，也可以从互联网上调出来，采用各种保密方式利用互联网上的电子钱包软件。而这些软件通常都是免费提供的。目前较为流行的“支付宝”就是这种形式。

（2）电子支票。电子支票是一种借鉴纸张支票转移支付的优点，利用数字化网络传递将钱款从一个账户转移到另一个账户的电子付款形式。这种电子支票的支付是在与商户及银行相连的网络上以密码方式传递的，多数使用公用关键字加密签名或个人身份密码代替手写签名。用电子支票支付，事务处理费用较低，而且银行也能为参与电子商务的商户提供标准化的资金信息。电子支票支付现在发展的主要方向是今后将逐步过渡到国际互联网络上进行传输，即采用电子资金转账或网上银行服务（互联网存入银行）方式。电子资金转账直接支付的种类主要包括以下几点。

① 直接存款（存放），是指通过电子方式将资金，如工资、退休金、股息及养老金等，划归个人存款账户的支付方式。

② 直接支付（指示付款），是指被授权指定的公司在特定的日期从消费者的存款账户上划拨资金，如水电费、电话费、有线电视收视费的支付等。直接支付要求消费者对那些以电子支付方式划拨资金的公司进行签名授权。

③ 电话支付（打电话发出支付指令），是指消费者通过给按键电话输入关键信息而对银行发出支付指令，从其存款账户上向特定的公司进行支付。金融机构提供给消费者每月进行电子交易的银行清单。

④ 个人计算机银行（个人计算机银行业），是指个人通过他们的个人计算机及其连接的网络，发出资金划拨的指令。许多商业银行的电子支付程序允许消费者通过个人计算机查询账户信息，诸如个人账户余额，或在账户间进行转账。

（3）以信用卡系统为基础的支付。这种电子支付方式的基本做法是通过专用网络或国际互联网以信用卡号码传送做交易，持卡人（Cardholder）就其所传送的信息，先进行数字签章加密，数字签名经认证机构的认证后，将信息本身连同电子证书（电子的证书）等一并传送至商家。具体又分为以下几种形式。

① 账号直接传输方式。即客户在网上购物后把信用卡号码信息加密后直接传输给商家。这种方式存在两大不足：一是只适用于信用卡，不适用于借记卡；二是商家必须有良好的信誉，从而使得客户能够放心地把信用卡号码予以告知。账号直接传输方式在国际互联网站尤其是美国应用非常普遍。

② 专用账号方式。这种支付方式要求商家在银行的协助下核实每个客户是否为银行卡的持有人，并且由商家为每个客户建立一个与银行卡对应的虚拟账户，每个虚拟账户都有独立的账号和密码。当客户使用虚拟账户在互联网上付款时，账号和密码加密后传输到商家系统，避免在网上直接使用银行卡的卡号和密码，保证了银行卡账户的安全。这种方式提供了较高的安全性，但是由于虚拟账户须由商家建立，建立过程比较复杂，并且同一张银行卡在不同的商家有不同的账号和密码，使得客户使用起来很不方便。

③ 设定方式。设定方式是维萨、万事达两个信用卡组织联合微软、IBM、网景等著名

的计算机公司在 1996 年共同推出的，为了在互联网上进行安全的信用卡支付而定义的电子支付协议。设定协议的技术标准非常复杂，对信用卡持卡人、商家和银行三方的要求都很高。由于设定提供商家和收单银行的认证，确保了交易数据的安全、完整可靠和交易的不可抵赖性，特别是具有保护消费者信用卡号不暴露给商家等优点，因此它成为目前公认的信用卡/借记卡的网上交易的国际标准。

④ 专用协议方式。这种方式的关键点是在客户、商家和电子支付服务供应商之间采用一种专用加密协议，把信用卡账号转化为密码。由电子支付服务供应商向其客户和商家免费提供客户端软件。这种软件自动地通知商家把电子订购表格发送给客户，让客户填写姓名和信用卡号码，再通过这种软件译成密码发送给商家。由于采用这种具有加密功能的软件及特殊的服务器，商家无法从客户的支付数据中得到信用卡账号的任何信息，保证了支付信息的安全性。

2．电子支付系统流程

（1）银行卡非 SET 电子商务支付系统（SSL）。此类银行卡是国内网上支付普遍采用的网上支付方法。该系统使用 SSL 协议、RSA 加密算法、数字签名和防火墙等保证交易的安全，支付时使用的是银行发行的储值卡（借记卡）、信用卡。该方式风险较高，只要银行肯参与，该系统是可行的。该系统的主体有持卡人、商家、支付网关和发卡银行。流程如下。

① 持卡人登录商品发布站点，验证商家身份。

② 持卡人决定购买，向商家发出购买请求。

③ 商家返回同意支付等信息。

④ 持卡人验证支付网关的身份，填写支付信息，将订购信息和支付信息通过 SSL 传给商家，但支付信息被支付网关的公开密钥加密过，对商家来说是不可读的。

⑤ 商家用支付网关的公开密钥加密支付信息等，传给支付网关，要求支付。

⑥ 支付网关解密商家传来的信息，通过传统的银行网络到发卡行验证持卡人的支付信息是否有效，并即时划账。

⑦ 支付网关用它的私有密钥加密结果，并将结果返回商家。

⑧ 商家用支付网关的公开密钥解密后返回信息给持卡人，支付结束。

该支付系统有如下特点。

① 有银行的参与，支付网关必须得到银行的授权。

② 商家及支付网关使用证书，由支付网关签名的 Root CA。

③ 持卡者支付时使用的微型电子钱包是一个 APPLET 应用程序，放在支付网关的服务器上，并经过支付网关的签名认证。

④ 商家与持卡者通信用 SSL 协议，商家与支付网关通信使用 RSA 加密。

⑤ 持卡者必须与支付网关签约，成为其会员。

⑥ 支付网关与发卡行的通信可通过 POS 机拨号上银行的前置机（业务量不大时用），或走专线，用 ISO 8583 等协议上银行的前置机。

（2）银行直接参与的非 SET 电子商务支付系统（类 SSL）。该系统支付信息不经商家，直接到银行站点支付，即银行直接接收、处理用户的支付信息。该系统风险较小。该系统的主体有持卡者、商家和发卡银行。支付流程如下。

① 持卡者登录商品发布站点。

② 持卡者决定购买，向商家发出购买请求，并跳转到发卡行支付站点。

③ 持卡者验证发卡行支付站点身份，通过 SSL 向发卡行传送支付信息。

④ 银行处理用户的支付信息，划账。

⑤ 商家定期到发卡行站点查询成交商品，送货，交易完成。

该支付系统有如下特点。

① 银行亲自建立支付站点，成为支付系统的主体。

② 支付信息不经商家。

③ 使用 SSL 协议，保证交易的安全。

（3）SET 电子商务支付系统。安全电子交易协议 SET 是实现在开放的网络（互联网或公众多媒体网）上使用付款卡（信用卡、借记卡和取款卡等）支付的安全事务处理协议。它的实现不需要对现有的银行支付网络进行大改造。该协议的 1.0 版本于 1997 年 5 月 31 日发布。

SET 规定了电子商务支付系统各方购买和支付消息传送的流程。电子商务支付系统的交易三方为持卡人、商家和支付网关。交易流程如下。

① 持卡人决定购买，向商家发出购买请求。

② 商家返回同意支付等信息。

③ 持卡人验证商家身份，将订购信息和支付信息安全传送给商家，但支付信息对商家来说是不可见的（用银行公钥加密）。

④ 商家验证支付网关身份，将支付信息传给支付网关，要求验证持卡人的支付信息是否有效。

⑤ 支付网关验证商家身份，通过传统的银行网络到发卡行验证持卡人的支付信息是否有效，并将结果返回给商家。

⑥ 商家返回信息给持卡人，送货。

⑦ 商家定期向支付网关发送要求支付信息，支付网关通知卡行划账，并将结果返回给商家，交易结束。

安全电子交易使用的安全技术包括加密（公开密钥加密、私人密钥加密）、数字信封、数字签名、双重数字签名、认证等。它通过加密保证了数据的安全性；通过数字签名保证交易各方的身份认证和数据的完整性；通过使用明确的交互协议和消息格式保证了互操作性。

由于它实现起来比较复杂，每次交易都需要经过多次加密、Hash 运算及数字签名，并且须在客户端安装专门的交易软件，因此现在使用该协议的电子支付系统并不多。目前中国银行的网上银行中的支付方式是基于 SET 的安全电子交易。

4.1.3 电子支付相关法律问题

1. 电子支付的法律关系

在电子商务中，电子支付是整个交易过程中的重要环节。在电子支付过程中要涉及参与支付的各个主体——当事人；参与支付的客体——电子货币；提供中介服务的系统等。电子支付当事人一定要取得相应的资格，电子货币也要具备一定的法律效力，由此产生较多的法律问题。这些法律问题包括：在电子支付中当事人需要共同遵守的规则；为了保证电子支付的顺利进行所制定的相应的法律和法规；电子支付当事人的权利、义务和责任；电子货币的法律地位；支付中的争议解决办法；支付的风险和责任划分；分担制度的规定等。

在电子支付中需要有关的办法、协议、规则、合同来约束。这些都是在实际交易中，保证电子支付顺利进行所制定和必须遵守的行为规范。这些行为规范引出了一些新的不同于传统支付的法律关系。在电子支付活动中，当事人之间是电子支付方式下法律上的债权债务关系；而电子支付当事人与提供中介服务的银行或其他金融机构之间是电子支付方式下法律上的合同关系；电子支付中当事人、提供中介服务的银行或其他金融机构与提供信息服务的中介机构也是一种新型的合同关系，这种合同关系是在传统支付活动中所没有的。由此可见，电子支付所引起的法律关系，要比传统的支付活动复杂，不仅要涉及电子支付的当事人、金融机构，还要涉及提供信息服务的中介机构，所以必须由新的法律法规来调整。

2. 电子货币的法律定性

电子支付的法律关系是由电子货币为载体，电子货币的法律问题成为电子支付法律的关键点。电子货币的产生与发展，给各个国家的金融机构、法律执行机构等提出了一系列问题与挑战。诸如如何认定电子货币的法律性质、电子货币发行问题、如何对电子货币进行监管等，都是各国面临的不可回避的问题。而对此类问题的研究及讨论，目的在于为电子货币的流通创造一个清晰、安全和可靠的法律环境，以此来保障消费者和企业的利益，增强人们使用电子货币的信心。

电子货币具有以下特点。

（1）无形性。电子货币以电子数据形式来表现，通过计算机网络传递使用。从货币的发展历史来看，电子货币是一种从有形货币到无形货币的飞跃。

（2）广泛性。电子货币不受金额、对象和区域等限制，且使用极为简便，可以广泛地使用在生产、交换、分配和消费等领域，并将储蓄、信贷和非现金结算等多种功能合为一体。

（3）储值性。电子货币的使用仍然以传统货币为基础，只不过它的表现形态和支付手段发生了变化，因此电子货币需要先储值后使用。

（4）隐秘性。电子货币依托于现代高新技术，资金的支付可以不留痕迹、不易察觉和秘密进行，因而具有隐秘性。

对电子货币的法律定性要根据电子货币在货币理论和结算理论上的定位来进行。在货币理论上，要判定电子货币能否执行货币的三个基本职能，即支付手段、价值尺度、价值保存手段，以满足作为通货的基本条件。从电子货币目前在全球的使用情况来看，电子货币本身只能作为交换媒介，不能执行支付手段的全部职能。它也不能执行价值尺度和价值保存的职能。由此可知，电子货币与普通货币还有一定的距离。在结算理论上，目前的电子货币只是将现金或者存款用电子化的方法转移、传递，以实现结算，而不是完全替代现金或者存款成为一种独立的支付手段。电子货币的法律性质，要根据传统货币的定义进行定性。传统货币一般是指具有法定清偿力的纸质银行券或硬币，是国家以法律保障的银行信用。电子货币要成为真正的货币需要满足以下三点。

（1）电子货币本身必须具备普通货币的五种品质，即价值稳定、普遍接受、易于分割、易于辨认和携带及弹性供应，使货币的职能得以实现。

（2）电子货币还应具备六种特性，即安全性、可转移性、双向性、无期限性、普遍接受性和简易性，使电子货币能够成为一种新的通货方式。

（3）按照货币的法定原则，电子货币的流通还需经国家立法的明示认可才行。

在电子商务活动未成为现今社会的主流商业模式之前，电子货币只能作为一种辅助性的手段起作用。现有电子货币只是以既有货币为基础的电子化衍生物，故不能作为一种完全独立的通货。

3. 电子支付的安全保障问题

电子支付安全是指在电子支付过程中，构成电子支付的计算机设备、网络的安全和支付管理制度的安全的总和。电子支付安全保障从整体上可分为两个部分：计算机网络安全和商务交易安全。计算机网络安全的内容包括计算机网络设备安全、计算机网络系统安全、数据库安全等，其特征是针对计算机网络本身可能存在的安全问题，实施网络安全增强方案，以保证计算机网络自身的安全性为目标。支付管理制度安全则紧紧围绕传统支付在互联网络上应用时产生的各种安全问题，在计算机网络安全的基础上，保障电子支付过程的顺利进行，即实现电子支付的快捷、方便、准确、保密、不受时空限制以及可鉴别性、不可伪造性等。

4.2 电子支付法律关系和法律责任

4.2.1 电子支付法律关系的当事人

1. 当事人

电子支付法律关系的当事人即电子支付法律关系的主体。电子支付法律关系的主体是在电子商务法律关系中，依法享有商务交易结果的权利和承担电子支付义务的法人或自然人。

电子支付的法人是指依法能够以自己的名义进行电子支付活动，享有电子支付当事人的权利，承担电子支付当事人义务，能够发出电子资金或接收电子资金的企事业单位、国家机关、社会团体组织和其他组织。电子支付的法人主要包括两大类：电子支付的企业法人和电子支付的社会团体法人。

电子支付的自然人是指符合电子商务的法律规定，达到民事法律年龄，依法享有民事法律权利，能够承担民事法律义务，能够以自己的名义进行电子支付活动，享有电子支付当事人的权利，承担电子支付当事人义务，能够发出电子资金或接收电子资金的公民。

电子支付的有关当事人从实际参加支付活动的角色的不同，也可以划分为四种人。

（1）付款人。在电子支付过程中通常是消费者或买方。

（2）收款人。在电子支付过程中通常是商家或卖方。

（3）参与电子支付活动的银行。即在电子支付过程中处于付款人、收款人之间的中介人，通常为网上银行或金融机构。在电子支付系统中，参与电子支付活动的银行可同时扮演发送银行和接收银行的角色，完成信用中介、支付中介和结算中介等方面的金融服务，电子支付活动也可以由两个或两个以上的金融机构来承担。发出电子支付指令的付款方客户的开户银行称为“发起行”；收款人开户银行称为“接收行”，它是电子支付指令接收人的开户银行。接收人未在银行开立账户的，“接收行”则是指电子支付指令确定的资金汇入银行。“转发人”是指在发起行和接收行以外，有资格从事接收、传送电子支付指令或有关电子支付数据交换的机构。以上三种机构均可视为参与电子支付活动的银行。

（4）电子认证服务机构（CA）。电子认证服务机构是电子认证服务提供者，是指为电子签名人和电子签名依赖方提供电子认证服务的第三方机构。电子认证服务机构为参与电子商务各方的各种认证要求提供证书服务，以确认支付各方的真实身份。

2．当事人的权利

电子支付当事人的权利是参与电子支付不同资格的主体为应获利益所行使的合法主张。各种当事人在电子支付过程中所发挥的作用不同，他们各自的权利也不相同。

（1）付款人的权利。

① 开户权。资金支付人有在网络银行开户的权利，这是电子支付的必要条件。电子支付中付款一方必须在网络银行中开户，并在账户中存有一定数量的资金，这样才能保证电子支付活动的顺利进行。开户权是电子支付中付款人一方对网络银行的主张。

② 指令权。付款人有权要求接收银行按照其指令的时间及账户，及时准确地将指定的货币金额（包括币种及数额）支付给指定的收款人。这是电子支付的核心工作。没有指令权，电子支付就不存在了。

③ 获得电子支付信息反馈权。电子支付活动发生后，作为电子支付活动支付一方，有权获得电子支付活动是否成功的反馈信息。这是电子支付中付款一方的一个基本主张。

④ 个人信息保护权。在电子支付活动中，支付款项的一方将其各种信息上传到网络银行，其中涉及许多个人信息，如个人自然信息、账号、资金数量等，对于本人不愿公开的信息有权获得保护。

⑤ 指令错误纠正权。虽然电子支付活动高速快捷，但是也有出现由于某种原因而发出错误指令的可能，在这种情况下，发出指令一方应当有纠正其错误的权利。指令错误纠正权是保证电子支付活动推广普及的重要条件，特别是目前电子支付活动正处于观念和技术都不十分成熟的阶段，指令错误纠正权显得尤为重要。

⑥ 投诉权。当电子支付活动中付款一方的权利或利益受到损害时，应当有投诉的权利。投诉权是对电子支付活动中当事人的一种监督和约束。

（2）电子支付银行的权利。

① 开户者信息审查权。电子支付活动必须依靠付款方和收款方在网络银行开设账户。接收指令的银行在执行指令前，有权对开户者的信息进行审查。这种审查是为了保证电子支付活动的主要当事人的利益不受虚假用户的欺骗或错误信息的损害。

② 资金划拨权。当接收银行接到付款人的付款指令后，有权将指定资金从付款人账户转到指定账户。资金划拨权中规定了接收指令银行的基本工作权利。

③ 收取电子支付服务费用权。电子支付是一种由网络银行提供的资金结算服务，在这项服务中，接收指令的银行就是提供服务的一方，当接收指令的银行提供服务后，有要求指令人支付所指令资金并承担支付费用的权利。费用收取权是接收指令的银行生存和发展的基础和条件。

④ 拒绝接收错误指令权。接收电子支付指令的银行，对于付款人发出的错误指令，有

权要求指令人修正其发出的无法执行的、不符合规定程序和要求的指令。

（3）收款人的权利。电子支付活动中的收款人具有特殊的法律地位。电子支付收款人与指令人和接收指令的银行之间所体现的法律关系并不相同。电子支付收款人与接收指令的银行之间并不直接存在支付合同上的权利义务关系，电子支付收款人仅仅是接收指令银行的工作对象。因此，电子支付收款人不能基于电子支付行为，向接收指令银行主张权利。电子支付收款人与电子支付付款人之间，也不存在支付合同中的权利义务关系。电子支付收款人与付款人之间的经济法律关系，只能是基于电子商务活动中的行为所形成的债权债务关系。收款人作为债权人，有向债务人也就是付款人要求支付相应款项的权利，但是没有电子支付合同中的权利主张。在电子支付活动中，电子支付收款人的权利义务关系大多表现为接收款项后的义务方面。

（4）电子认证机构的权利。电子认证服务是指为电子签名相关各方提供真实性、可靠性验证的公众服务活动。电子认证机构在电子商务活动中充当裁判的角色，是将电子计算机网络这一虚拟世界同商务交易这一现实世界结合的桥梁和中介。电子认证机构的主要权利如下。

① 申请者资料审查权。对个人申请人，包括审查个人的姓名、身份证号、联系电话、通信地址、邮政编码、电子邮箱等资料；对单位申请人，除对具体的申请人审查上述个人资料外，还要审查单位名称、单位主页地址、单位营业执照号、工商税号、单位地址、单位电子邮箱、单位所属行业类别、机构代码、电话、传真等。

② 电子证书发放权。电子认证服务机构对证书申请人经过资格审查后，有权发放电子证书。根据《电子认证服务管理办法》的规定，电子证书应当准确载明下列内容：签发机构的名称；证书持有人名称；证书序列号；证书有效期；证书持有人的电子签名验证数据；电子认证服务机构的电子签名；信息产业部规定的其他内容。

③ 电子证书撤销权。若发生下列情况，电子认证机构可以撤销其已签发的电子证书：证书持有人申请撤销证书；证书持有人提供的信息不真实；证书持有人没有履行双方合同规定的义务；证书的安全性不能得到保证；法律、行政法规规定的其他情况。电子认证机构对所撤销的电子证书，应当及时予以公告。

④ 收取费用权。根据 2005 年 1 月 28 日中华人民共和国信息产业部第十二次部务会议审议通过，自 2005 年 4 月 1 日起施行的《电子认证服务管理办法》规定，电子认证服务机构是企业性质的法人，所以当电子认证服务机构向申请人提供电子认证服务后，有权向申请人收取相关的费用。

3. 当事人的义务

电子支付当事人的义务是指参与电子支付活动的各方主体，在从事电子支付活动中应当履行的作为与不作为行为。不同的电子支付当事人应当从不同侧面履行自己的义务。

（1）付款人的义务。

① 开设电子账户的义务。电子账户是电子支付的必要工具，没有电子账户，网上银行不可能在接收付款人指令后，完成资金划转工作。所以，付款人必须履行开设电子账户的义务，以保证电子支付活动的顺利进行。

② 提供真实可靠的个人信息、接受审查的义务。付款人在开设电子账户和申请电子证书时，应当提供真实可靠的信息，并接受相关部门的审查。对于提供虚假的、不可靠信息

者，应当视为网络诈骗行为，承担相应的法律责任。

③ 受自身指令约束的义务。付款人一经发出付款指令，应当受到自身指令的约束，不得随意变更或不执行指令。这一义务是对电子支付活动其他主体的保护和保证。

④ 修改错误指令义务。付款人有按照接收银行的程序，检查指令有无错误或歧义的义务，并对发出的错误指令有发出修正指令的义务。

⑤ 缴纳费用的义务。付款人应向电子认证服务机构缴纳服务费用，向电子支付银行缴纳电子支付手续费用。电子认证服务机构服务费用主要在接受证书时缴纳，电子支付银行支付手续费在支付活动指令发出时缴纳。

（2）电子支付银行的义务。

① 按照指令人的指令完成资金支付的义务。转发人、发起行、接收行之间应按照协议规定及时发送、转发、接收和执行电子支付指令，并回复确认。发起行或转发人应采取有效措施，保证客户发出电子支付指令前能够对指令的准确性和完整性进行充分确认。发起行或转发人应确保正确执行客户的电子支付指令，对电子支付指令进行确认后，应能够向客户提供纸质或电子交易的回单供客户索取。转发人、发起行、接收行还应确保电子支付指令传递的可跟踪稽核和不可篡改。

② 对客户资料保密义务。电子支付银行使用客户资料、交易记录等，不得超出法律许可和客户授权的范围并对客户的资料信息、交易记录等保密。除国家法律、行政法规另有规定外，银行、转发人有权拒绝除客户本人以外的任何单位或个人的查询。

（3）电子支付收款人的义务。电子支付收款人是电子支付活动中的受益者，所以，在电子支付活动中必须履行相应的义务。

① 遵守电子商务法律规范的义务。电子支付收款人必须遵守银行出台的有关电子货币、电子支付和电子结算业务的管理办法。

② 接受电子认证服务机构审查的义务。电子支付收款人应当向电子认证机构提供真实性、可靠性信息，确保电子签名依赖方能够证实或者了解电子签名认证证书所载内容及其他有关事项。

③ 提供相关回执的义务。电子支付收款人在收到款项后，有及时提供相关收款回执的义务，保证电子支付活动其他主体及时完成终了电子支付业务活动。

④ 支付相应款项的义务。尽管收款人不能依据电子支付合同对电子支付银行提出权利主张，但是，收款人在电子支付活动中是在接受电子支付银行的服务，所以有支付服务费用的义务。

⑤ 严格遵守保密规定的义务。电子支付收款方对于电子支付本人和电子支付对方的各种信息资料，负有保密的义务。

（4）电子认证服务机构的义务。

① 颁发证书的义务。认证机构应向符合条件的申请者颁发证书，并将证书内容公布于认证机构的存储器内。认证机构在向申请人颁发证书前应确认下列情况：列于即将颁发的证书中的人就是未来的签署者；将颁发的证书中的信息是正确的；未来的签署者合法拥有私人密钥，此私人密钥与证书中所列的公开密钥构成功能性密钥对，并且可以用来生成数字签名；证书中所列的公开密钥可以用来验证由签署者拥有的私人密钥生成的数字签名；数字证书中所使用的公钥算法在现有技术条件下不会被攻破。

需要指出的是，电子认证合同的内容不仅包括发放证书，还包括管理证书，如中止证书和撤销证书。可以说，中止证书和撤销证书的义务是基于确保证书内容真实、准确性的义务而派生出来的。

② 使用可信赖系统的义务。认证机构应该使用可信赖系统来完成上述证书的颁发、中止和撤销等项操作。所谓可信赖系统是指计算机的硬件、软件和程序，它们满足以下要求：是相当安全的，可防止侵扰和滥用；具有较高的可用性和可靠性，并提供了正确的操作；非常适合执行它们的固有功能；符合通常公认的安全程序。

③ 妥善保管自身私钥的义务。认证机构自身的私钥对于验证该认证机构作为颁发数字证书机构的身份具有不可或缺的作用，一旦丢失，该认证机构所发出的所有数字证书都将作废，因此应妥善保管。

④ 信息发布的义务。认证机构应及时公布有关的信息，如自身的政策或认证业务声明，证书的发布、中止及撤销信息等，发布的方式应是醒目的、易发现的。

4.2.2 电子支付法律关系的内容

1. 电子支付法律关系的特征

一般意义上的法律关系是指由于法律事实引起在当事人之间形成的权利、义务关系。电子支付法律关系则是在电子商务活动中，由电子商务交易活动事实引起的，当事人双方在电子支付方面的权利义务关系。电子支付法律关系是由电子商务法及相关法律规范所调整的行为规范。所以，电子支付法律关系是在电子交易过程中形成的，具有一定民事权利义务内容的法律关系。电子支付法律关系不同于一般意义上的民事法律关系，它具有以下特点。

（1）电子支付法律关系必须有相应的电子商务法律规范为前提。电子商务法律规范是调整一切电子商务活动的行为准则。电子支付活动是电子商务活动的一个组成部分，离开了电子商务法律规范，调整电子支付活动是不可能的，也是不现实、不可操作的。

（2）电子支付法律关系是基于电子商务交易法律事实而形成的平等主体之间的商务关系。在电子支付活动中，涉及的主体虽然有多个，但是各个主体之间的地位是平等的，各自有自己的权利主张，不存在强势主体与弱势主体之分。电子支付活动中各个主体之间法律关系的调整，正是建立在这种平等关系的基础之上。

（3）电子支付法律关系具有主体本身真实直接的意思表示和委托受权的法律行为。电子支付当事人主体本身的意思表示和委托受权的法律行为，是电子支付法律关系成立的要件。任何背离了电子支付当事人主体意思表示真实的行为和超越委托受权范围的行为，都不能形成电子支付法律关系。

（4）电子支付法律关系是由国家强制力社会保障措施来实现的，以保障电子支付当事人权利义务为内容的社会关系。从表面上看，电子支付活动大多数是由电子计算机自动完成的，但是计算机执行的是计算机的拥有者或控制者的指令。所以，计算机的自动执行过程，体现了计算机背后操纵者之间的关系。这种关系本质上是一种社会关系，须由国家强制力社会保障措施来实现，以保障电子支付当事人权利义务的实现。

（5）电子支付法律关系是一种由参与电子支付活动的不同当事人之间所体现出的不同具体关系的组合关系。一个完整的电子支付活动，至少需要有四种当事人参加，即付款人（指令人）、收款人、网络金融机构和电子认证服务机构。在这些当事人之间所体现的法律关系各有不同，它们共同构成了电子支付法律关系的整体。

2．电子支付当事人之间的法律关系

前面提到，电子支付法律关系是一种由多种关系组成的组合关系。在电子支付的实施过程中，虽然仅有四种当事人参与支付活动，但他们之间却有许多种的法律关系，如交易关系、合同关系、债权债务关系、借贷关系、委托代理关系、认证关系等。这就意味着在各个当事人之间所体现的关系不同，当然他们各自的权利和义务也不相同。同时，电子支付法律中的这些具体法律关系，均是建立在合同关系的基础上，这就要求当事人之间的关系是平等的，必须在平等的基础上调整这些关系。电子支付当事人之间的法律关系主要体现在以下几个方面。

（1）付款人与收款人之间是由商品买卖合同所规定的债权、债务关系。这种关系的形成，最普遍的就是货物买卖合同所引起的，在货物买卖合同履行中，买方指示其开户银行将合同中规定的货款发送到指定的收款人账户，以履行其货物买卖合同中的付款义务；合同中的卖方在电子支付过程中，以同意买方采用电子支付方式支付货款并收取相应货款，配合付款人完成电子支付活动。

（2）付款人与电子支付指令银行之间是电子支付服务合同关系。电子支付银行之所以接受付款人的指令实施电子货币款项的划拨，是因为付款人与电子支付银行间存在有关电子支付服务的合同。付款人向电子支付银行发出支付指令，是行使合同中规定的权利；电子支付银行按照付款人指令实施电子货币款项的划拨是在履行合同。同时，电子支付银行收取相应费用，也是行使合同权利；付款人向电子支付银行缴纳费用是尽合同义务。

（3）收款人与电子支付收款银行之间是一般金融服务合同关系。为了保证电子支付活动发挥方便、高效、快捷的作用，客观上要求收款人在电子支付收款银行开设账户。开设账户就意味着电子支付收款行向收款人提供服务。这种服务的依据与一般金融服务相同，所以收款人应与电子支付收款银行订立一般金融服务合同。

（4）付款人、收款人和电子支付银行与电子认证服务机构之间均是电子证书服务合同关系。付款人、收款人和电子支付银行向电子认证服务机构提出证书申请都是发出要约，而电子认证服务机构采用电子证书的发放这一行为是对要约进行承诺和对这种合同关系的履行。

4.3 电子支付法律责任

电子支付法律责任是在电子商务活动中产生的，由电子商务及相关法律规范所规定和调整的，在电子交易过程中当付款人、收款人、电子支付银行和电子认证服务机构等电子支付当事人的行为对其他当事人带来损害时所应承担的不利后果。

电子支付中的法律责任有三种：一是电子支付中的刑事法律责任，即电子支付当事人在电子支付过程中因违法行为构成犯罪应当承担的法律责任；二是电子支付中的行政法律责任，即在电子支付过程中具有行政职能的主体因违反《行政许可法》没有履行其职能而应承担的法律责任；三是电子支付的民事法律责任，即在电子支付中的民事主体违反民事义务所应承担的法律后果。

电子支付的民事责任主要有违约责任和侵权责任两种类型。在电子支付过程中因违反《合同法》而形成的民事责任属于违约责任。违约责任是指在当事人不履行合同债务时，所应承担的赔偿损害、支付违约金等责任，是保障债权的实现和债务的履行的重要措施。在电子支付活动中加害人因侵权行为造成他人财产或人身损害依法承担的民事责任为侵权责任，其形式有赔偿损失、停止侵害、排除妨碍、消除危险、返还原物、恢复原状、消除影响、恢复名誉及赔礼道歉等。

电子支付中的刑事责任是指在电子支付过程中建立在刑事法律基础之上的，满足认定刑事责任要素的犯罪当事人应承担的法律责任。虽然我国《刑法》中还未有单列为电子支付犯罪行为的惩罚条款，但是可以借助《刑法》中相关条款对电子支付过程中的各种犯罪行为予以惩处。①针对破坏网上银行的计算机系统数据和应用程序的犯罪，制作、传播计算机破坏性程序的犯罪等，可参照我国《刑法》第二百八十六条、第二百八十七条的规定进行处罚。②针对利用计算机实施网上金融诈骗、盗窃、贪污、挪用公款的犯罪以及利用信用卡等进行电子货币的诈骗犯罪等，可参照我国《刑法》第一百九十六条、第二百二十四条、第二百六十六条、第二百八十七条的规定进行处罚。③对于那些不涉及计算机技术的电子支付过程中的传统支付犯罪，可参照我国《刑法》第一百七十四条、第二百六十四条、第二百六十六条、第二百八十七条的有关规定进行处罚。当然，在电子支付过程中应用现行我国《刑法》还存在诸多问题，有待针对性的法律尽快出台。

可以说，电子支付中各方法律责任的划分是一个比较复杂的问题，可能涉及 8 个方面：支付平台、交易平台、配送方、交易方、银行、认证服务方、系统运营商、系统开发商，其中最主要的有四方当事人：付款人、收款人、电子支付银行和电子认证服务机构。其各自的法律责任如下。

4.3.1 付款人的法律责任

付款人在电子支付过程中是一般民事活动主体，而电子支付活动是对电子交易合同的履行。在电子支付活动中所能够引起的法律责任主要有违约责任、侵权责任和刑事责任。

（1）付款人在电子支付过程中是支付指令的发出人，是电子支付活动的起点。在电子支付过程中如支付人一方未按合同规定发出指令，违反《合同法》的规定，应当按照《合同法》的规定承担违约责任。

（2）付款人在电子支付过程中发出支付指令，是对接受电子支付指令银行要求提供电子支付服务的一种权利主张。如果付款人发出错误指令，造成对其他相关人员的侵权，给其他相关当事人带来损失的，付款人应当承担相应的民事责任。

（3）如果付款人故意发出错误指令，给其他相关当事人带来损失，就超出了一般民事活动范围，形成了网络盗窃或网络诈骗行为，应当视情节轻重，承担相应的刑事责任。

4.3.2 收款人的法律责任

收款人在电子支付过程中主要是承担义务。如果收款人在电子支付过程中没有履行自己应尽的义务，给电子支付活动其他当事人造成损害，也应承担必要的法律责任。

（1）电子支付收款人应当向电子支付银行申请开设电子银行账户，或指定收款账户，对于拒不申请电子银行账户或不能指定收款账户者，银行可拒绝为其提供电子支付收款服务。

（2）电子支付收款人在申请电子银行账户或电子证书时，应当向电子银行或电子证书服务机构提供真实性、可靠性信息，确保电子签名依赖方能够证实或者了解电子签名认证证书所载内容及其他有关事项信息，接受电子认证服务机构的审查。对于提供虚假信息，骗取电子银行账户或电子证书的，其电子银行账户或电子证书应当予以撤销；利用骗取的电子证书和电子银行账户收取的款项，一经查出应当予以收回；涉及网上诈骗的，还应当依法追究其刑事责任。

（3）电子支付收款人在收到款项后，应当及时提供相关回执。对于未能及时提供相关回执的，银行可按向收款人发放贷款处理。

4.3.3 电子支付银行的法律责任

电子支付银行是在电子支付活动中负责执行电子支付收款人与电子支付付款人支付清算指令的组织。根据中国人民银行会同中国银行业监督管理委员会发布的《电子支付指引》，电子支付银行在电子支付过程中产生的差错和应当承担的法律责任如下。

（1）由于银行和转发人保管使用不当，造成客户资料信息泄露、破坏，导致客户资金受到损害，银行和转发人应负相应责任。

（2）转发人或银行因自身系统、内控制度或按协议为其提供服务的第三方服务机构的原因造成电子支付指令无法按约定时间传递、传递不完整或被篡改的，应承担相应责任。因第三方服务机构造成损失的，转发人或银行可根据与第三方服务机构的协议进行追偿。

（3）接收行由于自身系统或内控制度等原因对电子支付指令未执行、未适当执行或迟延执行，致使客户款项无法按协议约定处理时间准确入账的，应承担相应责任。

（4）非资金所有人盗取他人存取工具发出电子支付指令，并且其身份认证和交易授权通过了发起行或转发人的安全程序，发起行或转发人对该指令进行处理所产生的后果不承担责任，但应积极配合客户查找原因，尽量减少客户的损失。但下列情形除外：使用数字证书和电子签名等作为安全认证方式的；因转发人或银行原因造成客户安全认证数据被盗的。

（5）使用数字证书和电子签名等方式确定客户身份和交易授权的，非资金所有人盗取他人存取工具发出电子支付指令，并且其身份认证和交易授权通过了发起行或转发人的安全程序，如果该数字证书由合法的第三方认证服务机构提供，且第三方认证服务机构不能证明自己无过错的，应承担相应责任。

（6）客户的有关电子支付业务资料、存取工具被盗或遗失，应按约定方式和程序及时通知转发人和银行。由于客户未妥善保管电子支付交易存取工具，且未及时采取补救措施造成资金损失的，若转发人或银行在电子支付交易办理过程中无过错的，对此资金损失不承担赔偿责任。

（7）客户发现自身未按规定操作，或由于自身其他原因造成电子支付指令未执行、未适当执行、延迟执行的，应在协议约定的时间内按照约定程序和方式通知银行或转发人。银行或转发人不承担责任，但应积极调查并告知客户调查结果。银行和转发人发现因客户原因造成电子支付指令未执行、未适当执行、延迟执行的，应通知客户改正或配合客户采取补救措施。

（8）客户按规定已变更或撤销指定办理电子支付业务账户的，如果银行已确认该账户被变更或撤销后，仍发生电子支付交易并造成资金损失，银行应承担全部责任。

（9）因不可抗力造成电子支付指令未执行、未适当执行、延迟执行的，银行和转发人不对客户承担赔偿责任，但应当采取积极措施防止损失扩大。因该差错取得不当得利的，应负有返还义务。

4.3.4 电子认证服务机构的法律责任

电子认证服务机构是为电子签名人和电子签名依赖方提供电子认证服务的第三方机构。根据中华人民共和国工业和信息化部自2009年颁布自2009年3月31日起施行的《电子认证服务管理办法》规定，电子认证服务机构对下列行为应当承担法律责任。

（1）电子认证服务机构向工业和信息化部隐瞒有关情况、提供虚假材料或者拒绝提供反映其活动的真实材料的，由工业和信息化部责令改正，给予警告或者处以五千元以上一万元以下的罚款。

（2）工业和信息化部和省、自治区、直辖市的信息产业主管部门的工作人员，不依法履行监督管理职责的，由工业和信息化部或者省、自治区、直辖市的信息产业主管部门依据职权视情节轻重，分别给予警告、记过、记大过、降级、撤职、开除的行政处分；构成犯罪的，依法追究刑事责任。

（3）电子认证服务机构违反《电子认证服务管理办法》第十三条、十五条和二十七条规定的，由工业和信息化部责令限期改正，给予警告或处以一万元以下的罚款。

（4）电子认证服务机构违反《电子认证服务管理办法》第三十三条的规定的，对于已经取得电子认证服务许可的电子认证服务机构，在电子认证服务许可的有效期内降低其设立时所应具备的条件，由工业和信息化部依据职权责令限期改正，处以三万元以下的罚款，并将上述情况向社会公告。

4.4 电子支付的国内立法及其风险防范

传统的法律是建立在一定时间、一定空间，并以真实的纸币、票据、实物为载体的交易与支付规则。而电子商务冲破了国家的地域管辖权的限制，没有时间和空间障碍，以一种全新的时空优势，以电子网络为依托，自由进入任何一个国家的商业网站，与任何一个用户进行交易，这就对传统法律规范中的支付手段问题提出了挑战。在我国，具有法律效力的网络交易支付工具已成为我国电子商务发展的“瓶颈”性障碍。因此，加强电子支付方面的立法已迫在眉睫。目前，我国尚未制定出针对电子支付的统一完整的法律。各银行和金融机构在联行结算和电子联行的基础上，借助于电信业的发展和信息网络普及，发展了许多新业务，从自身发展出发制定了一些电子支付的管理办法和操作规章。这些管理办法和操作规章，在很大程度上促进了电子交易和电子支付的发展，加快了资金的划拨，拓宽了地域时空，缩短了资金的在途时间。随着电子支付方法和手段的发展，同时也暴露出一些问题。电子支付的安全问题从法律和技术上都没有得到根本的解决。

4.4.1 我国的电子支付立法

1．2005年以前的电子支付立法

电子支付是在开放网络环境下取代传统的支付工具（如现金、票据）的电子信息传递。

电子支付是电子商务活动中最核心、最关键的环节，是电子商务得以进行的基础条件。当前，国内已开展网上银行业务的有交通银行、中国银行、中国建设银行、中国工商银行、中国农业银行、招商银行、中国邮政银行、中信银行等。目前，各银行和金融机构电子支付的管理办法和操作规章包括：中国人民银行 1997 年 12 月公布的《中国金融 IC 卡卡片规范》和《中国金融 IC 卡应用规范》，1998 年 9 月公布的与 IC 卡规范相配合的 POS 设备规范。1999 年 1 月 26 日，中国人民银行颁布了《银行卡业务管理办法》，对银行信用卡、借记卡等做出规范。我国电子支付立法工作随着银行系统电子化程度的提高和社会发展对电子支付业务需求的增长而逐步开展。

2．2005～2010 年的电子支付立法

2005 年 4 月 1 日以来，随着我国《电子签名法》的出台，电子支付的立法进程也随之加快。为了规范电子支付业务，2005 年 6 月 9 日，中国人民银行与中国银行业监督管理委员会发布了《电子支付指引（征求意见稿)》，接着在同年 10 月 26 日中国人民银行公布了《电子支付指引（第一号)》。该《电子支付指引》旨在规范和引导电子支付业务健康发展，防范电子支付业务风险，确保银行和客户资金的安全，维护电子支付业务中当事人的合法权益，促进电子支付业务健康发展。在《电子支付指引》第二十五条中，明确提出了鼓励电子签名应用的条款，即“银行通过互联网为个人客户办理电子支付业务，除采用数字证书、电子签名等安全认证方式外，单笔金额不应超过 1 000 元人民币，每日累计金额不应超过 5 000 元人民币。”应该说，这是一个很好的措施，但是由于该文件本身是一个“指引”性质的文件，不具有法律强制力保障实施，所以在现实应用中并未能得以充分落实，这不能不说是一个遗憾。所以我们建议今后在具备法律强制力保障的相关法律法规中增加类似的鼓励电子签名应用与电子支付的条款。

根据《中华人民共和国电子签名法》、《支付结算办法》等法规制度制定，在中华人民共和国境内的电子支付活动都适用该《电子支付指引》。该《电子支付指引》使电子支付业务的申请，电子支付指令的发起和接收，安全控制，差错与责任都有了详细的规定。2005 年 11 月 10 日，中国银行业监督管理委员会颁布了《电子银行业务管理办法》，该办法对电子银行业务等进行了界定，并对电子银行业务的申请与变更、风险管理、数据交换与转移管理、业务外包管理等予以明确的规范。2007 年 5 月 20 日，中国人民银行发布了《关于改进个人支付结算服务的通知》，其围绕提高个人支付结算服务效率、提升个人支付结算服务水平等提出了明确具体的政策措施。

3．下一步的电子支付立法

2011 年 4 月 1 日我国外汇管理局发布了《电子银行个人结售汇业务管理暂行办法》。对总则、电子银行个人结售汇系统接入管理、日常业务管理、罚则、附则五大部分予以规范，以促进电子银行个人结售汇业务的管理和发展。2011 年 6 月 16 日中国人民银行发布 2011 年第 14 号公告，制定了《非金融机构支付服务业务系统检测认证管理规定》，为的是保障非金融机构支付服务业务系统检测认证工作规范有序地开展。

现在的电子支付指引实际上主要是规范银行的，第一号指引基本上是限定在商业银行从事的网上支付范畴，以后会出现专门针对非银行机构从事网上支付业务的指引。规范非银行网上支付机构主要有几个方面：一个是交易资金的安全，将来可能要有一些比较明确

的说法。如交易资金可能不能擅自挪用，要到银行进行专门托管；在商业银行开专用账户进行托管，要有一定措施保证客户在回赎电子货币或者把他账户里的虚拟资金转化为法定资金。还有，是不是需要缴纳一定比例的保证金，以维护这部分资金的交易安全。第二个方面就是保护客户利益的问题，网上支付较之于传统支付方式其技术性更强，而作为服务的提供者，在各方面的优势肯定比客户大得多，可能会出现服务商利用技术优势损害客户利益的情况，一些从事网上支付服务的公司会在协议里把更多责任或者不公平条款强加给客户，所以也需要有一个统一的规范。第三个方面是要关注打击洗钱犯罪和网络犯罪的问题，比如网上赌博的资金也会通过网上支付，需要加强监管。据此，网络支付系统牌照将成为今后监管网络非银行支付系统的主要方式之一。

从事网上支付可能涉及基于网络或一些软件会发行电子货币，随着电子商务的发展，规模和范围到一定程度后，会对现有货币体系产生冲击。现在发行的人民币有国家信用在后面做保证，而第三方服务机构发行的电子货币将来赎回的问题要不要管，怎么控制，怎么保证等，都是问题，否则社会公众可能会对这种货币体系产生怀疑。

还有就是电子票据的问题，对电子票据的问题，最好能在修改票据法的时候通过法律层次解决它的法律地位。从现在来看，修改票据法的过程可能比较长。但是现在实际应用已经开始出现，例如，2005 年招商银行已经开始签发国内电子票据。对这种电子票据的发展，也值得我们积极关注和研究。电子票据会对网上支付的发展有很大的促进作用，网上支付将会又上一个台阶。而电子票据的签发兑付、托管、统一认证等方面和现有的票据管理或票据法所规范的又有很大的不同。

总体上看，我国有关电子支付的法律法规还很不健全，在电子支付立法方面还有许多工作要做：银行业要尽快统一电子支付体系与规范；要以立法的方式填补电子支付法律体系的空白。在立法时，不仅需要制定与电子支付相关的规范，还应对交易主体资格、信用、合同规范在内的诸多法律问题予以明确规范，以保障电子支付合法有序地进行。

网络电子支付方面的立法除了确认电子支付工具的法律地位外，应对电子支付本身易引发的风险进行防范，如软件开发和设计风险、系统崩溃风险、操作不规范风险、黑客侵入风险、计算机病毒危害风险等。防范这些风险除了从法律上确认风险责任分担、严惩违法侵入者外，还应通过技术的发展，增强电子支付当事人的自我防护能力。

4.4.2 电子支付的风险防范

1. 电子支付系统中的风险

风险是指在有预见活动中不能达到预期目标所带来的不利后果或损失。风险是客观存在的，任何有预期的经济活动都会存在风险。电子货币支付活动也存在风险。

电子支付活动，是从事电子商务交易的当事人，包括消费者、厂商和金融机构，使用安全电子支付手段通过网络进行的货币支付或资金流转。所以，电子支付所能产生的风险，不外乎来自网络技术方面和经济活动方面，我们称为技术风险和经济风险。

（1）技术风险。技术风险也称系统风险，是由于网络技术方面的原因，使得电子支付活动不能实现。技术风险包括系统故障、系统遭受外来攻击、虚假电子支付指令、伪造电子货币和网络欺诈等。

（2）经济风险。电子支付是一种经济活动，所以同传统的支付活动一样存在着经济风险。例如，电子支付出现的信用危机，电子支付机构可能因无法满足对货币支付的要求而形成的支付危机等。

电子支付活动的实现不只涉及技术层面的问题，还包含了经济和法律等方面的三个重要的因素：支付工具的适用范围；不同支付工具中付款人、收款人和电子支付银行的操作办法；不同的政策与法律监管机制。

此外，在现代科技迅速发展的今天，伪币和欺诈的出现难以避免，消费者的信用卡号和密码等身份数据被盗用的可能性很大，从而会引发财产损失和透支等纠纷。

2．电子支付系统风险的控制和防范

为确保电子货币的健康发展，维护电子货币支付系统的稳定与安全，必须在国家层面、行业层面、企业层面对电子货币支付系统可能面临的各种风险进行管理和控制。

（1）在国家层面上，制定和明确电子货币规范化运作的一系列相关法律法规。

（2）在行业层面上，主要是中央银行对电子货币系统的各种风险进行监管和控制。

（3）在企业层面上，是指电子货币的开发者、发行人对各种风险的防范和控制，对洗钱犯罪的防范。

电子货币在空间领域上的突破将促进经济的发展，但也带来了金融管理上的困难。

首先，电子货币可以很容易地进行远距离的转移。这不仅是由于电子货币的体积小，而且因为借助电话线、互联网，电子货币可以在瞬间转移到世界任何一个角落。

其次，电子货币具有很强的匿名性。传统货币的匿名性也比较强，这也是传统货币可以无限制流通的原因，但电子货币的匿名性比传统货币更强，其主要原因就是加密技术的采用以及电子货币远距离传输的便利。

由于电子货币存在着这些弱点，所以比较容易被犯罪分子所利用，成为洗钱等犯罪活动的工具。犯罪分子可以将非法所得快速转移到法律薄弱的国家。

长期以来，不同国家银行业务与支付系统的发展大多局限于国界的范围，并形成了各自不同的支付文化，最直观的表现是支付工具及使用方法的区别。一般我国习惯使用的现金、支票多用于对公业务，储蓄消费占据统治地位。而美国及欧洲国家非面对面的现金支付方式相对比较普遍。从整体上看，全球零售支付呈现出向电子非现金方式转移的趋势，如卡支付的快速增长、直接借记转账的大量应用等。

3．电子支付所涉及的政治与法律领域的问题

电子支付还会涉及政治与法律领域的问题。在不同的国家，不同的传统习惯和经济发展水平，所制定的法律与政策，对消费者的保护和在经济环境中的地位等，都是影响支付文化差异的重要因素。在支付系统参与者方面，非银行机构的角色差异也在支付文化中占据重要地位，如邮政服务系统、信用卡组织、电信运营商等。另外，商家和消费者对于支付工具的体验与期望也是重要内容。例如，消费者在决定采用某种支付工具时，商家可以做出何种担保，对于消费者来说风险的高低等，这些因素都或多或少影响着商家和消费者对于支付工具的选择。

国外电子支付发展得较快。在欧洲国家中，芬兰的支票使用占非现金方式的0.2%，爱尔兰的支票支付比例为41.5%。支票使用整体呈现下降趋势，英国从1991年的48.5%下降为1999年的2%，2003年法国的卡支付以36.6亿欧元超过34.6亿欧元的支票支付，各国

的卡支付比例在10%～50%之间。几乎所有欧洲国家都建立了较为完备的Giro网络，即在同一国家中，一张银行卡几乎可以在任何自动柜员机和POS终端使用，各国银行间在推进新型支付产品方面都有相当紧密的合作。

美国由于支票的大量使用，整体上可以看成老式的纸介质零售支付系统，但它的支票电子化进程正在大力推进当中。目前，美国Giro转账占非现金支付方式的5%，但人均拥有的卡数量非常高，从1999年的3.3张增长为2004年的4.3张。美国信用卡极为普及，借记卡增长趋势也非常明显，最新的统计表明，38%的美国消费者更加愿意使用借记卡购物。美国存在两个大额转账系统——Fedwire与CHIPs，以及四个ACH核心处理机构，支票的处理由150个支票清算所操作。

在中国，电子商务领域已有多家网站推出支付工具，如淘宝的“支付宝”，腾讯的微信支付，慧聪网的“买卖通”及2005年年初雅虎与新浪的合资公司一拍网推出的“e拍通”等。但是，在缺少个人支票和信用卡的使用习惯及相应基础设施的情况下，支付在中国仍然是个大问题，特别是非面对面的交易，传统的支付手段严重阻碍了电子商务的发展。我们应当看到电子支付是在电子商务发展中的一个手段，其发展是一个渐进的过程，是一个从传统方式跳出来的过程。刷卡消费、网上购物、电话交费，已经被大多数人所接受。

4.5 目前我国电子支付中面临的主要法律问题

伴随着信息技术的迅猛发展，作为电子支付重要形式的网络支付也同样得到快速发展，盘活了电子商务，大大提高了交易效率，有着广阔的发展前景。但是与此同时，作为一种新兴的支付模式，网络支付在迅速崛起的同时也面临着诸多困难和问题，如：这种新型的资金流方式对传统金融服务产业带来的冲击；相关政策及行业基本规范的缺乏；所涉及主体的法律地位的不明确；权利义务关系不明确；相关的权益得不到充分保护和平衡；等等，这一系列的问题可大致归结为网络支付的合法性、安全性和对网络支付的监管这三个方面的一系列法律问题。这些问题对在传统法律制度形成强烈冲击的同时，也困扰着网络支付的发展。

4.5.1 信息安全的法律保障问题

（1）立法方面，需要出台信息安全法、个人数据保护法等，以初步建立我国信息安全的法律体系。

（2）在立法的具体技术处理上，目前我国相关法律规定已经开始注意对技术保护措施的保护，如2006年7月1日实施的《信息网络传播权保护条例》就作出了“不得故意避开或者破坏技术措施、不得故意为他人避开或者破坏技术措施提供服务”的规定，这种做法值得今后在电子支付的相关立法中借鉴。

（3）当然，更为关键的在于如何加大执法力度，有力打击“网络钓鱼”等严重危害网络支付的违法犯罪行为，尤其对于那些影响面广、频繁发生的事件，应尽快给以有力惩处，尽快增强用户信心。

4.5.2 第三方网络支付平台的法律地位问题

在网络支付中，支付双方与支付服务提供商达成合意，是一种典型的民商事法律关系，属于民事法律调整的范畴。但是由于涉及用户资金的大量往来和一定时期的代管等类似于金融业务，就必然引起行政监管的介入，以避免出现没有监管私自使用资金的风险，维护社会公共利益。对于银行提供网络支付系统服务中的法律问题，由于各国一般都有相应的银行法律，对银行的法律地位、银行与用户相互之间的权利义务等相关问题都有明确的规定，加上银行在开展网上支付业务时一般都会通过用户协议约定相互之间的权利义务，这方面的问题倒并不复杂，主要涉及系统故障、电子信息错误、未授权的支付命令等情况。

较为复杂的是电子商务交易平台和第三方支付平台在网络支付中的法律地位等问题，是目前政府、企业和用户皆较为困惑的。这些提供网络支付服务的电子商务交易平台和第三方支付平台在提供支付服务的背后，聚集了大量的用户现金或者发行了大量的电子货币，客观上已经具备了某些银行的特征，甚至被当作不受管制的银行。

针对目前快速发展的这些第三方支付服务平台，对于其定位和监管模式主要有几种可能：第一，作为金融机构、银行的模式监管；第二，作为非银行金融组织的监管；第三，作为一般中介服务机构的监管；第四，作为一种提供支付清算服务的组织监管，类似于非银行金融组织。目前来看，最后一个的定位的可能性较大。

4.6 相关链接——国内首个电子支付研发中心落户南京

2010 年 7 月，快钱公司宣布其位于南京的研发中心正式投入运营，其主要功能是全面负责快钱新技术、新产品的开发及试运营，旨在通过专业化的人才、设备和环境为快钱的安全技术创新、风控技术创新，以及定制更专业化的支付解决方案提供有力支持。据悉，这也是国内电子支付业内首个研发中心。对此，分析人士认为，快钱率先成立研发中心，标志着国内电子支付的发展已经进入了一个全新的差异化竞争时代。据悉，快钱是第三方支付企业，目前，快钱推出的支付产品包括但不限于人民币支付、外卡支付、神州行卡支付、联通充值卡支付、VPOS 支付等众多支付产品，支持互联网、手机、电话和 POS 等多种终端，满足各类企业和个人的不同支付需求。截至 2010 年 6 月 30 日，快钱已拥有 6 600 万注册用户和逾 52 万商业合作伙伴。

以案用法

某市市民彭某有一张 2 万多元的银行卡，某日去银行 ATM 上取款时发现卡里只剩 38.5 元。他到中国银行的营业网点打对账单后发现：事发的前一天，被取走四笔钱款，其中三笔是在深圳一家中行的 ATM 上取的，被取走 5000 多元，还有一笔是在深圳商场刷卡消费的，消费了 19000 元。而且在事发当天早上 8 点多，从东莞那边取走了一笔钱款。

“我的卡没有丢过，没有借给别人用过，或在 ATM 上取过款。”彭某按照银行建议报了案。后来彭某打开上网记录发现，有两个网站都是中行的，而且打开界面都是差不多的，其中有一个是Bank of China，还有一个是Bank off China，就差一个字母。

彭某把情况向银行反映，银行的相关负责人怀疑他登录网站时，密码被盗用，而且银行卡被犯罪分子复制，导致卡中钱被取光了。

银行方面表示，银行不是第一次碰到这样的事情，从未有过赔付的先例。该行负责人解释，如果因为客户的原因，卡号和密码失窃的话，银行不承担赔偿责任。

对于银行的解释，彭某表示无法接受："现在关键是我的卡一直没有丢。银行说他们没有责任，我感觉自己很无助，不知道该怎么办。"据了解，目前该市公安局已经受理了此案。

请分析：

1. 从法律上讲，有过错的行为人要承担他的行为责任，所以彭某应首先向哪一方索赔对象要求赔偿？

2. 从法理上讲，在这个案子中银行是否应承担赔偿责任？

思考练习题

一、选择题（含单选与多选）

1. 客户按规定已变更或撤销指定办理电子支付业务账户的，如银行已确认该账户被变更或撤销后，仍发生电子支付交易并造成资金损失，（　　）应承担全部责任。

A. 付款人　　B. 收款人　　C. 银行　　D. CA认证中心

2. 电子支付中发生网上虚假交易时，以下当事人各方中应承担赔偿责任的是（　　）。

A. 银行　　B. 客户　　C. ISP

D. 电子支付软硬件提供商　　E. CA认证中心

3. 由于银行和转发人保管使用不当，造成客户资料信息泄露、破坏，导致客户资金受到损害，（　　）应负相应责任。

A. 客户　　B. CA认证中心　　C. 银行　　D. 转发人

4. 电子支付中发生网上虚假交易时，当事人各方中应承担过错责任的是（　　）。

A. 银行　　B. 客户　　C. ISP

D. 电子支付软硬件提供商　　E. CA认证中心

5. 电子支付法律关系的特点是（　　）。

A. 以电子商务法律规范为前提　　B. 平等主体之间的电子商务关系

C. 电子支付主体真实的意思表示　　D. 由国家强制力予以保障的社会关系

6. 以下情形中，属于付款人应承担的法律责任的有（　　）。

A. 未按合同规定发出电子支付指令，违反《合同法》的规定；

B. 对拒不申请电子银行账户或不能提供指定收款账户者，银行拒绝为其提供服务；

C. 发出错误指令，造成对其他相关人侵权，给其他相关当事人带来损失的；

D. 对于提供情报虚假信息，骗取电子银行账户或电子证书的，其电子银行账户或电子证书应当予以撤销。利用骗取的款项，予以收回。

E．接收行由于自身系统或内控制度等原因对电子支付指令未执行、未适当执行或迟延执行，致使客户款项无法按协议约定处理时间准确入账的；

F．使用数字证书和电子签名等方式确定客户身份和交易授权的，非资金所有人盗取他人存取工具发出电子支付指令，并且其身份认证和交易授权通过了发起行或转发人的安全程序，如果该数字证书由合法的第三方认证服务机构提供，且第三方认证服务机构不能证明自己无过错的。

二、填空题

1．电子支付法律关系的主体。主要包括付款人、__________、__________和__________。

2．电子商务销售和服务企业的权利有获取支付价款和在电子支付中扮演______人。

3．中国银行业监督管理委员会于______年______月______日颁布了《电子银行业务管理办法》。

4．电子支付的形式包括____________、____________和____________。

5．在电子支付过程中参与支付的客体是____________。

三、问答题

1．电子支付及其特征是什么？

2．你认为电子货币可以成为一种完全独立的通货吗，为什么？

3．电子支付法律责任主要有哪几种？其中民事法律责任主要涉及哪些方面？

4．电子支付法律关系的当事人有哪几种？

5．电子支付付款人有哪些权利和义务？

6．电子支付收款人有哪些权利和义务？

7．电子支付银行有哪些权利和义务？

8．电子支付认证服务机构的性质是什么？它有哪些权利和义务？

9．电子支付中的风险有哪些？

10．电子支付中的风险应当从哪些层面来防范？

第 5 章

域名法律制度

导入案例

杭州市中级人民法院经审理查明，2001 年 4 月 23 日，都市快报社注册了 19floor.net 的域名。2006 年，杭州都快网络传媒有限公司（以下简称都快传媒公司）成立，都市快报社作为其出资方，投资方式是将 19 楼论坛（www.19floor.net）网站作价 56 万元出资，使包括 19floor.net 域名在内的所有网站资本成为都快传媒公司的资产。19floor.com 域名注册于 2005 年 6 月，浙江省通信管理局出具的备案信息详细浏览表显示该网站的主办单位名称为“林阳”，经确认上面记载的身份证号码和手机号码均与王林阳相同。同时王林阳注册了“19 楼.中国”的域名，输入该域名进入的是本案争议的 www.19floor.com 网站。进入 www.19floor.com 网站，其论坛的设置上使用了与 19floor.net 网站“19 楼”论坛相近似的结构布局、板块设置、页面色彩等。都快传媒公司遂向杭州市中级人民法院起诉，请求判令王林阳停止侵权、注销 www.19floor.com 域名，并赔偿经济损失 10 万元。

以案问法

通过阅读导入案例，请思考以下问题：

1. 说说域名的概念及其法律特征。
2. 域名被誉为“企业的网上商标”，请问域名与商标有区别吗？ 请列表比较。
3. 如何认定域名属恶意抢注？本案王林阳对 19floor.com 域名的使用具有恶意，是否构成不正当竞争？（难点）
4. 注册或使用域名构成侵权或不正当竞争，应承担的民事责任是什么？
5. 对于本案都快传媒公司提出的诉讼请求，原审法院是否会予以支持？
6. 请指出本案的法理要旨。

以案解法

1. 请参照教材有关内容。
2. 域名与商标的区别如下表所示，文字表述请参照教材有关内容。

	域名	商标
注册原则	在先原则、唯一性原则，不承担检索责任	在先原则、显著性原则，也要承担一定的检索责任
作用	区分主页提供者	区分产品或服务来源
组成	文字、图形，或者两者组合	文字，目前仅限于英文字母、数字及符号组成
地域	全球性	具有地域性、除世界驰名商标外、商标的使用作用受地域限制
注册是否	是	不是
形式上	不直接使用商品或服务	附于商品或服务

3．请参照最高人民法院于2001年6月26日颁布的《关于审理涉及计算机网络域名民事纠纷案件适用法律若干问题的解释》来对域名是否属于恶意抢注做出判断。

具体到本案，从字面来看，杭州都快传媒公司的19floor.net与王林阳使用的19floor.com两个域名均为国际顶级域名（.net和.com）下的二级域名，其字符串均为“19floor”，两者完全相同，中文含义均为“19楼”，故该两个域名构成相似。从网站的论坛架构和栏目设置来看，在后注册使用的19floor.com网站论坛无论是色彩、板块设置，还是栏目类型、页面构架均与之前注册并具有一定知名度的19floor.net网站存在相同和相似之处。从结果来看，在两个论坛上发帖的许多网民对于所进入的网站产生了混淆，误入网站的情况时有发生。因此，王林阳的行为符合司法解释规定的第二种情形，即为商业目的使用与杭州都快传媒公司在先注册的域名近似的域名，故意造成与杭州都快传媒公司网站相混淆，意在借19floor.net网站的知名度，误导并吸引网络用户访问其网站或其他在线站点，明确地体现了其违反诚实信用、公平竞争市场经济规则的主观状态，故本案中王林阳的主观恶意是明显的。其行为构成不正当竞争。

4．请参照教材有关内容。

5．王林阳对19floor.com域名的使用具有恶意，已构成不正当竞争。根据最高人民法院《关于审理涉及计算机网络域名民事纠纷案件适用法律若干问题的解释》第七条的规定，构成不正当竞争的，可以适用《中华人民共和国反不正当竞争法》等法律的相关规定。对于都快传媒公司提出的诉讼请求，原审法院认为，都快传媒公司要求王林阳停止侵权、注销www.19floor.com域名的请求符合法律规定，予以支持。

6．本案的法理要旨:为商业目的使用与原告在先注册并享有一定知名度的域名相近似的域名，并且在使用中采用与原告网站相近似的栏目设置和页面布局，故意造成与原告网站的混淆，误导网络用户访问其网站的行为，属于违反诚实信用原则，其行为构成不正当竞争行为，应承担停止侵权、注销域名、赔偿损失的民事责任，或者依原告请求判令由原告注册使用该域名。

5.1 域名概述

5.1.1 域名的概念、功能和法律特征

1．域名的概念

网络上的每台主机都有一个唯一的、标志固定的IP地址，以区别网络上的成千上万个

用户和计算机。网络在区分所有与之相连的网络和主机时，均采用了一种唯一、通用的地址格式，即每个与网络相连接的网络和主机都被指派了一个独一无二的地址。为了保证网络上每台计算机的IP地址的唯一性，用户必须向特定机构申请注册，该机构根据用户单位的网络规模和近期发展计划，分配IP地址。网络中的地址方案分为两套：IP地址系统和域名地址系统。这两套地址系统其实是一一对应的关系。IP地址用二进制数来表示，每个IP地址长32比特，由4个小于256的数字组成，数字之间用点间隔，如166.111.1.11表示一个IP地址。由于IP地址是数字标志，使用时难以记忆和书写，因此在IP地址的基础上又发展出一种符号化的地址方案来代替数字型的IP地址。每个符号化的地址都与特定的IP地址对应，这样网络上的资源访问起来就容易多了。这个与网络上的数字型IP地址相对应的字符型地址就被称为域名。

2004年12月20日起原信息产业部新颁布施行的《中国互联网络域名管理办法》指出："域名是互联网络上识别和定位计算机的层次结构式的字符标志，与该计算机的互联网协议（IP）地址相对应。中文域名是指含有中文文字的域名。"美国《反域名抢注消费者保护法》对域名的定义："域名是指由任何域名注册员、域名登记机构或其他域名注册管理机构注册或分配的任何包括文字与数字的名称，作为互联网上电子地址的一部分。"互联网国际特设委员会（IAHC）在其发布的备忘录中称："域名系统是专为网络中的计算机定位而设计的便于人们记忆IP地址的友好名称。"

域名是从IP地址发展而来。一个公司如果希望在网络上建立自己的主页，就必须取得一个域名。域名是由若干个英文字母和数字组成的，各部分之间用小数点分开。现阶段，已经开发出了中文域名系统。在全世界，没有重复的域名。

2. 域名的功能

域名主要有两个方面的功能。

（1）技术功能。它是指通过域名，用户可以访问到域名使用者的网站，这个时候域名相当于网络上的地址。例如，中国教育网的IP地址是202.205.10.2，而域名是www.edu.cn，用户无须记住IP地址，通过域名就可以直接访问中国教育网。

（2）标志功能。域名使用者可以将自己和其他人更显著地区分开来，这个时候域名相当于域名注册人在网上的特定标志。例如，一般人看到202.205.10.2，很难确定这是哪个网站的IP地址，而看到www.edu.cn，很容易就辨认出这是中国教育网的网址。

北京市高级人民法院更是明确地指出域名的这两个功能："域名是互联网上用户在网络中的名称和地址。域名具有技术性和标志性两方面的功能。技术功能是指域名注册人在网络上的地址；标志功能是指域名注册人在互联网上代表自己的标志。"

3. 域名的法律特征

域名作为一种字符的创意设计和构思组合，具有如下法律特征。

（1）标志性。域名产生的基础是为了区分各个不同组织和机构。正如人以自己的名字来相互识别一样，在互联网上不同的组织和机构是以不同的域名来标志自身而相互区别的。

（2）唯一性。域名在全球范围内独一无二，这也是域名标志性的保障。

（3）排他性。由于互联网覆盖全球，适用范围的广泛性决定了域名必须具有绝对的排他性。这也是域名唯一性的进一步延伸。一经注册，只要互联网存在，域名所有人不放弃域名并且该域名不被撤销，其他人便休想染指。

（4）转让性。域名不能够被许可使用，而只能转让。

（5）国际性。网络“无国界”的特性使域名也具有天然的不受地域限制的特征。

（6）依附性。域名只能应用于互联网上，有可能随着其物质载体的消失而消失。

那么，域名是否能够构成一项新的权利，有法律给予专门的保护呢？这是一个非常值得探讨的问题。学者所持的观点主要有以下几种：域名作为企业在网络空间的标志，不仅具有无形资产的属性，而且具有一般的电话号码等标志所不具有的知识产权的属性，是传统意义上的知识产权在电子空间的自然延伸；域名是一种可以集商号与商标于一身的全新的知识产权客体；域名是与传统知识产权有关却又没有必然联系的一种全新的权利客体，是一种区别于创造性成果权的识别性标记权，属于较宽泛意义上的知识产权；域名不享有权利，因为法律尚未对其做出专门性规定。

域名最终是否能够成为一项权利制度，是现代科学技术飞速发展为法律带来的课题之一。无论是世界知识产权组织（WIPO），还是中国互联网信息中心（CNNIC），都承认域名具备类似于商标的价值，域名是“企业在互联网上的商标”。域名的商业价值使域名成为一项知识产权体系中的全新权利具有一定的合理性。因此，域名应受知识产权相关法律的调整。

5.1.2　域名的结构

域名是按照等级组成的，可以被分为顶级域名、二级域名、三级域名等。域名由两个或两个以上的词构成，中间由点号分隔开，最右边的那个词称为顶级域名。

顶级域名是用以识别域名所属类别、应用范围、注册国（或地区）等公用信息的代码。它包括三种不同意义的代码。

（1）国家（或地区）代码顶级域名，如“.cn”代表中国，“.us”代表美国，“.mx”代表墨西哥。

（2）专用顶级域名（或称保留顶级域名），如“.mil”代表军事机构，“.edu”代表教育机构，“.gov”代表政府机构。任何不属于此类机构者，均不得在相应的专用顶级域名下注册自己的域名。

（3）通用顶级域名，指来自任何国家（或地区）的任何人均可自由使用的顶级域名，如“.com”代表商业实体，“.org”代表非营利性组织，“.net”代表网络服务者。

2000 年 11 月，ICANN（The Internet Corporation for Assigned Names and Numbers）互联网名称与数字分配机构又增加了 7 个顶级域名：“.aero”代表航空组织，“.biz”代表商业组织，“.coop”代表商业合作组织，“.info”向企业和个人开放，用于提供各种信息，“.museum”代表博物馆等教科文组织，“.name”代表个人姓名，“.pro”代表职业。

二级域名就是顶级域名下的那一级域名。国际顶级域名之下的二级域名是指由域名使用者自己设计的，能够体现使用者的特殊性，并据以同其他人的域名相区别的字符串。例如“yahoo.com”中，“yahoo”就是二级域名。而在国家（或地区）顶级域名之下的二级域名只能是表示注册人类别和功能的域名，表示特定域名使用者网上名称部分的只能在三级或三级以下的域名中出现。例如，清华大学的域名是“tsinghua.edu.cn”，其中“cn”是顶级域名，“edu”是二级域名，代表教育机构，三级域名才是“tsinghua”，代表清华大学。

5.1.3 域名的商业价值

域名是互联网上最基础的东西，也是一个稀有的全球性资源。域名具有重要的价值，是由其基本属性决定的。首先，域名是一种有限的资源。有些域名因为太长、难记、复杂而没有任何实际价值。其次，域名具有专属性和唯一性。这一点和商标的规定是不同的，不同的行业、不同的企业可拥有相同的商标，而域名则具有专属性和唯一性，一个域名不能同时为两家企业所共有。以商标“Great Wall”（长城）为例，在我国有上千家企业都以“长城”作为商标名或企业名，资产上亿的知名企业有长城工业公司、长城计算机公司、长城铝业公司、长城葡萄酒公司等数十家，但域名“greatwall.com.cn”为长城计算机公司所拥有，其他公司只能用别的域名。

域名的商业价值还体现在其品牌价值上。好的域名在做品牌宣传时，将起到事半功倍的作用。好的域名可以让消费者深刻难忘，并可马上联想到这个公司，以及公司早已树立的形象。

从技术上讲，域名只是互联网中用于解决地址对应问题的一种方法，可以说只是一个技术名词。但是，由于互联网已经成为全世界的互联网，域名也自然地成为一个社会科学名词。从社会科学的角度看，域名已成为互联网文化的组成部分。从商界看，域名已被誉为“企业的网上商标”。没有一家企业不重视自己产品的标志——商标，而域名的重要性及其价值，也已经被全世界的企业所认识。

域名虽然与公司、商标、产品名称没有直接的联系，一个企业可以给自己注册一个与自己毫无联系的域名，但由于域名在互联网上是唯一的，一个域名一经注册，其他任何机构就不能再注册相同的域名。所以企业大都以自己名称的缩写或商标来注册自己的域名，这样便于别人认识自己，消费者或者其他人在网上查找该组织也会很方便。于是，域名实际上就与企业名称、产品商标或其他标志物有了很相似的意义，因此，有人将域名地址又称为“网络商标”，认为域名是传统意义上的知识产权如商标或商号等在电子空间的延伸。除了便于识别以外，一个企业的域名根据其商号或者商标进行命名，还能够成为提高企业或者产品知名度的一种手段。因为商业实体在互联网上注册域名和设立网址，可以被全世界众多的用户随时访问、查询，如果域名能够使访问的用户联想到某企业名称或者某一商品，这无异于在给商家或商品做广告。

因此，在商业竞争激烈的时代，域名不仅仅是一个网络地址，而且还牵涉到许多至关重要的商业机会。直接根据企业的商号或者产品商标来命名域名，是企业做广告最理想的方式。据报道，如今在美国每5秒钟就有一个域名注册，各大公司毫无例外全部都注册了自己的域名，可见域名在国际电子商务活动中受重视的程度以及其发展的迅速。也正因为如此，许多企业不惜重金买回被别人抢注的域名。这足以说明域名的商业价值，并且这种商业价值正引起商业活动者的极大关注。

5.1.4 域名与商标

1. 域名与商标的联系

虽然域名具有与传统意义上的商标不同的技术特征，但是在申请商标注册时域名必须服从于一般的商标注册审查规则，因此，域名与商标有着相互关联的一面。具体表现在以下三个方面。

（1）申请商标注册的域名不得违反商标法的禁用规定。根据《巴黎公约》第六条第三款的规定，政府标志、政府间国际组织的标志及其他官方标记不得作为商标使用。此外，欺骗公众或违反公认的道德标准的标志不得作为商标使用。因此，如果申请商标注册的域名包含了上述禁用标志，就不能获得商标注册。

（2）申请商标注册的域名必须具有显著性，便于识别。一般认为，顶级域名（包括国际顶级域名和国家地区顶级域名）及表示域名注册人类别的二级域名（例如我国的“.edu.”和“.ac.”等）属于通用标志，不能作为独立的商标注册，即使与表示域名注册人网上名称的特定低级域名相结合获得了商标注册（比如 Linestar.com.cn），该商标注册人对这些通用标志也不享有专有权。假定“Linestar.com.cn”的域名注册人申请商标注册，商标局在审查过程中就会要求该申请人删除该商标的“.com.cn”部分或放弃对该部分的专用权，如果该申请人拒绝这一要求，这一商标就不会获得商标注册。虽然域名是一长串字符，但是域名注册人最希望获得商标注册保护的并不是上述表示顶级域名或分类域名的通用标志，而是自己选择作为二级或三级域名的“网上名称”。

（3）申请商标注册的域名必须按照其所表示的产品或服务的类别进行注册。域名注册人要将域名申请注册为商标，就必须证明该域名被用来标志特定的通过网络提供的产品或服务的来源。仅仅在网络上注册某个域名并不足以证明该域名是被作为商标使用的，因为商标是标志产品或服务的来源，区分同类的商品或服务的标志。如果某个域名只是被用作用户访问域名注册人网站的参照路径，即仅仅作为域名注册人的网上地址而存在，类似于域名注册人的电话号码、经营地址、名片或广告，那么它就不是用来标示产品或服务的来源，也就不能被注册为商标。

2. 域名与商标的区别

域名与商标是有区别的。区别主要表现在以下六个方面。

（1）在形式上，域名不直接使用于商品或服务，而商标则是附着于商品或服务的，并且商标的注册是按商品或服务的类别分别进行的，即同一个文字商标可能被不同的企业使用，只要他们经营的商品或服务属于不同的类别；而域名则不同，在同一个.com 上绝不可能允许两个完全相同的字符出现，即使他们经营的商品或服务相去甚远。

（2）在注册方面，按目前通行的规则，域名注册管理机构除遵循在先原则、唯一性原则，并不承担检索责任；但商标管理机构除遵循在先原则及显著性原则外，也要承担一定的检索责任。

（3）在作用上，域名只是区别主页提供者，从技术角度来讲，组成域名的字符只要稍有不同，如“microsoft.com”和“micros0ft.com”虽只有一字之差，但对计算机而言，是很容易识别的。而商标的作用则是区分产品或服务的来源，并且对相同或相似的商品（包括服务）不允许出现相同或相似的商标，以免误导消费者，也防止企业搭便车，搞不正当竞争。

（4）在组成上，商标可以是文字，也可以是图形，还可以是两者的组合，有些国家承认立体商标、音乐商标、气味商标；而域名则只能是文字，且目前仅限于英文字母、数字及符号组合。

（5）在地域角度上，域名具有全球性，互联网最显著的特点就是没有国家、民族的界限，域名一旦获得，即可在全球使用；而商标作为传统的知识产权具有地域性，除世界驰名商标外，商标的使用是受地域限制的。

（6）域名非经正式注册不能在互联网中使用，而商标注册与否在我国采取自愿原则，未注册商标照样可以使用，只是不受《商标法》保护而已。

可见，域名不是商标，因而域名使用引起的问题也就难以在《商标法》的范围内得到完全解决。

5.1.5 域名与企业名称

域名和企业名称都可用以区分不同的公司或企业，具有一定的标志性和排他性，并且从理论上讲这种标志性和排他性都是无限期的。另外，一般来讲域名和企业名称都以注册或登记为前提，这是它们的共同之处。不同之处在于，目前域名与我国企业名称法律制度存在着冲突。

1．域名注册与企业名称注册制度的冲突

我国的域名注册管理单位对申请域名注册人所选用的域名是否与他人的企业名称冲突并不进行审查。1997 年《中国互联网络域名注册暂行管理办法》第二十三条规定，各级域名管理单位不负责向国家工商行政管理部门查询用户域名是否与企业名称冲突，是否损害了第三者的权益。而在《中国互联网络域名注册暂行管理办法》域名的命名原则之五中要求申请者不得将他人已在中国注册过的企业名称注册为域名。然而，遇到申请者将他人已注册的企业名称注册为域名时，企业名称的法律体系中并没有将保护范围拓展到域名领域，而目前的域名注册管理办法中规定，当此类情况发生时，域名注册管理单位并不负责裁决，更不会主动对该域名注销。于是，当域名与他人企业名称冲突时，便出现了法律空白。那么，受损害的企业名称权所有人只好通过法律诉讼程序寻求救济。而且侵害人不管是否为主观故意，均只停止侵害，不再使用该域名，根据法院判决，域名注册管理机构撤销其注册的域名。

我国现有的域名与企业名称法律制度的空白，对受损害人没有赔偿，也对侵害人没有相应的法律制裁，因此让别有用心的人乘机大量抢注域名，而且这种抢注愈演愈烈。面对这种现状，有远见的商家只能加强自我保护，及时将自己的企业名称注册为域名，以防止他人“搭车”借名，甚至恶意抢注以索取高额赎金等行为的发生。

根据我国《企业名称登记管理规定》第八条和第九条第三款的规定，企业名称应当使用汉字，不得包含汉语拼音字母（外文名称中使用的除外）和数字。根据《企业名称登记管理规定》第十五条规定，外商投资企业、有对外业务的企业，具备企业法人条件，经登记主管机关核准，可以使用外文名称，但应当与中文名称相一致，即由字号、行业或经营特点、组织形式三部分依次组成。而域名中企业名称是以英文缩写组成，就很难与现实名称对应，这不仅为抢注者提供了可乘之机，也为司法部门判定域名是否采用了在中国已注册的企业名称造成了困难。

2．域名的全球性与企业名称的地域性冲突

我国《企业名称登记管理规定》中规定，企业名称登记是在一定区域内享有专用权，也就是说，申请登记的名称只要不与本区域内其他企业名称相冲突，由县以上登记主管机

关核准即可。企业名称的地域性应当说是在知识产权领域中被限定得最窄的一种，它远不如专利权、商标权那样在全国范围内享有专有权。然而，域名是在网络空间获得的支配权，是没有地域性限制的，所以域名的全球性带来了长期建立在地域性基础上的全国对企业名称保护的法律冲突问题和适用问题。当某个域名与本地区的企业名称相同时，势必误导网民认为该域名标志的网站与现实中该企业为同一商家。另外，随着电子商务的发展，现实企业上网交易会越来越多，现实企业名称狭窄的地域性可能会在全球产生众多的重名商号，域名的全球性使得众多的重名商号只有一家以原来企业名称注册域名，这就排斥了其他众多在全球重名的商号以原来企业名称作为域名的可能性，由此使得原来企业历经数年沉淀的无形资产，代表商家市场信誉的标志在网上将一文不值，一切从零开始。长期以来知识产权的地域性与域名国际性的冲突给商家带来的无形资产损失，不能不引起人们的关注。在电子商务中，现行的企业名称和域名的法律制度应当是加强商家知识产权的保护，而不是相互抵触和削弱。因此，这一指导思想的实现，有赖于对现行法律的修订和补充。

3. 域名的唯一性与企业名称的行业性冲突

域名的唯一性是指域名的管理体系将网络的每台主机都赋予了唯一的地址编码，而该主机唯一的地址编码的外部代码（域名）也是唯一的。域名的唯一性决定了通过一台网络终端输入域名后，就能找到该域名代表的网络主页。因此，域名对应众多存放于主机中的主页，其所指向的主页是唯一的。

企业名称是现实社会商家的标志，域名是网络虚拟社会的商家标志，两者功能一样，但在两个环境下，目前在我国是由两个法律体系给予保护。域名是由《中国互联网络域名注册暂行管理办法》调整，该办法仅针对互联网域名的登记、注册、审批进行了规范，保证域名在网络环境下的唯一性，并未兼顾域名与现实社会企业名称权的一致性。正是由于域名的这一特性，使得传统企业名称狭窄的地域性与其产生了冲突。在不同的区域注册的多个相同企业名称相安无事的局面，在网络世界中将变成不同行业相同商号权利人就同一域名的激烈争夺。谁抢先注册了域名，谁就排斥了享有相同厂商号名称的任何人再注册相同域名的机会。

5.2 我国域名管理的法律规定

现行的在域名管理方面依据的主要法律包括：① 2004 年 11 月 5 日公布、2004 年 12 月 20 日起施行的《中国互联网络域名管理办法》，同时废止 2002 年 8 月 1 日公布、2002 年 9 月 30 日起施行的《中国互联网络域名管理办法》；② 2012 年 5 月 29 日起施行的《中国互联网络信息中心域名注册实施细则》，同时废止 2009 年 6 月 5 日起施行的《中国互联网络信息中心域名注册实施细则》和 2003 年 2 月 28 日起施行的《中国互联网络信息中心域名注册服务机构变更办法》。

5.2.1 域名管理机构

根据《中国互联网络域名管理办法》，中华人民共和国信息产业部负责域名的管理工作。其主要职责包括：制定互联网络域名管理的规章及政策；制定国家（或地区）顶级域名 CN

和中文域名体系；管理在中华人民共和国境内设置并运行域名服务器（含镜像服务器）的域名服务器运行机构；管理在中华人民共和国境内设立的域名注册管理机构和域名注册服务机构；监督管理域名注册活动；负责与域名有关的国际协调。在中华人民共和国境内设立域名注册管理机构和域名注册服务机构，应当经信息产业部批准。

1．域名注册管理机构

根据《中国互联网络域名管理办法》，域名注册管理机构是指承担顶级域名系统的运行、维护和管理工作的机构。申请成为域名注册管理机构，应当具备以下条件。

（1）在中华人民共和国境内设置顶级域名服务器（不含镜像服务器），且相应的顶级域名符合国际互联网域名体系和我国互联网域名体系。

（2）有与从事域名注册有关活动相适应的资金和专业人员。

（3）有从事互联网域名等相关服务的良好业绩和运营经验。

（4）有为用户提供长期服务的信誉或者能力。

（5）有业务发展计划和相关技术方案。

（6）有健全的域名注册服务监督机制和网络与信息安全保障措施。

（7）符合国家其他有关规定。

申请成为域名注册管理机构的，应当向信息产业部提交下列材料。

（1）有关资金和人员的说明材料。

（2）对境内的顶级域名服务器实施有效管理的证明材料。

（3）证明申请人信誉的材料。

（4）业务发展计划及相关技术方案。

（5）域名注册服务监督机制和网络与信息安全技术保障措施。

（6）拟与域名注册服务机构签署的协议范本。

（7）法定代表人签署的遵守国家有关法律、政策和我国域名体系的承诺书。

域名注册管理机构应当自觉遵守国家相关的法律、行政法规和规章，保证域名系统安全、可靠地运行，公平、合理地为域名注册服务机构提供安全、方便的域名服务。无正当理由，域名注册管理机构不得擅自中断域名注册服务机构的域名注册服务。

2．域名注册服务机构

根据《中国互联网络域名管理办法》，域名注册服务机构是指受理域名注册申请，直接完成域名在国内顶级域名数据库中注册，直接或间接完成域名在国外顶级域名数据库中注册的机构。从事域名注册服务活动，应当具备下列条件。

（1）是依法设立的企业法人或事业法人。

（2）注册资金不得少于人民币 100 万元，在中华人民共和国境内设置有域名注册服务系统，且有专门从事域名注册服务的技术人员和客户服务人员。

（3）有为用户提供长期服务的信誉或者能力。

（4）有业务发展计划及相关技术方案。

（5）有健全的网络与信息安全保障措施。

（6）有健全的域名注册服务退出机制。

（7）符合国家其他有关规定。

申请成为域名注册服务机构，应当向信息产业部提交以下书面材料。

（1）法人资格证明。

（2）拟提供注册服务的域名项目及技术人员、客户服务人员的情况说明。

（3）与相关域名注册管理机构或境外的域名注册服务机构签订的合作意向书或协议。

（4）用户服务协议范本。

（5）业务发展计划及相关技术方案。

（6）网络与信息安全技术保障措施的证明。

（7）证明申请人信誉的有关材料。

（8）法定代表人签署的遵守国家有关法律、政策的承诺书。

域名注册服务机构应当自觉遵守国家相关法律、行政法规和规章，公平、合理地为用户提供域名注册服务。域名注册服务机构不得采用欺诈、胁迫等不正当的手段要求用户注册域名。信息产业部应当加强对域名注册管理机构和域名注册服务机构的监督检查，纠正监督检查过程中发现的违法行为。

5.2.2 域名的注册与审批

1. 域名注册申请

（1）申请域名注册的必备条件。

① 域名注册申请人必须是依法登记并且能够独立承担民事责任的组织，不是独立法人的单位和个人不能申请注册域名。

② 申请注册的域名符合《中国互联网络域名管理办法》的各项规定。

③ 其主域名服务器在中国境内运行，并对其域名提供连续服务。

④ 指定该域名的管理联系人和技术联系人各一名，分别负责该级域名服务器的管理和运行工作。

（2）申请域名注册应提交的资料。域名注册申请者应当提交真实、准确、完整的域名注册信息，并与域名注册服务机构签订用户注册协议。域名注册完成后，域名注册申请者即成为其注册域名的持有者。域名持有者应当遵守国家有关互联网络的法律、行政法规和规章。因持有或使用域名而侵害他人合法权益的责任，由域名持有者承担。

申请域名注册应提交的具体资料有域名注册申请表、本单位介绍信、承办人身份证复印件、本单位依法登记的复印件。

（3）域名注册申请表。域名注册申请表至少应当包含以下内容：单位名称（包括中文名称、英文和汉语拼音全称及缩写），单位所在地点，单位负责人，域名管理联系人和技术联系人，承办人，通信地址，联系电话，电子邮件地址，主、辅域名服务器的机器名和所在地点，网络地址，机型和操作系统，拟申请的注册域名、理由和用途及其他事项。

申请人的名称要与印章、有关证明文件一致。可以用电子邮件、传真、邮寄等方式提出注册申请，随后在30日内以其他方式提交所需的内部文件，其申请时间以收到第一次注册申请的日期为准。如果在30日内未收到所需全部文件，则该次申请自动失效。

（4）域名申请人的权利与义务。

① 申请人的权利。申请人有选择上一级域名的权利。在类别域名下申请域名的单位，应当根据其单位的性质在相应的二级域名下申请注册域名。申请域名注册的，必须向上一

级域名管理单位提出申请。

② 申请人的责任与义务。申请人必须遵守我国对互联网络的有关法规；申请人对自己选择的域名负责；申请人应当保证其申请文件内容的真实性，并且在申请人了解的范围内，保证其选定的域名的注册不侵害任何第三方的利益；申请人应当保证此域名的注册不是为了任何非法目的。

在申请被批准以后，申请人就成为该注册域名的管理单位，必须遵照《中国互联网络域名管理办法》对该域名进行管理和运行。

（5）域名注册的限制性规定。任何组织或个人注册和使用的域名，不得含有下列内容。

① 反对《宪法》所确定的基本原则的。

② 危害国家安全，泄露国家秘密，颠覆国家政权，破坏国家统一的。

③ 损害国家荣誉和利益的。

④ 煽动民族仇恨、民族歧视，破坏民族团结的。

⑤ 破坏国家宗教政策，宣扬邪教和封建迷信的。

⑥ 散布谣言，扰乱社会秩序，破坏社会稳定的。

⑦ 散布淫秽、色情、赌博、暴力、凶杀、恐怖或者教唆犯罪的。

⑧ 侮辱或者诽谤他人，侵害他人合法权益的。

⑨ 含有法律、行政法规禁止的其他内容的。

2. 域名注册审批

（1）按照“先申请先注册”的原则受理域名注册，不受理域名预留。

（2）若申请注册的域名和提交的文件符合《中国互联网络域名管理办法》的规定，域名管理单位应当在收到《中国互联网络域名管理办法》第十五条所列文件之日起的10个工作日内，完成批准注册和开通运行，并发放域名注册证。

（3）若申请注册的域名或者提交的文件不符合《中国互联网络域名管理办法》的规定，域名管理单位应当在收到《中国互联网络域名管理办法》第十五条所列文件之日起的10个工作日内，通知申请人。申请人应当在30日内对其申请文件进行修改。如果逾期不答复或者提交的文件仍然不符合《中国互联网络域名管理办法》的规定，则该次申请自动失效。

（4）各级域名管理单位不负责向国家工商行政管理部门及商标管理部门查询用户域名是否与注册商标或者企业名称相冲突，是否侵害了第三者的权益。任何这类冲突引起的纠纷，由申请人自己负责处理并承担法律责任。

5.2.3 中国互联网络域名体系结构

根据《中国互联网络域名管理办法》第六条“我国互联网的域名体系由信息产业部以公告形式予以公布”的规定，中华人民共和国信息产业部（现已更名为工业和信息化部）于2003年7月31日发布了《中华人民共和国信息产业部关于加强我国互联网络域名管理工作的公告》。公告的主要内容如下。

（1）我国互联网络域名体系中各级域名可以由字母（A～Z，a～z，大小写等价）、数字（0～9）、连接符（-）或汉字组成，各级域名之间用实点（.）连接，中文域名的各级域名之间用实点或中文句号（。）连接。

（2）我国互联网络域名体系中在顶级域名 CN 之外暂设“中国”、“公司”和“网络”3 个中文顶级域名。

（3）顶级域名 CN 之下，预先设置“类别域名”和“行政区域名”两类英文二级域名。

设置“类别域名”6 个，分别为：AC，适用于科研机构；COM，适用于工、商、金融等企业；EDU，适用于中国的教育机构；GOV，适用于中国的政府机构；NET，适用于提供互联网络服务的机构；ORG，适用于非营利性组织。

设置“行政区域名”34 个，适用于我国的各省、自治区、直辖市、特别行政区的组织，分别为：BJ，北京市；SH，上海市；TJ，天津市；CQ，重庆市；HE，河北省；SX，山西省；NM，内蒙古自治区；LN，辽宁省；JL，吉林省；HL，黑龙江省；JS，江苏省；ZJ，浙江省；AH，安徽省；FJ，福建省；JX，江西省；SD，山东省；HA，河南省；HB，湖北省；HN，湖南省；GD，广东省；GX，广西壮族自治区；HI，海南省；SC，四川省；GZ，贵州省；YN，云南省；XZ，西藏自治区；SN，陕西省；GS，甘肃省；QH，青海省；NX，宁夏回族自治区；XJ，新疆维吾尔自治区；TW，台湾省；HK，香港特别行政区；MO，澳门特别行政区。

（4）在顶级域名下可以直接申请注册二级域名。

（5）任何组织或者个人不得采取任何手段妨碍我国境内互联网络域名系统的正常运行。

5.2.4 域名的注销

《中国互联网络域名管理办法》第三十四条规定，已注册的域名出现下列情形之一时，原域名注册服务机构应当予以注销，并以书面形式通知域名持有者。

（1）域名持有者或其代理人申请注销域名的。

（2）域名持有者提交的域名注册信息不真实、不准确、不完整的。

（3）域名持有者未按照规定缴纳相应费用的。

（4）依据人民法院、仲裁机构或域名争议解决机构做出的裁判，应当注销的。

（5）违反相关法律、行政法规及《中国互联网络域名管理办法》规定的。

5.3 域名争议及其法律保护

5.3.1 域名争议概述

网络域名争议是近年来伴随着国际互联网、万维网等信息技术的产生和高速发展而产生的最突出、类别最新、适用法律最为模糊的一类纠纷。主要有以下几类。

（1）在电子商务发展的初期，由于人们对域名的重要性认识不够，许多企业、公司对自己的企业名称、商标、商号、个人姓名等未进行及时的域名注册，而被他人以相同或者近似的名称等捷足先登，因而极易发生域名该属谁的纠纷。

（2）受利益的驱动或因域名注册管理制度存在的某些薄弱环节，出现了专门将他人公司名称、商标等注册为域名，又以高价出售这些域名来牟利的不法单位和个人。这导致了域名登记注册的善意与恶意之分，以及与域名登记有关的域名纠纷。

（3）设立抱怨网站而引起的域名争议，这类网站专门收集某一公司的负面信息或者专门让网友发泄对该公司商品、服务的不满。

（4）外国公司特别是一些跨国公司的驰名商标的所有者，为开拓我国包括电子商务在内的市场，针对我国域名持有者就其.cn 一级域名而发生的争议。

5.3.2 域名的恶意抢注

1. 域名“恶意抢注”的认定

从域名管理角度看，各个域名管理机构在域名管理上采用不同的政策，因而对恶意抢注域名有不同的定义，在域名争议上也采用不同的解决办法。从法律角度来看，各个域名管理机构的所在国采用不同的法律或政策来处理恶意抢注域名案件。一般来说，“恶意抢注”是指明知或应知他人的商标、商号及姓名等具有较高的知名度和影响力而进行抢注的行为。也就是说，域名注册人注册域名的目的不是某种经营或服务，而是阻止他人注册或以租售域名谋利。对“明知或应知”的认定，主要根据商标、商号以及姓名的影响覆盖面来判定。而抢注者主观故意难以举证，一般由法院推定。下面主要介绍 ICANN 和我国关于恶意抢注域名的有关规定。

（1）UDRP 对恶意抢注域名行为的认定。目前通用顶级域名由美国政府指定的 ICANN 来管理。ICANN 于 1999 年 10 月 24 日通过了《国际域名争端统一解决办法》（UDRP），UDRP 对恶意注册和使用域名的行为是这样认定的。

① 有证据证明，域名持有人注册或获得域名的主要目的是向商标或服务标记的所有者或所有者的竞争者出售、出租或以其他任何形式转让域名，以期从中获得额外价值。

② 根据域名持有人的行为可以证明，域名持有人注册或获得域名的目的是阻止商标和服务标记的持有人通过一定形式的域名在互联网络上反映其商标。

③ 域名持有人注册域名的主要目的是破坏竞争者的正常业务。

④ 域名持有人的目的是通过故意制造与投诉人所持有的商品或服务标记的混淆，以诱使互联网络用户访问域名持有人的网站或者其他联机地址，并从中谋利。

（2）我国法律法规对恶意抢注域名行为的认定。北京市高级人民法院于 2000 年 8 月 15 日发布了《关于审理因域名注册、使用而引起的知识产权民事纠纷案件的若干指导意见》，其中第五条是关于认定恶意注册域名的规定。具体而言，认定域名注册行为是否构成恶意注册域名，应审查其行为是否同时符合以下三个必备条件：① 注册的域名与权利人享有的标志相同或足以导致误认的相似；② 域名持有人对该域名标记不享有任何其他在先的权利；③ 对该域名的注册和使用具有恶意。

目前，我国调整域名纠纷的主要法律法规是《中国互联网络域名管理办法》及 2002 年 9 月 30 日起施行的《中国互联网络信息中心域名争议解决办法》。该办法规定，被投诉的域名持有人具有下列情形之一的，其行为构成恶意注册或者使用域名。

① 注册或者受让域名是为了出售、出租或者以其他方式转让该域名，以获取不正当利益。

② 多次将他人享有合法权益的名称或者标志注册为自己的域名，以阻止他人以域名的形式在互联网上使用其享有合法权益的名称或者标志。

③ 注册或者受让域名是为了损害投诉人的声誉，破坏投诉人正常的业务活动，或者混

淆与投诉人之间的区别，误导公众。

④ 其他恶意的情形。

2. 关于“恶意”的认定

北京市高级人民法院在《关于审理因域名注册、使用而引起的知识产权民事纠纷案件的若干指导意见》中指出，恶意主要针对以下四种情形。

① 域名持有人提出向权利人出售、出租或以其他方式有偿转让域名。

② 以营利为目的，以故意混淆域名与权利人的商标、商号的方式引诱网络用户接入其网页或其他在线服务。

③ 专为阻止他人将商标、商号用于域名而注册。

④ 以损害他人的声誉而注册域名等。

最高人民法院于 2001 年 6 月 26 日颁布了《关于审理涉及计算机网络域名民事纠纷案件适用法律若干问题的解释》。该解释第五条明确指出：“被告的行为被证明具有下列情形之一的，人民法院应当认定其具有恶意。

① 以商业目的将他人驰名商标注册为域名的；

② 为商业目的注册、使用与原告的注册商标、域名等相同或近似的域名，故意造成与原告提供的产品、服务或者原告网站的混淆，误导网络用户访问其网站或其他在线站点的。

③ 曾要约高价出售、出租或者以其他方式转让该域名获取不正当利益的。

④ 注册域名后，自己并不使用也未准备使用，而有意阻止权利人注册该域名的。

⑤ 具有其他恶意情形的。

被告举证证明在纠纷发生前其所持有的域名已经获得一定的知名度，且能与原告的注册商标、域名等相区别，或者具有其他情形足以证明其不具有恶意的，人民法院可以不认定被告具有恶意。”

此司法解释的出台有利于及时审理层出不穷的互联网络域名注册纠纷案件，也为今后的域名立法工作做出了有益的探索。

阿里巴巴状告赖启兴赢回 9 个域名：阿里巴巴曾向亚洲争议解决中心递交一份申请，要求将争议域名 alibabalife.com、alibabafuture.com、alibabaidea.com、alibabaplay.com、aboutalibaba.com、alibabastrategy.com、alibabakey.com、alibabaing.com、hialibaba.com 移交给他们。

阿里巴巴是中国最大的互联网络公司和世界第二大互联网公司。其公司注册了“alibaba.com”标志，争议域名 alibabalife、alibabafuture、alibabaidea、alibabaplay、aboutalibaba、alibabastrategy、alibabakey、alibabaing、hialibaba 与该集团的标志相混淆。9 个争议域名的持有者均属被告赖启兴。此前，被告赖启兴曾将阿里巴巴告上法庭，争取维护域名 alibababank.com.cn 的持有权，一度成为界内瞩目的焦点。

查询 whois 得知，被告赖启兴注册了 50 多个与阿里巴巴商标相似的域名，如 buyalibaba.com、alibabapay.net 等。阿里巴巴表示，争议域名的持有者注册与阿里巴巴商标相似的域名，是想将争议域名出售给阿里巴巴，从而获得不正当的商业利益。在商谈不成的情况下，被告在收到阿里巴巴提出的关于争议域名的诉讼文件时，故意干扰阿里巴巴的正常业务并且诋毁阿里巴巴的名誉。争议域名持有者的行为已经构成恶意注册和使用争议域名。

仲裁小组根据阿里巴巴递交的证据要素进行处理，决定将争议域名移交给投诉人，阿里巴巴成功赢得域名争议。

3. 域名恶意抢注的法律责任

《国际域名争端统一解决办法》（UDRP）不仅对恶意注册和使用域名的行为进行了认定，而且恶意注册和使用域名行为已为UDRP所禁止。北京市高级人民法院在基本参照了UDRP中提出的解决办法的基础上，制定了《关于审理因域名注册、使用而引起的知识产权民事纠纷案件的若干指导意见》来解决具有“恶意”情形的域名注册，其第六条规定：“因域名注册构成不正当竞争的，人民法院可判令域名持有人、使用人停止使用、申请撤销或变更域名，因实施不正当竞争行为给权利人造成损害的，还应判令其赔偿损失。”

综观国内现有的域名抢注纠纷判决，法院一旦认定属于抢注的，一般均判决被告停止使用域名并限期办理撤销手续。对于是否直接将域名判给商标人的问题，法官们多持否定态度。理由是此类纠纷属于侵权诉讼，而非“即付即诉”、“即付即还”的方式。侵权责任的承担方式主要是赔礼道歉和损失赔偿等，不宜直接将域名判归商标权人所有，商标权人须向域名注册机构另行提出注册才能获得争议域名的所有权。

关于是否赔偿损失的问题，多数法官认为，如果侵权人的行为直接导致被侵权人的经济利益受到损失，而且被侵权人又明确提出赔偿的请求，人民法院应予支持。

5.3.3 其他因域名引起的不正当竞争

与恶意抢注域名不同的是，以下所述因域名引起的不正当竞争归咎于经营者因从事相同或相近似的营业或服务，注册域名时侵犯了他人的商标权。

1. 将他人的商标或商号注册为域名

电子商务为商业活动开辟了新世界，而域名便是人们进入这一世界的第一道关口，且具有了认知网站或虚拟企业的标志功能。因此，将他人享有在先权利的商号、商标或其他标志登记为域名，不仅侵犯了权利人的知识产权，而且构成一种不正当竞争。

将他人的商标或商号注册为域名，容易引起人们的误解，误以为是原商标或商号权人设立的网站或提供服务。由于域名具有商业价值或商业标志作用，而商标、服务标志和商号最主要的功能也是区分或标志产品生产者或服务提供者，是经营性主体商誉的主要载体，因此将他人享有在先权利的商标、商号等登记为域名，就容易导致利用他人已经在现实经济生活中积累的商誉实现自己的目的，即构成搭便车或寄生性不正当竞争行为；如果是提供同一种性质的网络服务或网上经营性活动，那么容易使消费者产生误认或混淆，以诱使互联网络用户访问域名持有人的网站或企业，构成不正当竞争。实际上保护商标权即是保护反不正当竞争的权利。

现在将他人在先权利注册为域名，大多是从保护商标、商号等权利的角度进行规范的，其目的是保护享有这些知识产权或无形财产权人的权利，而一旦认定注册构成恶意抢注，通常即构成不正当竞争行为。因此，一般从是否构成恶意抢注或者构成侵权行为来判断是否构成不正当竞争。

据此，侵犯他人在先权利引起的不正当竞争行为构成要件可以归结为两个：第一，在先权利人享有注册的商标专用权、商号权，而域名持有人对域名不享有正当的权利或合法的利益；第二，在后注册域名与在先权利人所持有的商标或服务标记相同或具有误导性的相似，也足以导致误认。

域名侵犯他人商标或其他在先权利，必须是经营或使用范围相一致或近似。例如美国JUNO一案，法官基于经营内容不相近似而判决原告继续使用域名。

该案的原告Juno Online的总部在特拉华州，营业地在纽约，是一家经营网络服务的公司，为开展免费电子邮件服务注册了域名juno.com。1995年该公司向美国专利与商标局申请注册JUNO商标。被告的营业地在伊利诺伊州，但总部也在特拉华州，主要生产照明灯具，拥有JUNO文字商标和商业标志。为此于1996年6月，被告以自己合法享有在先注册商标权为由，向美国专利局与商标局提出了异议，并向NSI提出申请，要求撤销原告的域名注册，同时自己也注册了域名 juno-online.com。于是原告将被告告上法庭。法庭审理后认为，本案中的商标、域名 JUNO，是希腊传说中爱神丘比特的妻子，广泛使用于女性名称，被告虽然在先注册商标，但禁止他人在其他领域使用JUNO的理由不充分。更重要的是，原被告之间不存在竞争关系。原告是美国家喻户晓的互联网服务商，而被告是生产电灯泡等照明灯具的厂商，产品与原告服务根本不相同。因此，在不同产品上使用相同标志包括域名JUNO，不构成商标侵权。因此，原告可以继续使用JUNO域名。

所以，并不是所有的域名侵犯在先权利都作为侵权来看待，只有从事相同服务或营业活动时，将他人商标或商号注册为域名达到足以使消费者误认的程度时，才被认为是侵权或构成一种不正当竞争。

2. 域名与域名类似或相同

域名侵犯商标权或含有商标权的域名，受害人可以直接适用商标法获得救济，同时可以适用反不正当竞争法。在域名注册人对于域名本身不享有商标权或商号权（非用自己的商号或商标注册为域名，或者域名没有注册为商标）时，发生在后注册的域名与在先域名相同或类似，此时仅仅是域名“侵犯”域名，很难再用商标法进行救济，而在域名权的法律保护体系还没有建立起来的情况下，只能由反不正当竞争法保护，只能以不正当竞争为由提起诉讼。

在缺乏明确的权利保护的情形下，在后注册域名是否构成不正当竞争主要取决于在后注册域名是否足以导致消费者混淆。而判断是否构成混淆的前提是两个网站经营内容相同或近似。这也就是说，域名不正当竞争的构成要素有两个：一是两个网站经营范围和内容存在着相同或近似，这是一个前提条件；二是后注册的域名存在着相同或近似，且这种相同或近似足以导致消费者误认。

判断是否导致消费者误认取决于相关消费者是否误认为产品或服务为相同经营者提供，或是否误认为经营者之间有某种关系。

在经营内容相同或相似的情形下，主要判断域名是否相同或相似。例如美国的“华尔街事件”一案即确立了经营相近而标志或域名不近似，不构成侵犯域名权的规则。

原告StreetEvents.com公司是投资理财网站，从事上市公司信息汇集分析，在其互联网站上刊出，并提供其他信息发布服务，所有服务均为免费。StreetEvents.com既是其公司名称又是其网站域名（开通于1999年1月），同时获得联邦服务商标注册（注册于1999年6月22日）。被告C-call公司，网站名称为StreetFusion.com，同样在互联网上提供市场信息，向市场分析人士提供备忘录，进行市场分析，提示重要事件等。其最早的网站名称为

C-call.com，1999年4月2日注册StreetFusion.com域名，后也注册联邦商标StreetFusion.com。原告认为，其在先使用StreetEvents.com商标，几个月后被告才使用StreetFusion.com，因而构成商标侵权。法院认为，两个标志有重要相似之处，即第一个词Street指华尔街，第二词均为6个字母，两个音节；原告与被告竞争于相同的市场，其经营方式、广告和信息来源、市场客户群均相同。但法院认为，原告虽然提出证据表明，在1999年6月、7月，约有20位专业投资分析人员本想登记到原告网站，却错误地登记到被告网站，但是没有充分的证据证明所有有经验的客户群最终都会做出错误选择。被告现在每年的服务收入达40万美元，而原告目前不收费，没有相关的服务收入。在这种情况下，即使用户产生最初混淆，也不会转化为最终混淆。据此，1999年11月18日，法院判决被告并未侵犯原告商标权。

尽管这里法院是从原、被告的商标之间是否构成侵权的角度认定的，但这种认定适用于域名。如果原、被告在没有注册商标情形下，那么两者之间的域名更是不存在相似之处。

3．域名或标志的显著性

商标的显著性除要求与他人商标不相同、不相似外，还要求与公有领域中的标志、名称不相同或不相近似，例如，产品的通用名称、行业专用术语、地名等均不得注册为商标专用权。但是，域名不要求显著性，越是没有显著性的普通名词，作为域名的价值性就越高，如televisions.com，它不能注册为商标，但可以作为域名注册。因此，如果商标没有显著性或商标的显著性随后丧失，他人注册同样的词语作为域名，不构成侵犯商标权。我国发生的PDA域名纠纷一案即确立了这样的原则。

原告石家庄福兰德事业发展公司，1997年3月注册商标“PDA”，用于第9类商品，主要是掌上计算机产品。被告北京弥天嘉业技贸有限公司在1998年10月12日注册了pda.com.cn域名，建立网站介绍、销售其他企业的掌上计算机产品，网站主页上还有一个PDA标志。1998年下半年，原告向CNNIC申请pda.com.cn域名，发现被告已注册，遂要求被告停止使用，被告拒绝。原告向法院起诉，要求停止商标侵权行为和不正当竞争行为。被告答辩中认为，PDA是英文个人数字助理（Personal Digital Assistant）的缩写，是该产品的通用名称，已被记载于不少英汉词典中，故原告不能对PDA享有专有权。据此，法院驳回了原告的全部诉讼请求。

5.3.4 域名争议的国际和国内解决机制

1．国际组织对域名纠纷的解决

按照国际惯例，国际域名争议目前采用仲裁方式来解决，其适用的规范就是国际顶级域名的管理者ICANN针对域名争议制定的《国际域名争端统一解决办法》（UDRP）、《域名注册协议》、《国际域名争端统一解决协议程序规则》、《域名争议解决机构的补充规则》及《世界知识产权组织统一域名争议解决办法补充》等，由以上这些法规一起为域名争议当事人（不包括域名注册机构）提供解决方案。解决争议的机构是由ICANN认证的。目前，ICANN已批准了若干家这样的争议解决机构，它们是WIPO、eResolution、NAF和CPR，分别位于瑞士、加拿大和美国。这些机构在解决争议时，不具有官方的身份，都是民间组织。采用这种仲裁方式可以使当事人避免昂贵的司法诉讼费用，以低廉的费用解决域名争议。

（1）提起域名争议的条件。UDRP规定，提起域名争议解决程序，应同时满足以下三个条件：申请人的域名与申诉人享有的商标或服务标志相同或相似，足以造成混淆；申请人对该域名不享有权利或合法利益；申请人域名已经注册且被恶意使用。

在行政程序中，申诉人应举证存在以上三种情况。此外，投诉人在域名争议解决程序过程中承担举证责任。

（2）强制性域名争议解决程序。域名争议由 ICANN 认定的并在其网站上公布的域名争议解决机构来受理。

根据《国际域名争端统一解决办法》、《域名注册协议》和《国际域名争端统一解决协议程序规则》，投诉方向 ICANN 认证的国际域名争议解决机构递交域名争议书，并缴纳域名争议仲裁费用，域名争议解决机构立案后向应诉方寄送投诉方的域名争议书，并要求应诉方在规定日期前递交域名争议答辩书。域名争议解决机构根据投诉方的要求指定一人仲裁团或三人仲裁团，仲裁团按照统一域名争议解决办法做出域名争议裁决结果；如果当事人对裁决结果不服，可以在裁决生效起的 10 日内向注册此域名的 ICANN 认证的域名注册服务商的办公所在地法院提起诉讼。

（3）域名的撤销、转让和变更。根据 UDRP，基于下列情况，域名注册机构有权撤销、转让和变更域名注册。

① 根据 UDRP 第八条的规定，域名注册机构收到域名持有人或域名仲裁者授权代理所提交的书面通知或适当的电子形式的通知，要求域名注册机构采取此类行动。

② 域名注册机构收到对域名争议有完全管辖权的法庭或仲裁机构发出的判决或裁定通知，要求域名注册机构采取此类行动。

③ 域名注册机构收到域名争议解决机构发出的通知，要求域名注册机构采取此类行动，该机构是根据 UDRP 而建立。

④ 根据《域名注册协议》或其他合法原因。

由于争议解决机构不具备官方的身份，也没有相关的国际公约，因此，该机构做出的裁决没有法律上的效力，但是由于域名系统的技术性，其裁决无须司法的或者行政上的协助，就能发生域名转移或者暂停使用的效果。

2. 我国对域名纠纷的解决

（1）司法解决。对于涉及域名的纠纷，原则上可以按照《民事诉讼法》的规定请求人民法院审理。为了指导人民法院审理域名纠纷案件，2001 年 6 月 26 日，最高人民法院发布了《关于审理涉及计算机网络域名民事纠纷案件适用法律若干问题的解释》，该解释自 2001 年 7 月 24 日起施行。北京市高级人民法院 2000 年 8 月 15 日发布了《关于审理因域名注册、使用而引起的知识产权民事纠纷案件的若干指导意见》。这两个文件的颁布为解决域名纠纷提供了明确的途径和方法，阐明了有关域名纠纷的管辖法院；根据案件的性质进行归类；确认适用法律并明确提出了认定域名抢注的标准。这两个文件概括起来有以下主要内容。

① 关于案件的受理。对于涉及计算机网络域名注册、使用等行为或当事人因域名注册、使用与已经注册的商标、企业和其他组织名称等发生冲突而向人民法院起诉的民事纠纷，经审查符合《民事诉讼法》第一百零八条规定，人民法院应予以受理。

② 关于案件的管辖。涉及域名的侵权纠纷案件，由侵权行为地或者被告住所地的中级人民法院管辖。对难以确定侵权行为地和被告住所地的，原告发现该域名的计算机终端等设备所在地可以视为侵权行为地。涉及域名纠纷的案件包括当事人一方或者双方是外国人、

无国籍人、外国企业或组织、国际组织或者域名注册地在外国的域名案件。在中华人民共和国领域内发生的涉外域名纠纷案件，依照《民事诉讼法》第四篇的规定确定管辖。关于管辖，北京市高级人民法院在指导意见中规定：诉讼标的额超过 300 万元的，由高级人民法院作为第一审法院；域名注册地亦是侵权行为地时，注册地人民法院可以管辖。

③ 域名纠纷案件的分类。对于域名纠纷案件，根据双方当事人争议的法律关系的性质确定案由，并在其前冠以计算机网络域名；争议的法律关系的性质难以确定的，可以通称为计算机网络域名纠纷案件。原告以域名侵犯其商标权为由起诉的，应确定为侵犯商标权纠纷；以不正当竞争行为起诉的，应依据不正当竞争行为的性质确定案由。

④ 构成侵权或者不正当竞争行为的认定。认定被告注册、使用域名等行为构成侵权或者不正当竞争的，应当符合下列条件：第一，原告请求保护的民事权益合法有效；第二，被告域名或其主要部分构成对原告驰名商标的复制、模仿、翻译或音译，或者与原告的注册商标、域名等相同或近似，足以造成相关公众的误认；第三，被告对该域名或其主要部分不享有权益，也无注册、使用该域名的正当理由；第四，被告对该域名的注册、使用具有恶意。

⑤ 处理。人民法院认定域名注册、使用等行为构成侵权或者不正当竞争的，可以判令被告停止侵权、注销域名，或者依原告的请求判令由原告注册使用该域名；给权利人造成实际损害的，可以判令被告赔偿损失。值得一提的是，按照解释的规定，对涉及的注册商标是否驰名，人民法院也可以依法认定，充分显示了司法权利至上的原则。

（2）关于 CNNIC。为了解决互联网络域名争议，中国互联网络信息中心根据有关法律、行政法规及《中国互联网络域名管理办法》的规定，制定了《中国互联网络信息中心域名争议解决办法》，该办法自 2002 年 9 月 30 日起施行，原《中文域名争议解决办法（试行）》同时废止。该办法适用于因互联网络域名的注册或者使用而引发的争议，所争议域名应当限于由中国互联网络信息中心负责管理的 CN 域名和中文域名。域名争议由中国互联网络信息中心认可的争议解决机构受理解决，争议解决机构实行专家组负责争议解决的制度。专家组由一名或三名掌握互联网络及相关法律知识，具备较高职业道德，能够独立并中立地对域名争议做出裁决的专家组成。域名争议解决机构通过在线方式公布可供投诉人和被投诉人选择的专家名册。

任何机构或个人认为他人已注册的域名与该机构或个人的合法权益发生冲突的，均可以向争议解决机构提出投诉。争议解决机构受理投诉后，应当按照程序规则的规定组成专家组，并由专家组根据《中国互联网络信息中心域名争议解决办法》及程序规则，遵循“独立、中立、便捷”的原则，在专家组成立之日起 14 日内对争议做出裁决。在域名争议解决程序中，除域名注册服务机构根据争议解决机构的要求提供与域名注册及使用有关的信息外，中国互联网络信息中心和域名注册服务机构不以任何身份或方式参与争议解决程序。

5.3.5 我国关于域名保护的相关立法

中国互联网络信息中心（CNNIC）于 1997 年经国家批准成立，是行使中国国家互联网络信息中心职责的非营利性管理和服务机构。1997 年 5 月 30 日，国务院信息化工作领导小组办公室发布了《中国互联网络域名注册暂行管理办法》，自发布之日起施行；2000 年 11 月，CNNIC 发布了《中文域名争议解决办法（试行）》，自发布之日起 30 日后实施。

根据相关规定，CNNIC 委托与授权中国国际经济贸易仲裁委员会域名争议解决中心作为中文域名争议解决机构和通用网址争议解决机构，负责解决中文域名争议和通用网址争议。该中心制定了域名争议解决程序规则和通用网址争议解决程序规则，设立了专家名单，建立并完善了在线案件管理程序，实行专家组负责制的在线争议解决制度，可为当事人提供优质快捷的在线争议解决服务。

2002 年 9 月 22 日至 30 日，中国互联网络信息中心先后出台了四部与域名有关的法律，分别是《中国互联网络信息中心域名注册服务机构认证办法》、《中国互联网络信息中心域名争议解决办法》、《中国互联网络信息中心域名注册实施细则》、《中国互联网络信息中心域名争议解决办法程序规则》。

2003 年我国又出台了三部相关法律，分别是《中国互联网络信息中心域名注册服务机构变更办法》、《中华人民共和国信息产业部关于加强我国互联网络域名管理工作的公告》、《信息产业部关于从事域名注册服务经营者应具备条件法律适用解释的通告》。

2004 年 11 月 5 日原信息产业部新公布了《中国互联网络域名管理办法》，2004 年 12 月 20 日起施行；同时废止 2002 年 8 月 1 日公布、2002 年 9 月 30 日起施行的《中国互联网络域名管理办法》。

2005 年，原信息产业部发布了《互联网 IP 地址备案管理办法》，2005 年 1 月 28 日发布、2005 年 3 月 20 日起施行。

5.4 相关链接——建立中国的域名保护制度之思路

从具体制度上看，要制定或完善以下几项制度。

（1）域名注册制度。由于目前域名注册并不像商标注册一样进行检索，以防止与在先商标权利发生冲突，故而域名与商标的冲突时有发生。因此，可以考虑建立域名注册管理单位的注册检索制度。域名注册管理单位应效仿专利审查部门和商标注册部门，对于域名是否存在侵权情况做出力所能及的检索工作，同时加强国内和国际合作，把好域名权利的第一关。

（2）域名保护制度。我国目前域名登记管理的规定虽然不乏对域名侵犯商标权的规定，但是这些规定毫无例外的对商标权人加以保护，当域名与驰名商标权利发生冲突的时候，通常是保护驰名商标所有人，这已成为一种公认的原则。实践中也多以域名被注销或判归商标权人而告终。但这并不利于保护域名权人的合法权利。因此建议，在新的域名特别法中要明确规定域名何时侵犯商标权、何时没有侵犯商标权以及如何处理纠纷做出明确的规定，更重要的是明确规定对于商标权人滥用商标权做出的反向域名抢注行为。

（3）域名异议制度。《中国互联网络域名注册暂行管理办法》及其实施细则中规定了商标权人可以对注册的域名提出异议，并会导致所争域名保留 30 日后被自动停止，但其中却没有规定商标权人提出异议的时间限制，这么一来，域名注册人的域名将永远处于一种不稳定的状态下，这不仅对域名注册人不公平，还会引起社会秩序的混乱，特别是当异议在该域名已长期使用并拥有一批固定访问者或具有一定的知名度时提出。因此，法律应当对提出异议规定具体时限。

（4）中文域名注册规则。目前，美国、新加坡以及中国的香港、澳门、台湾均先后推出了各自的中文域名系统，并在我国内地开展注册，造成了一定程度的混乱。中文域名的注册及规范的实践，对我国网络及电子商务的发展，有着难以估量的价值和意义。现在中文域名的争议主要集中在域名与商标的冲突，因此，建议商标注册和管理机关应当尽快和域名注册机构、域名争议解决机构建立联系制度，这是保护我国商标的需要，更是保护中文域名资源的需要。

以案用法

原告甲有限责任公司诉称：原告成立于1997年，经过10多年的发展，其主营业务收入在全国同类企业中排名位居前列。2005年，原告自主研发的“志圆”产品上市，当年市场销售火爆。2006年8月，经国家商标局核准注册了“志圆”商标。为了宣传及推广“志圆”品牌，原告不仅投入巨额的广告费，而且积极组织、参加大量的市场推广活动和公益事业，提升产品的知名度和美誉度。经过原告的大量宣传和推广，“志圆”商标逐渐被广为知晓。

2006年2月，被告李某将甲有限责任公司“志圆”中文文字商标对应的汉语拼音注册为“www.zhiyuan.com”域名，并公开在网上出售该域名谋利。被告注册的争议域名是对原告商标“志圆”的音译，其行为违反了《中华人民共和国商标法》、《中华人民共和国反不正当竞争法》的规定。因此原告请求法院判令：（1）确认被告注册、使用域名的行为构成不正当竞争；（2）被告赔偿原告经济损失10万元；（3）被告承担原告为本案支出的合理费用5万元；（4）被告公开在报纸上向原告赔礼道歉。

被告李某答辩称：针对双方争议域名，被告在持有期间从未在网上出售过，更未通过争议域名谋利。被告注册、使用的争议域名与原告商标核定使用的商品不相同也不类似，且标识不近似，故不足以造成相关公众的误认，而且被告注册争议域名在先，因此，被告没有侵犯原告的注册商标专用权。综上所述，被告的行为不具有恶意，被告注册、使用争议域名的行为未构成侵权或者不正当竞争，请求人民法院驳回原告的全部诉讼请求。

法院经审理认为，双方争议域名的主要部分与原告的商标已构成足以造成相关公众误认的近似，被告对争议域名不享有其他权益，亦未说明其注册、使用争议域名的正当理由。被告对争议域名的注册、使用，主观上具有利用“志圆”商标的知名度和该知名度可能在商业上产生的较高价值以获取不正当利益的目的，明显具有恶意。依照《中华人民共和国反不正当竞争法》，最高人民法院《关于审理涉及计算机网络域名民事纠纷案件适用法律若干问题的解释》之规定作出判决：（1）确认被告李某注册、使用域名的行为构成对原告甲有限责任限公司的不正当竞争；（2）被告李某于本判决生效之日起十日内，赔偿原告甲有限责任公司经济损失5万元；（3）驳回原告甲有限责任公司的其他诉讼请求。

请分析：

1．争议域名或其主要部分是否与原告的知名商品特有名称相同或近似，足以造成相关公众的误认？

2．被告对争议域名或其主要部分是否享有权益，是否有注册、使用争议域名的正当理由？

3．被告对争议域名的注册、使用是否具有恶意？

4．注册或使用域名构成侵权或不正当竞争应承担的民事责任有哪些？

思考练习题

一、判断题（请在括号内画√或×，如有错，请改正）。

1．一个公司如果希望在网络上建立自己的主页，就必须取得一个域名。（　　）
2．域名的组成可以是文字，还可以是图形。（　　）
3．域名的注册规则除“在先原则”、“唯一性原则”外，不承担检索责任。（　　）
4．域名一经注册，其他人休想染指。（　　）
5．按照“先申请先注册”的原则受理域名注册，并受理域名预留。（　　）
6．域名可直接用于商品或服务。（　　）
7．域名不能被许可使用，也不可以转让。（　　）
8．域名非经正式注册不能在互联网中使用。（　　）
9．域名注册申请人必须是依法登记并且能够独立承担民事责任的组织，不是独立法人的单位和个人不能申请注册域名。（　　）
10．域名申请者不得将他人已在中国注册过的企业名称注册为域名。（　　）

二、选择题（含单选与多选）

1．从事域名注册服务活动，应当具备的条件之一是注册资金不得少于人民币（　　）万元。
A．50　　B．100　　C．150　　D．200
2．根据《中国互联网络域名管理办法》的规定，（　　）负责域名的管理工作。
A．工业和信息化部　　B．广电总局
C．ICANN　　D．CIETAC
3．在域名抢注纠纷中，域名抢注者的主观故意应由（　　）予以推定。
A．人民法院　　B．域名注册管理机构
C．域名注册服务机构　　D．被侵权人
4．域名抢注是指（　　）。
A．反向域名侵夺的行为
B．盗用和淡化域名的行为
C．出于从他人商标（商业标志）中谋利的恶意注册并出卖域名的行为
D．同一商标的合法拥有者都想用他们的商标作域名。
7．我国互联网络域名体系中在顶级域名 CN 之外暂设的中文顶级域名有（　　）。
A．“中国”　　B．“网络”　　C．“教育”　　D．“公司”

三、填表题

	域　名	商　标
注册原则		
作用		
组成		
地域		
必须注册与否		

四、问答题

1．什么是域名？其功能和法律特征如何？
2．如何理解域名的商业价值？
3．注册域名应做好哪些方面的工作？
4．什么是域名的恶意抢注？如何认定？
5．除恶意抢注域名外，其他因域名引起的不正当竞争行为有哪些？

第 6 章 网络著作权保护法律制度

导入案例

2013 年 11 月 25 日×市光明国际旅行社与乔某签订了一份网站建设合同。合同约定：×市光明国际旅行社委托乔某在互联网上建设网站，乔某为×市光明国际旅行社提供网站制作栏目、网站页面设计、数据库、程序开发。2014 年 3 月 15 日西×市光明际旅行社开通 www.xaeits.com 网站，为维护网站网页的版权，与乔某签订的补充协议约定：www.xaeits.com 网站的域名归×市光明国际旅行社所有并管理使用，网页的版权由双方共同行使；如果发现本网站版权被盗用链接、盗用版权、盗用网站后台，双方有权单独或联合采取法律途径共同维护双方的合法利益，乔某对 www.xaeits.com 网站上的网页内容享有著作权，有权对侵犯该网页著作权的行为提出诉讼。网站 www.xaeits.com 网页上载明了×市光明国际旅行社优惠酒店的价格、机票价格、汽车租赁价格、公司简介、招聘信息、国际国内游线路等内容。

2014 年 3 月 24 日一家西部旅行社就其开立的网站 www.xaxbgl.com 进行了备案。在其 www.xaxbgl.com 的页面也显示了酒店的价格、机票价格、汽车租赁价格、公司简介、招聘信息、国际国内游线路等内容。经比对，二者页面内容、结构、排列位置、文件名、部分文字和图片、滚动文字栏基本相同。此外，www.xaxbgl.com 网站页面上显示了×市光明国际旅行社的名称和来访客户的详细信息。

乔某遂一纸诉状将西部旅行社诉至×市中级人民法院，起诉认为，西部旅行社未经同意，使用了乔某为×市光明国际旅行社创作的网页，侵犯了乔某对相关网页拥有的著作权，故请求判令：西部旅行社立即停止侵犯 www.xaeits.com 网站全部网页著作权的行为；赔礼道歉；赔偿原告损失及合理开支 4.6 万元。

以案问法

通过阅读导入案例，请思考以下问题：

1. 本案争诉之网页能否构成作品？

2. 请列表说明著作人身权与著作财产权有何区别？本案所诉属于著作权的哪种权利？

3. 西部旅行社的行为是否属于对作品的合理使用？网络著作权的合理使用有哪些情形？

4. 西部旅行社的行为是否构成对网络著作权的侵犯？网络著作权侵权行为的概念及构成要件有哪些？

5. 谈谈网络著作权侵权行为的表现形式。
6. 网络著作权的侵权行为有哪些？ 如何进行法律救济？请一并列表说明。
7. 本案的法理要旨是什么？

以案解法

1. 请参照教材有关内容对“作品”做出解释。本案所涉网站页面虽然所使用的颜色、文字、信息等处于公知领域，但设计者将该页面的颜色、文字、图标以数字化的方式加以特定的组合，并以数字化形式发表并固定在计算机硬盘上，可为社会公众借助联网主机所接触，给人以视觉上的美感，此不属于简单的对事实的排列，而是作者独特构思的体现和智慧的结晶，具有独创性、可复制性。根据最高人民法院《关于审理涉及计算机网络著作权纠纷案件适用法律若干问题的解释》第二条之有关规定，本案争诉之网页符合作品的构成要件，应受著作权法保护。

2. 著作人身权与著作财产权的区别如下表所示（文字表述请参见教材有关内容）。

著作人身权		著作财产权	
类　型	含义	类型	含义
发　表　权	决定作品是否公之于众的权利	复制权	复制作品（以各种形式）
署　名　权	表明作者身份，在作品上署名的权利	发行权	以出售或者赠予的方式向公众提供作品的原件或者附件的权利
修　改　权	修改或者授权他人修改作品的权利	出租权	有偿许可他人使用作品的权利
保护作品完整权	保护作品不受歪曲、篡改的权利	信息网络传播权	已有要求无限方式向公众提供作品，使公众在其个人选定的时间和地点获得作品的权利

本案所诉属于著作权的财产权。

3. 西部旅行社的行为不属于作品的合理使用。网络著作权的合理使用有 12 种情形，请参照教材有关内容。

4. 西部旅行社的行为构成侵权。关于“网络著作权侵权行为”的概念及“网络著作权侵权行为的构成要件”请参照教材有关内容回答。

5. 我国《著作权法》第四十六条列举了应当承担民事责任的 11 种形态的侵犯他人著作权或邻接权的侵权行为。这一规定同样适用于网络环境中的著作权侵权行为。请参照教材有关内容回答。

6. 网络著作权的侵权行为及其法律救济如下表所示（文字表述请参见教材有关内容）。

<table>
<tr><th>主　体</th><th colspan="4">类　型</th><th>法律救济</th></tr>
<tr><td>网主</td><td rowspan="3">网站内容抄袭</td><td rowspan="3">网络音乐的侵权</td><td rowspan="3">网络数据库</td><td rowspan="3">超级链接侵害著作权</td><td>民事责任：停止侵害、损害赔偿、消除影响、赔礼道歉</td></tr>
<tr><td rowspan="2">用户</td><td>行政处罚：警告、责令停止制作和发作侵权复制件、没收非法所得、没收侵权复制件及制作设备、罚款</td></tr>
<tr><td>刑事责任：处 3 年以下有期徒刑，并处以罚金</td></tr>
</table>

7. 网站的页面设计不属于简单的对事实的排列，而是作者独特构思的体现和智慧的结晶，具有独创性、可复制性，符合作品的构成要件，属于作品的范畴，应受著作权法保护。

6.1 网络著作权概述

20 世纪 90 年代以来，随着信息网络技术的不断发展，尤其是互联网的迅猛发展，信息的传播出现了前所未有的转变。网络已经不仅是某种令人震撼的技术成果，它已经演变成人们进行创造和文化交流的广阔舞台。一方面，网络环境下，出现了诸如多媒体作品、网页等新型作品形式；而且由于复制的便捷性，传统作品被数字化后可以通过网络进行迅速而广泛的传播，使得人们获取和传播信息更加方便。另一方面，网络上肆意上传、转载、抄袭他人作品的现象也愈演愈烈，以至于有人把互联网称为“互抄网”，而著作权人希望将其对作品的权利自然延伸到网络上，一时之间，网络著作权纠纷大量出现。从 1999 年起，中国互联网真正进入普及和应用的快速增长期。同时，1999 年也成为网络著作权问题的司法起点。现在，我国每年受理知识产权案件三万多件，其中著作权案件占将近一半，从全国来看有四分之一涉及网络。

6.1.1 网络著作权及我国立法现状

1. 网络著作权的概念

著作权，又称版权，有广义和狭义之分。广义的著作权包括以表演、录音制品、广播节目为对象的权利，即作品的传播者就其作品传播形式依法享有的权利，后者称为“邻接权”或“相关权利”。狭义的著作权仅指以作品为对象的权利，即文学、艺术和科学作品的创作者就其创作之作品，依法在一定期限内所享有的专有权利。

网络著作权是传统著作权在网络环境中的延伸，也就是著作权人对受著作权法保护的作品在网络环境下所享有的著作权权利。

计算机和网络技术的发展丰富了作品的形式和载体，也拓展了著作权法保护的范围，除了原有的各类作品的数字化形式外，计算机软件、电子数据库和多媒体作品也成为网络时代新的作品类型。

2. 我国网络著作权立法现状

已制定并颁布的现行与著作权有关的法律法规以及我国缔结或参加的国际公约，是网络著作权方面的基本法律渊源。这类法律法规主要包括：《中华人民共和国著作权法》、《中华人民共和国著作权法实施条例》、《著作权集体管理条例》、《计算机软件保护条例》、《保护文学和艺术作品的伯尔尼公约》和《世界知识产权组织版权条约》等。

自 2000 年以来，针对网络环境下著作权的新问题，我国积极展开专门立法活动，新颁布及修订的相关法律法规是目前我国关于网络著作权的重要法律渊源。

2000 年 11 月 22 日，最高人民法院审判委员会第 1144 次会议通过了《关于审理涉及计算机网络著作权纠纷案件适用法律若干问题的解释》。该司法解释第一次以法条形式明确：受著作权法保护的作品包括数字化形式，著作权法中对著作权各项权利的规定均适用于数字化作品的著作权。将通过网络向公众传播作品的行为，归属于著作权法规定的使用作品的方式，著作权人享有以该种方式使用或者许可他人使用作品，并由此获得报酬的权利。该司法解释此后分别于 2003 年 12 月 23 日和 2006 年 11 月 20 日进行了两次修正。

2001年10月27日，为配合中国加入世界贸易组织、达到《与贸易有关的知识产权协定》的相关要求，同时也为了适应新形势下尤其是计算机网络环境下著作权保护的迫切要求，我国修订了《中华人民共和国著作权法》，增加了网络著作权保护的相关内容，明确规定了信息网络传播权，同时还规定了技术保护措施和权利管理信息以及网络著作权的邻接权等。2002年8月2日，根据修改后的《著作权法》，国务院公布了《中华人民共和国著作权法实施条例》。

2005年4月30日，国家版权局和信息产业部联合颁布了《互联网著作权行政保护办法》。该办法规定了网络著作权行政保护的适用范围、实施网络著作权行政保护的管理部门和管辖权，确定了权利人的通知和互联网内容提供者的反通知制度，界定了著作权权利人、互联网内容提供者、互联网接入服务提供者、互联网信息服务提供者在保护网络著作权方面的责任及免责情形，并规定了相应的处罚措施。

2006年5月18日，国务院正式颁布了《信息网络传播权保护条例》，该条例涉及权利保护、权利限制以及网络服务提供者责任免责等内容，规定了信息网络传播权、技术措施受保护权和权利管理信息保护权以及信息网络传播权的合理限制等。

2013年年初，中国电子商务研究中心发布了国内首份电商法律报告——《2011-2012年度中国电子商务法律报告》，在电商企业对电子商务法律类别需求调研中，七成以上的企业表示，对网络不正当竞争和垄断、知识产权问题高度敏感。

有关专家指出，实践中电商面临的纠纷，很多涉及的是知识产权、侵犯商标权、销售假货、随意使用其他商家的展示图片等问题。另外，因为网络上价格比较透明，一些商家通过发软文等诋毁竞争对手的现象大量存在，涉及不正当竞争的问题。不仅如此，伴随移动互联以及4G技术的发展，我国电信运营正从话费运营向内容运营转变，国内几大电商企业也纷纷在内容领域进行布局，视频、网游、电子商务将成为未来电信运营及电信消费的主体，这也暗示知识产权产品将成为电子商务交易的主要对象。由此，未来电商知识产权的保护问题重要性仍将进一步提升。

电商行为多种多样、十分复杂，如果要囊括到一部法律中是有相当难度的。比如，仅制定对价格战的规范，可能新的不正当竞争行为的出现取代了价格战，很难给价格战定义。所以，应该分析该行业的类型、本质，制定相对稳定、可以长远地规范该行业、有前瞻性的法律。

6.1.2 网络著作权的客体

著作权的客体即著作权的保护对象，是作品。根据我国《著作权法实施条例》第二条的规定，作品是指文学、艺术和科学领域内具有独创性并能以某种有形形式复制的智力成果。

根据著作权法的规定，受著作权法保护的作品应当具备以下四个条件。

（1）独创性。也称原创性，指作品是作者通过独立构思创作完成的而非以抄袭、剽窃、篡改他人的已有作品而产生，即著作权法所保护的作品是作者创造性的智力成果，而非抄袭他人成果的作品。

（2）可复制性。也称可控制性，指作品必须能够以某种物质形式载体复制其所表现的智力创作成果，从而能被他人所感知并能通过复制对作品加以传播和利用。

（3）合法性。作品的内容不得违反宪法和法律，不得损害社会公共利益。

（4）属于文学、艺术或科学领域。只有属于文学、艺术和科学领域内的智力创作成果，方属于著作权法保护的作品，这样便使得著作权的客体与专利、商标等知识产权的客体区别开来。

网络著作权是著作权人在网络环境下所享有的著作权权利，是著作权权利在网络环境下的扩展，作品依然是网络著作权的客体，但作品的形式发生了重大变化。最高人民法院《关于审理涉及计算机网络著作权纠纷案件适用法律若干问题的解释》第二条规定："受著作权法保护的作品，包括著作权法第三条规定的各类作品的数字化形式。在网络环境下无法归于著作权法第三条列举的作品范围，但在文学、艺术和科学领域内具有独创性并能以某种有形形式复制的其他智力创作成果，人民法院应当予以保护。"据此，可将网络著作权客体的形式划分为一般形式和特殊形式。

1．网络著作权客体的一般形式：数字化作品

根据我国《著作权法》第三条和《著作权法实施条例》第四条的规定，传统形式的作品具体表现为以下各种类型。

（1）文字作品，是指小说、诗词、散文、论文等以文字形式表现的作品。

（2）口述作品，是指即兴的演说、授课、法庭辩论等以口头语言形式表现的作品。

（3）音乐作品，是指歌曲、交响乐等能够演唱或者演奏的带词或者不带词的作品。

（4）戏剧作品，是指话剧、歌剧、地方戏等供舞台演出的作品。

（5）曲艺作品，是指相声、快书、大鼓、评书等以说唱为主要形式表演的作品。

（6）舞蹈作品，是指通过连续的动作、姿势、表情等表现思想情感的作品。

（7）杂技艺术作品，是指杂技、魔术、马戏等通过形体动作和技巧表现的作品。

（8）美术作品，是指绘画、书法、雕塑等以线条、色彩或者其他方式构成的有审美意义的平面或者立体的造型艺术作品。

（9）建筑作品，是指以建筑物或者构筑物形式表现的有审美意义的作品。

（10）摄影作品，是指借助器械在感光材料或者其他介质上记录客观物体形象的艺术作品。

（11）电影作品和以类似摄制电影的方法创作的作品，是指摄制在一定介质上，由一系列有伴音或者无伴音的画面组成，并且借助适当装置放映或者以其他方式传播的作品。

（12）图形作品，是指为施工、生产绘制的工程设计图、产品设计图，以及反映地理现象、说明事物原理或者结构的地图、示意图等作品。

（13）模型作品，是指为展示、试验或者观测等用途，根据物体的形状和结构，按照一定比例制成的立体作品。

（14）计算机软件，是指计算机程序及其有关文档，计算机程序是指为了得到某种结果而可以由计算机等具有信息处理能力的装置执行的代码化指令序列，或者可以被自动转换成代码化指令序列的符号化指令序列或者符号化语句序列；文档是指用来描述程序的内容、组成、设计、功能规格、开发情况、测试结果及使用方法的文字资料和图表等，如程序设计说明书、流程图、用户手册等。

（15）法律、行政法规规定的其他作品。

数字化是把所有的信息用一连串的"1"和"0"组成代码来表示，并用数字技术进行加工处理并在网上传输。作品的数字化，是指利用数字化技术，将传统媒介上的作品原样移植到数字化媒介中，如将文章录入计算机中，将绘画、图纸等扫描到计算机中等。传统形式的作品被数字化后，将以特定形式存在于磁介质上，由原来的表现于纸面上的作品形式转化为存储于磁介质上的代码化符号，这样的代码化符号表现为当计算机等装置读取时出现脉冲电信号。但作品的数字化并未改变作品的内容，改变的只是作品的存在形式。因此，数字化过程本身并不具有独创性，不产生新的作品，数字化作品的著作权仍由原作品的著作权人享有。

原告张承志诉称，我是《北方的河》、《黑骏马》作品的作者。根据法律规定，享有对该作品的著作权。被告世纪互联通信技术有限公司未经本人许可，在其网站（网址为http//www.bol.com.cn）上传播使用了我的作品，其行为侵犯了我对《北方的河》、《黑骏马》享有的使用权和获得报酬权。请求法院判决被告停止侵权、公开致歉、赔偿经济损失人民币 31500 元、精神损失 5000 元，并承担诉讼费、调查费。

被告辩称，我公司是国内最早从事国际互联网上内容提供的服务商。因我国法律对在国际互联网上传播他人作品是否需要取得作品著作权人的同意，怎样向著作权人支付作品使用费用等问题都没有任何规定。在我公司网站所刊载的原告作品，是网友通过 E-mail 方式提供的，而不是我公司首先将原告作品刊载于我公司网站上的，因此我们不知道在网上刊载原告作品还需征得原告的同意；原告提起诉讼后，我公司已从网站上及时删除了原告的作品。我们认为，刊载原告作品的行为仅属于“使用他人作品未支付报酬”的问题，况且访问我公司的“小说一族”栏目的用户很少，没有任何经济收益。我们在刊载原告作品时，没有侵害原告的著作人身权。

法院审理认为，原作品的著作权人对其在网络环境中数字化表现的作品依然享有著作权。被告从互联网上将原告的作品下载到其计算机系统内存储，并通过 WWW 服务器将原告的作品上传到国际互联网上进行传播的行为，是对原告作品的传播使用。作品的著作权人有权决定其作品是否在互联网上进行传播使用。被告未经许可将原告的作品在网上传播，侵害了原告对其作品享有的使用权和获得报酬权。

2. 网络著作权客体的特殊形式：网络作品

网络作品，是指在计算机网络上出现的作品。排除传统作品的数字化形式，此处的网络作品仅指直接以数字化形式创作的作品。根据最高人民法院《关于审理涉及计算机网络著作权纠纷案件适用法律若干问题的解释》第二条的规定可知，网络作品只要符合著作权法对作品的要求即独创性、可复制性、合法性并且属于文学、艺术或科学领域，即为著作权的保护对象。

随着计算机和网络技术的不断发展，网络作品新的表现形式层出不穷。网络作品的主要表现形式是多媒体作品。多媒体作品是指运用多媒体技术，通过文本、图片、计算机图形、动画、声音以及视频等任何几种单独媒体作品的组合，创作出的一种作品形式。多媒体作品的形象性、直观性使多媒体技术自产生之日起便开始向各个领域渗透，如今已广泛运用于产品的展示、培训、教学以及网页制作等方面。例如：

在瑞得（集团）公司诉宜宾市翠屏区东方信息服务有限公司著作权侵权纠纷案中，法院认为原告的主页虽然所用颜色、文字及部分图标等已处于公有领域，但将该主页上的颜色、文字、图标以数字化的方式加以特定的组合，给人以美感，而不是依照客观规律对客观事实的简单排列，应是一种独特构思的体现，具备独创性；这一主页既可储存在 WWW 服务器的硬盘上，又可被打印在纸张上，说明该主页是可复制的；该主页能够被人通过

WWW 服务器上传到国际互联网上并保持稳定状态，可以被社会公众借助联网的计算机所接触，说明该主页具有可传播性，故该主页应视为受著作权法保护的作品。这是我国首例确认网页作为著作权客体作品的案件。

具有独创性的网络数据库也属于受著作权法保护的网络作品。数据库是按照现代化检索形式组织并储存于计算机中的独立作品、数据或者其他材料的有序集合。数据库的收集与整理需要投入大量的人力和财力，需要制作者对作品、数据或其他材料进行选择、编排，与汇编作品极为相似。我国《著作权法》第十四条规定："汇编若干作品、作品的片段或者不构成作品的数据或者其他材料，对其内容的选择或者编排体现独创性的作品，为汇编作品，其著作权由汇编人享有，但行使著作权时，不得侵犯原作品的著作权。"可见，对于具有独创性的数据库作品，权利人享有著作权。例如：

海南经天信息有限公司 1998 年投资人民币 180 万元完成开发并出版发行的《中国大法规数据库》，被海口网威科技有限公司于 2000 年将其解密后，复制到其经营的《司法在线》网站上。海南经天信息有限公司将该侵权的网上法规数据库，经过公证将其下载作为证据，向海口市中级人民法院起诉，并主张自己在数据库的内容选择、体例编排以及程序设计等方面付出了大量创造性的劳动和资金投入，海口网威科技有限公司的行为侵犯了自己的著作权。一审法院认定被告不构成侵权。二审中，法院认为：《中国大法规数据库》1998 年已获国家版权登记，依法享有著作权；海口网威科技有限公司的法规库与案外人的法规库只有某些特征相符，因此并不能排除其抄袭海南经天信息有限公司法规库的可能性。认定海口网威科技有限公司侵权事实成立，判决其立即停止侵权，书面赔礼道歉，并向海南经天信息有限公司赔偿人民币 5 万元。本案是国内首例数据库著作权纠纷案。

6.1.3 网络著作权的内容

著作权的内容是指著作权具体包括哪些权利，具体来讲，是指由著作权法所确认或保护的作者和其他著作权人所享有的权利。根据我国《著作权法》和有关国际公约的规定，著作权包括著作人身权和著作财产权两项重要的内容。网络著作权的内容与传统著作权的内容没有不同，但由于权利产生和存在的环境发生了变化，在权利的保护上有一定的不同。

1. 著作人身权

著作人身权，在大陆法系国家通常称为作者人格权，在英美法系国家则称为精神权利，我国《著作权法》称为作者享有的人身权。尽管称谓有别，其含义却基本一致，均指作者等著作权人基于作品创作所享有的各种与人身相联系而无直接财产内容的权利。

根据我国《著作权法》第十条的规定，著作人身权的内容如下。

（1）发表权，即决定作品是否公之于众的权利。具体地说，就是著作权人有权决定其作品是否公之于众，何时、何地以及以何种方式公之于众的权利。发表权是著作权人所享有的一项最重要的人身权利，如果作者完成了作品创作却不发表，则其他的著作人身权和财产权均因作品无法广为人知而无从实现。发表权是一次性权利，在作品首次公之于众后即行消失。

（2）署名权，又称确认作者身份权，是指作者在其创作的作品或复制件上标注自己的姓名或名称，用以表明作者身份的权利。署名权包括作者在自己创作的作品上署名和不署名两方面的权利，具体内容包括：作者有权决定是否在其创作的作品上署名和以何种方式署名，署真名、笔名、艺名或多个作者的署名顺序等；有权要求在以自己创作的作品为基础所演绎的作品上署名；有权禁止未参加创作的人在自己作品上署名等。

（3）修改权，即修改或者授权他人修改作品的权利。作品是作者精神领域中内在思想感情的外在表现方式，作品显示着作者的人格、品位烙印，作品发表后，如果作者认为该作品已不能反映其变化了的学术观点或者文学思想，他们有权根据自己的意志对作品进行修改，如删节、充实、改写等。其他人对作品的修改，必须获得该作品创作者的同意并取得许可修改的授权。

（4）保护作品完整权，即保护作品在形式、内容、作者原创意图等方面不受歪曲和篡改的权利。作者有权保护其作品的完整性，有权保护其作品不被他人丑化；未经作者许可，他人不得擅自删除、变更作品的内容，或者对作品进行破坏其内容、表现形式和艺术效果的变动，以保护作者的名誉和声望，维护作品的纯洁性。修改权和保护作品完整权是著作权法赋予作者保护作品不被歪曲和篡改的两项相辅相成的权利，保护作品完整权是一项禁止权。

一般而言，著作人身权具有永久性、不可分割性和不可剥夺性的特点。所谓永久性，是指著作人身权的保护在一般情况下不受时间限制。根据我国《著作权法》第二十条规定，上述除发表权以外的著作人身权（包括作者的署名权、修改权、保护作品完整权）的保护期不受限制。

2. 著作财产权

著作财产权，又称著作经济权利，是指著作权人自己使用或者授权他人以一定方式使用作品而获取物质利益的权利。著作财产权的性质明显不同于著作人身权，它可以转让、继承或放弃。著作财产权也明显不同于一般的财产权，它受地域、时间等因素的限制。

著作财产权在著作权制度中占有举足轻重的地位。无论是英美法系国家或大陆法系国家，均在著作权法中详尽地规定了著作财产权。著作财产权的发展，与技术进步存在密切的联系。在19世纪末20世纪初，印刷出版是作品使用的主要方式，作者的财产权利很大程度上局限于出版复制权的范围。进入20世纪后，随着录音、录像、卫星转播、广播、电视等新的复制、传播手段的发展，权利的内容发生了质的飞跃。广播权、有线电视转播权、录音录像权等新的权项相继出现并为许多国家的著作权法所承认。至20世纪50年代，计算机技术、数字化技术的发明与推广又为著作权制度拓展了新的领域，诸如增加计算机存储作品权、传播作品权、出租作品权、进口权、公共借阅权等权利的呼声一浪高过一浪，各国立法者不得不重新审视本国的著作权法，逐步增加新的著作财产权项。

根据我国《著作权法》第十条的规定，著作财产权包括复制权、发行权、出租权、展览权、表演权、放映权、广播权、信息网络传播权、摄制权、改编权、翻译权、汇编权、其他著作财产权等。其中，与网络环境中著作财产权的行使有密切联系的包括复制权、发行权和信息网络传播权。

（1）复制权。

① 复制与复制权。简言之，复制权是著作权人享有的复制作品的权利。具体指创作作品的作者等著作权人依法享有的包括禁止或许可他人以复制的方式使用其作品并以此获得经济报酬的专有权利。复制是指以印刷、复印、拓印、录音、录像、翻录、翻拍等方式将作品制作一份或者多份，因此，复制不是创作，只是将不同形式的作品“再现”或“重

现”，没有增加或改变任何内容。复制的关键在于作品的再现，同时伴随着载体的“增多”。大多数著作财产权往往需要通过复制权的行使得以实现，复制权是著作财产权中最基本的权能。

复制行为应当满足以下两个条件：一是该行为应当在有形物质载体之上再现作品，复制行为是一种再现作品的行为，但是必须是在有形物质载体上的再现，这就把复制行为与表演广播和放映等其他再现作品的行为区别开来。例如通过朗诵再现作品就不是著作权法意义上的复制；二是该行为应当使作品被相对稳定和持久地固定在有形物质载体之上，形成作品的有形复制件。著作权法上复制权定义为“将作品制作一份或者多份”的权利。这就是说著作权法意义上的复制行为应当是能够导致产出作品复制件的行为。电视台对演唱会的直播虽然再现了作品，但是作品没有被固定在电视机中。因为只要歌手在现场停止演唱，电视机中就不会继续播放作品了。

② 网络环境下对复制权的正确适用。历史上最早的复制行为仅限于收藏、拓印、临摹等纯手工方式的复制。随着技术的发展，随着印刷机、复印件、照相机和录音机等机器设备的出现，印刷、复印、录音、翻录、翻拍等新的复制行为也相继出现了。数字技术的发展则进一步推动了复制行为的进步。它使作品以数字化的形式高质量地被固定在新型物质载体上，形成了新型复制品。数字环境下的复制行为主要有四类：一是将作品以各种技术手段固定在芯片光盘硬盘和软件中；二是将作品上传至网络服务器；三是将作品从网络服务器或者他人计算机中下载到本地计算机中；四是通过网络向其他计算机用户发送作品。

网络环境下的复制行为，一般来说，如用户主动的下载、转载等，属于复制权调整的复制行为，未经权利人许可，则可能构成侵权；但是纯粹的技术性复制（如在网络的正常使用过程中作品的数字信息自动以文本的形式存储于计算机内存及缓冲区等所产生的暂时复制）应排除在外。

（2）发行权。发行权是指创作作品的作者等著作权主体依法所享有的包括禁止或许可他人向公众提供作品原件或复制件并以此获取经济报酬的专有权利。发行是指以出售或者赠与方式向公众提供作品的原件或者复制件的行为。复制的主要目的是向社会公众传播，因此，发行权是与复制权密切相关的一种权利。网络环境下，网站主体利用录入、复制、粘贴等计算机手段，最终将作品以数字信号方式“上传”至网站的服务器上，供访问者通过登录、浏览、下载等方式阅读作品的过程，实质上是一种将诸如以传统的纸介质发行变为网络方式发行的方式。

（3）信息网络传播权。信息网络传播权是指以有线或无线方式向公众提供作品、表演或者录音录像制品，使公众可以在其个人选定的时间和地点获得作品、表演或者录音录像制品的权利。除法律、行政法规另有规定外，任何组织或者个人将他人的作品、表演或者录音录像制品通过信息网络向公众提供，应当取得权利人许可，并支付报酬。该项权利是我国现行《著作权法》于2001年修订时所增列的一项重要著作财产权，但《著作权法》仅对该权利的保护做出了原则性的规定，对信息网络传播权的具体保护办法授权国务院另行作出规定。

2005年4月30日，国家版权局和信息产业部联合发布了《互联网著作权行政保护办法》，明确规定了对侵犯互联网信息服务活动中信息网络传播权行为的行政处罚办法。2006年5月18日，国务院颁布了《信息网络传播权保护条例》，对信息网络传播权从权利保护、权利限制以及网络服务提供者责任免除等方面做了规定，努力保持各方的利益平衡，以利于发挥网络传播作品的潜能和满足大众使用作品的要求。此外，根据信息网络传播权的特点，在《著作权法》规定的基础上，《信息网络传播权保护条例》明确规定为保护权利人信息网络传播权采取的技术措施和用来说明作品权利归属或者使用条件的权利管理电子信息。

2010 年 5 月 19 日，北京市高级人民法院发布《北京高院关于审理涉及网络环境下著作权纠纷案件若干问题的指导意见》(以下简称《指导意见》)。对网络服务提供者侵权责任的构成要件、信息网络传播行为的判断及其法律调整等有关内容进行了规范。《指导意见》指出信息网络传播行为是指将作品、表演、录音录像制品上传至或以其他方式将其置于向公众开放的网络服务器中，使公众可以在选定的时间和地点获得作品、表演、录音录像制品的行为。

《指导意见》第三十二条指出，《信息网络传播权保护条例》第二十六条规定的技术措施是指为保护权利人在著作权法上的正当利益而采取的控制浏览、欣赏或者控制使用作品、表演、录音录像制品的技术措施。技术措施主要包括控制访问的措施和控制使用的措施。控制访问的措施让用户无法访问某个网站或网站中的某个作品，如控制访问进入措施等。控制使用的措施是用来控制用户复制及传播作品的措施，如反复制设备、电子水印、数字签名或数字指纹技术等。考虑到作品在网络环境下复制之便、传播之快、事后救济之难，权利人主动采用技术措施不失为一种低成本、高效率的著作权保护方式。法律上承认权利人合理使用技术手段进行自力保护的做法，也是针对互联网技术给著作权法律体系带来巨大冲击而做出的一种回应，以平衡互联网技术给网络环境中侵犯著作权行为带来的便利。

6.2 网络著作权的限制

现代著作权法的立法宗旨在于鼓励和保护优秀作品的创作与传播。为此，各国著作权法的重心一般都放在如何保护作者和其他著作权人以及邻接权人基于作品的创作和传播而产生的种种权利上。然而，任何作品都是在前人的智慧和文化遗产的基础上创作和完成的，同样又将成为后人为创作更优秀的成果而吸收和借鉴的对象。在这个意义上，任何作品都是人类共同的精神财富，为促进全社会文化、艺术和科学的发展和提高，著作权人对其作品的控制和权利的独占都不应当是绝对的和无限制的。著作权法在保护作者及其他著作权人和传播者利益的同时，还必须兼顾社会公共利益，防止权利被滥用而妨碍和束缚科学技术的进步和文化的繁荣。因此，当今世界各国的著作权立法，无不对著作权予以一定的限制。

著作权的限制，主要针对著作财产权而设立。我国《著作权法》对作者享有的著作权利，除了保护期的限制外，在对作品使用方面存在的限制主要体现在合理使用、法定许可及强制许可制度等方面。网络著作权的限制，应当考虑网络自身发展的特点，尽量满足社会公众对信息获取的合理需求，同时也应最大限度地兼顾著作权人的利益，以激励更多、更好的作品在网络环境下的传播。《信息网络传播权保护条例》对网络著作权的限制在合理使用、法定许可、强制许可以及默示许可方面做出了具体的规定。

6.2.1 网络著作权的合理使用

合理使用是指在法定情形出现的情况下，任何人可在法律规定的限度内，自由使用享有著作权的作品，而不必征得著作权人的同意，也不必向其支付使用报酬的法律制度。其中“无须经著作权人许可”和“无偿使用”是其显著特征，是合理使用区别于法定许可和强制许可等其他对著作权权利限制制度的重要标准。根据我国《著作权法》的规定，合理使用必须符合三个条件：一是被使用的作品必须已经发表；二是使用作品的目的必须是出于非商业用途；三是合理使用还需尊重著作权人的著作人身权，使用作品时应指明作者姓名、作品名称、作品出处等。作品的使用主要包括引用、复制、表演、翻译与广播等方式，涉及私人使用、介绍与评论、新闻报道、教学与研究、公务使用、陈列与保存等各个方面。合理使用的目的在于确保公众对社会信息的知悉权，法律采取著作权限制手段保障公众自由获得信息的利益。同时合理使用即充分发挥了作品的使用效益，也协调了公众使用要求与作者权利主张的关系。

我国《著作权法》第二十二条列举了 12 种法定的著作权合理使用情形，即在下列情况下使用作品，可以不经著作权人许可，不向其支付报酬，但应当指明作者姓名、作品名称，并且不得侵犯著作权人依照本法享有的其他权利。

（1）为个人学习、研究或者欣赏，使用他人已经发表的作品。

（2）为介绍、评论某一作品或者说明某一问题，在作品中适当引用他人已经发表的作品。

（3）为报道时事新闻，在报纸、期刊、广播电台、电视台等媒体中不可避免地再现或者引用已经发表的作品。

（4）报纸、期刊、广播电台、电视台等媒体刊登或者播放其他报纸、期刊、广播电台、电视台等媒体已经发表的关于政治、经济、宗教问题的时事性文章，但作者声明不许刊登、播放的除外。

（5）报纸、期刊、广播电台、电视台等媒体刊登或者播放在公众集会上发表的讲话，但作者声明不许刊登、播放的除外。

（6）为学校课堂教学或者科学研究，翻译或者少量复制已经发表的作品，供教学或者科研人员使用，但不得出版发行。

（7）国家机关为执行公务在合理范围内使用已经发表的作品。

（8）图书馆、档案馆、纪念馆、博物馆、美术馆等为陈列或者保存版本的需要，复制本馆收藏的作品。

（9）免费表演已经发表的作品，该表演未向公众收取费用，也未向表演者支付报酬。

（10）对设置或者陈列在室外公共场所的艺术作品进行临摹、绘画、摄影、录像。

（11）将中国公民、法人或者其他组织已经发表的以汉语言文字创作的作品翻译成少数民族语言文字作品在国内出版发行。

（12）将已经发表的作品改成盲文出版。

前款规定适用于对出版者、表演者、录音录像制作者、广播电台、电视台的权利的限制。

《信息网络传播权保护条例》对上述著作权 12 种法定的合理使用情形在网络环境下进行了相应的调整，第六条和第七条共规定了网络著作权合理使用的 9 种情形。需要注意的是，对于第六条中的第（七）项和第（八）项，不得通过信息网络提供作者事先声明不许提供的作品。此外，对于符合第七条规定的合理使用人，负有采取技术措施以防止服务对象以外的其他人获得著作权人的作品的义务和采取技术措施以防止服务对象的复制行为对著作权人利益造成实质性损害的义务。

第六条规定，通过信息网络提供他人作品，属于下列情形的，可以不经著作权人许可，不向其支付报酬。

（1）为介绍、评论某一作品或者说明某一问题，在向公众提供的作品中适当引用已经发表的作品。

（2）为报道时事新闻，在向公众提供的作品中不可避免地再现或者引用已经发表的作品。

（3）为学校课堂教学或者科学研究，向少数教学、科研人员提供少量已经发表的作品。

（4）国家机关为执行公务，在合理范围内向公众提供已经发表的作品。

（5）将中国公民、法人或者其他组织已经发表的、以汉语言文字创作的作品翻译成少数民族语言文字作品向中国境内少数民族提供。

（6）不以营利为目的，以盲人能够感知的独特方式向盲人提供已经发表的文字作品。

（7）向公众提供在信息网络上已经发表的关于政治、经济问题的时事性文章。

（8）向公众提供在公众集会上发表的讲话。

第七条规定，图书馆、档案馆、纪念馆、博物馆、美术馆等可以不经著作权人许可，通过信息网络向本馆馆舍内服务对象提供本馆收藏的合法出版的数字作品和依法为陈列或者保存版本的需要以数字化形式复制的作品，不向其支付报酬，但不得直接或者间接获得经济利益。当事人另有约定的除外。

前款规定的为陈列或者保存版本需要以数字化形式复制的作品，应当是已经损毁或者濒临损毁、丢失或者失窃，或者其存储格式已经过时，并且在市场上无法购买或者只能以明显高于标定的价格购买的作品。

6.2.2 网络著作权的法定许可

法定许可使用是指依我国《著作权法》的规定，使用者在利用他人已经发表的作品时，可以不经著作权人的许可，但应向其支付报酬，并尊重著作权人其他权利的制度。与著作权的合理使用相比较，“无须经著作权人许可”和“有偿使用”是其显著特征。

我国《著作权法》第三十二条第二款规定：“作品刊登后，除著作权人声明不得转载、摘编的外，其他报刊可以转载或者作为文摘、资料刊登，但应当按照规定向著作权人支付报酬。”我国《著作权法》分别在第三十二条、第三十九条、第四十二条和第四十三条规定了出版者权的法定许可、表演者权的法定许可、录音录像制作者权的法定许可和播放者权的法定许可。设定法定许可制度的目的主要在于鼓励作品的广泛传播。由于许可的对象都是已经发表的作品，因此首先推定这种做法是符合著作权人的意愿的；为了保障著作权人的利益，法律又要求使用作品的人按规定支付报酬。与此同时，还设置了著作权人权利保留制度，允许著作权人通过声明不许他人使用其作品。

《信息网络传播权保护条例》第八条规定了网络著作权的唯一一种法定许可情形，“为通过信息网络实施九年制义务教育或者国家教育规划，可以不经著作权人许可，使用其已经发表作品的片段或者短小的文字作品、音乐作品或者单幅的美术作品、摄影作品制作课件，由制作课件或者依法取得课件的远程教育机构通过信息网络向注册学生提供，但应当向著作权人支付报酬。”但是，获得法定许可的使用人有义务采取技术措施，以防止服务对象以外的其他人获得著作权人的作品。

此外，值得注意的是，网络上的转载、摘编行为曾经属于法定许可的情形，2001 年通过并于 2003 年修订的《关于审理涉及计算机网络著作权纠纷案件适用法律若干问题的解释》第三条规定："已在报刊上刊登或者网络上传播的作品，除著作权人声明或者报刊、期刊社、网络服务提供者受著作权人委托声明不得转载、摘编的以外，在网络进行转载、摘编并按有关规定支付报酬、注明出处的，不构成侵权。但转载、摘编作品超过有关报刊转载作品范围的，应当认定为侵权。"根据这一规定，网络上的转载、摘编行为属于法定许可的情形，除权利人声明不得转载的，可以不经著作权人的许可，但应向其支付报酬。然而，2006 年 7 月 1 日起施行的《信息网络传播权保护条例》第二条对此做出了不同的规定，"权利人享有的信息网络传播权受著作权法和本条例保护。除法律、行政法规另有规定的外，任何组织或者个人将他人的作品、表演、录音录像制品通过信息网络向公众提供，应当取得权利人许可，并支付报酬。"显然，《关于审理涉及计算机网络著作权纠纷案件适用法律若干问题的解释》第三条的规定与此相冲突。2006 年 11 月 20 日最高人民法院审判委员会第 1406 次会议决定删除原来司法解释第三条之规定，并颁布了《关于修改〈最高人民法院关于审理涉及计算机网络著作权纠纷案件适用法律若干问题的解释〉的决定（二）》。因此，值得注意的是，网络上的转载、摘编行为不再属于法定许可的情形，报纸、杂志上发表的作品或者网络上传播的作品（时事新闻等特定内容除外），未经著作权人的许可不得在网络上进行转载、摘编。

6.2.3　网络著作权的强制许可

强制许可使用是指基于某种正当的理由，需要使用他人已经发表的作品时，经准备使用他人作品的人申请，著作权行政管理部门授权批准，即可使用该作品，无须征得该作品著作权人的许可，但应当向其支付使用报酬的法律制度。强制许可使用要求使用人以合理条件向被使用作品的著作权人申请，在遭到无理拒绝或不予答复的情况下，向国家著作权行政管理部门提出强制许可使用的请求，经过审批程序，获得行政主管部门的授权，才可以取得强制许可证使用作品。持强制许可证使用他人作品，应当向著作权人支付作品的使用费。

在国际版权公约中，《伯尔尼公约》和《世界版权公约》的现行文本都规定了此项法律制度，我国《著作权法》中没有明确规定作品强制许可使用制度，但我国是上述两个国际公约的缔约国，根据公约的规定，作为发展中国家，我国政府的著作权主管部门享有颁发强制许可证的权利，批准使用者对外国作品翻译或复制使用。

网络环境下，出现了大量的网络作品，强制许可制度同样适用网络著作权。

6.2.4　网络著作权的默示许可

默示许可，也称默认许可或推定许可，其含义在于即使著作权人没有明说许可某人使用其作品，但是从著作权人的行为可以推定著作权人对某人使用其作品不会表示反对的制度。根据传统著作权法理论，对作品的合理使用以及新闻、公益等目的的使用，均无须经著作权人许可。

这一基本法理，同样适用于网络环境。《信息网络传播权保护条例》第九条规定："为扶助贫困，通过信息网络向农村地区的公众免费提供中国公民、法人或者其他组织已经发表的种植养殖、防病治病、防灾减灾等与扶助贫困有关的作品和适应基本文化需求的作品，网络服务提供者应当在提供前公告拟提供的作品及其作者、拟支付报酬的标准。自公告之日起30日内，著作权人不同意提供的，网络服务提供者不得提供其作品；自公告之日起满30日，著作权人没有异议的，网络服务提供者可以提供其作品，并按照公告的标准向著作权人支付报酬。网络服务提供者提供著作权人的作品后，著作权人不同意提供的，网络服务提供者应当立即删除著作权人的作品，并按照公告的标准向著作权人支付提供作品期间的报酬。依照前款规定提供作品的，不得直接或者间接获得经济利益。”同时，此项默示许可使用人也负有采取措施防止服务对象以外的其他人获得著作权人的作品的义务。

6.3 网络著作权侵权行为及法律责任

6.3.1 网络著作权侵权行为概述

1. 网络著作权侵权行为的概念及构成要件

著作权侵权行为，是指未经作者等著作权人或相关邻接权人的许可同意，又无法律上的依据，擅自对著作权作品或其他制品进行利用或以其他非法手段行使著作权或邻接权的行为。

网络著作权侵权行为，是指发生在网络环境中的各种侵害他人著作权的行为，包括未经著作权人许可或无法律依据擅自上传、下载或在网络上以其他不正当的方式行使专由著作权人享有的权利的各种行为。

网络著作权侵权行为的构成要件，是指构成具体侵权行为的各种作为必要条件的因素。作为一般侵权行为，网络著作权侵权行为的构成要件与传统著作权侵权行为的构成要件相同，包括损害、加害行为，损害、加害行为与损害之间的因果关系及行为人主观上有过错等构成要件，但在各要件的具体表现形式上不同。

2. 网络著作权侵权行为的表现形式

我国《著作权法》第四十六条列举了应当承担民事责任的11种形态的侵犯他人著作权或邻接权的侵权行为。这一规定同样适用于网络环境中的著作权侵权行为。

第四十六条　有下列侵权行为的，应当根据情况，承担停止侵害、消除影响、赔礼道歉、赔偿损失等民事责任。

（一）未经著作权人许可，发表其作品的。

（二）未经合作作者许可，将与他人合作创作的作品当作自己单独创作的作品发表的。

（三）没有参加创作，为谋取个人名利，在他人作品上署名的。

（四）歪曲、篡改他人作品的。

（五）剽窃他人作品的。

（六）未经著作权人许可，以展览、摄制电影和以类似摄制电影的方法使用作品，或者以改编、翻译、注释等方式使用作品的，本法另有规定的除外。

（七）使用他人作品，应当支付报酬而未支付的。

（八）未经电影作品和以类似摄制电影的方法创作的作品、计算机软件、录音录像制品的著作权人或者与著作权有关的权利人许可，出租其作品或者录音录像制品的，本法另有规定的除外。

（九）未经出版者许可，使用其出版的图书、期刊的版式设计的。

（十）未经表演者许可，从现场直播或者公开传送其现场表演，或者录制其表演的。

（十一）其他侵犯著作权以及与著作权有关的权益的行为。

此外，《信息网络传播权保护条例》第十八定规定了五种侵害信息网络传播权的侵权行为。

第十八条　违反本条例规定，有下列侵权行为之一的，根据情况承担停止侵害、消除影响、赔礼道歉、赔偿损失等民事责任；同时损害公共利益的，可以由著作权行政管理部门责令停止侵权行为，没收违法所得，并可处以10万元以下的罚款；情节严重的，著作权行政管理部门可以没收主要用于提供网络服务的计算机等设备；构成犯罪的，依法追究刑事责任。

（一）通过信息网络擅自向公众提供他人的作品、表演、录音录像制品的。

（二）故意避开或者破坏技术措施的。

（三）故意删除或者改变通过信息网络向公众提供的作品、表演、录音录像制品的权利管理电子信息，或者通过信息网络向公众提供明知或者应知未经权利人许可而被删除或者改变权利管理电子信息的作品、表演、录音录像制品的。

（四）为扶助贫困通过信息网络向农村地区提供作品、表演、录音录像制品超过规定范围，或者未按照公告的标准支付报酬，或者在权利人不同意提供其作品、表演、录音录像制品后未立即删除的。

（五）通过信息网络提供他人的作品、表演、录音录像制品，未指明作品、表演、录音录像制品的名称或者作者、表演者、录音录像制作者的姓名（名称），或者未支付报酬，或者未依照本条例规定采取技术措施防止服务对象以外的其他人获得他人的作品、表演、录音录像制品，或者未防止服务对象的复制行为对权利人利益造成实质性损害的。

3．司法实践中的网络著作权侵权行为

近年来，随着网络技术的不断发展，网络著作权的侵权案件不断增多，与传统的著作权侵权案件相比，网络著作权侵权行为的类型具有独特的网络性特征。从侵权行为的对象来看，可以将侵权行为划分为对网页设计和内容的侵权行为、对网络音乐的侵权行为、对网络数据库的侵权行为等；从侵权行为所采取的技术手段来看，可以将侵权行为分为故意避开或破坏技术保护措施的侵权行为、故意删除或改变权利管理电子信息的侵权行为、超级链接引起的侵权行为等。由于网络产品的不断创新和网络技术的不断发展，上述划分方法只能是一种不完全的罗列。从目前国内大量的网络著作权侵权案件来看，根据网络著作权复制方式的不同，可以将网络著作权的侵权行为划分为以下三种。

（1）未经许可的上传。指网站或网络用户未经著作权人许可并且未向其支付报酬就将传统作品如文学作品、音乐作品、影视作品等上传至网上，侵害著作权人著作权的行为。这是早期网络著作权侵权案件的常见形式。此类侵权行为是对著作权人网络信息传播权的直接侵害，如前述的王蒙等六位作家诉世纪互联通信技术有限公司案。又如：

2009年2月，北京市东城区人民法院受理了原告湖南快乐阳光互动娱乐传媒有限公司诉被告普信通（北京）科技有限公司侵犯著作权纠纷案。原告诉称，其独家享有电视剧《丑女无敌》的信息网络传播权，被告未经许可，在其经营的“爆米花网”向公众提供《丑女无敌》在线播放服务，侵犯了原告的权利。被告辩称，“爆米花网”系向用户提供存储空间服务的网站，上传涉案电视剧的行为并非本公司实施；注册用户在上传文件过程中，网站在《用户协议》中明确要求不得将侵犯他人著作权的内容上传，同时，“爆米花网”通过技术手段、人工审查、行业监控库对接等多种方式防止侵犯著作权的作品上传，公司在网站存储文件数量巨大的情况下，对网友上传的涉案电视剧的著作权权属情况已尽到了合理注意义务。

（2）未经许可的下载。指未经许可，将他人拥有著作权的网络作品下载至传统媒体进行利用的行为。这一侵权行为是未经许可的上传侵权行为的反向行为。此类侵权行为一般是对网络作品著作权的侵害。请看我国首例网络作品著作权侵权案：

2002年年初，资深网络营销专家冯英健发现，由中国财政经济出版社出版的署名李某的《网络营销学》一书，大量使用了自己近年来发表于个人网站“网上营销新观察”中的12篇原创作品，约15000千字，并且构成了该书的核心内容，而冯英健却事先一点也不知道，该书既没有署其姓名，也未按相关法律规定向其支付任何报酬。于是向北京市第二中级人民法院提起著作权侵权之诉。被告辩称，使用原告作品属合理引用，且在书后参考文献一页中已为原告署名，没有侵犯著作权。经审理，法院认为，我国《著作权法》明确规定，为介绍、评论某一作品或说明某一问题，可以适当引用他人已发表的作品。李某编著的《网络营销学》一书中将原告作品或长段或短段穿插使用在自己的作品之中，与原告作品相同或基本相同的文字达15 000余字，这种使用方式不符合法律规定的“适当引用”的特征，且李某在使用原告作品时没有注明出处及作者姓名。虽然在书后参考文献一页中注明了网址，但该网站上有大量信息，笼统地罗列网址不能充分说明作者身份，故不能认定已为作者署名。另外，被告还提出，自己所编著的作品可以引用他人作品。按照我国《著作权法》的规定，编辑作品在创作时仍要取得原作品的著作权人的同意并向其支付报酬，故李某的行为仍然构成侵犯原告著作权。

（3）作品在网络上的转载、复制。此类行为主要表现为网络用户或网站对其他网络用户或网站上的作品的转载、复制等。比如瑞得（集团）公司诉宜宾市翠屏区东方信息服务有限公司网页著作权侵权案中，网页的非法复制行为。再如：

2012年10月11日，中国作家维权联盟诉苹果应用程序商店（App Store）侵犯著作权案开庭，涉及李承鹏等8位作家34部作品，索赔额达1000万余元。2011年，原告发现苹果应用程序商店为读者下载销售原告享有著作权的涉案作品，读者可直接通过苹果公司销售的iphone、ipad等全系列产品将涉案作品下载阅读。

原告认为，苹果公司未经原告许可，自行上传或与开发者通过分工合作等方式，将原告享有著作权的涉案作品上传到苹果商店中向社会公众提供下载阅读，获取经济利益，其行为构成了侵权。

被告则辩称，苹果公司不是本案的适合被告，请求法院将涉案作品应用程序的开发者追加为被告。对停止侵权及删除侵权作品的诉求，被告认为，其已经对相关作品进行了删除，不存在侵权行为，亦无需承担赔偿等相关责任。

法院经审理认为，苹果商店实际的运营者是美国苹果公司，驳回了其试图将卢森堡公司作为诉讼第三人的请求。鉴于苹果公司收取开发员登记注册费用，应用程序上线有严格的审查流程，苹果公司与开发者就收费应用程序的获利分配方式为三七分成，苹果公司获得其中的30%。因此认定美国苹果公司应承担间接侵权责任。12月27日，北京市二中院集中宣判：美国苹果应用商店侵犯作家李承鹏等 8 位作家的 34 部作品著作权事实成立，应支付原告赔偿金共计 41.2 万元。

同年 9 月 27 日，北京市二中院还对中国大百科全书出版社告苹果公司侵犯著作权作出一审判决，认定了苹果公司的苹果应用商店侵权成立，判令其赔偿中国大百科全书出版社经济损失 52 万元。

6.3.2 网络服务提供商的法律责任

由于网络著作权侵权行为实施所依赖的网络环境，网络著作权侵权行为的完成离不开网络服务提供商的直接或间接参与。网络服务提供商即人们通常所说的 ISP（Internet Service Provider）。根据提供服务的不同，ISP 可以划分为许多种类，其中包括通过设立的网站提供信息服务的网络内容提供商 ICP，如新浪网、雅虎网等。在网络著作权侵权案件中，网络服务提供商作为直接侵权人单独或共同实施侵权行为的，应当承担相应的侵权责任；但网络服务提供商仅仅作为网络服务提供者，比如甲将他人享有著作权的作品上传至某网站，供任何人下载时，该网站是否也应承担著作权侵权责任呢？

1. 网络服务提供商侵权行为的认定

网络服务提供商的侵权行为属于一般侵权行为，适用过错归责原则，也就是说，只有在网络服务提供商主观上具有过错时，才构成侵权。网络服务提供商侵权行为认定的关键，在于判断网络服务提供商主观上是否有过错。过错判断的基本标准是看网络服务提供商的行为是否达到了应当达到的注意程度，有没有违反相应的注意义务。

根据我国最高人民法院《关于审理涉及计算机网络著作权纠纷案件适用法律若干问题的解释》以及《网络信息传播权保护条例》的相关规定，网络服务提供商的主要注意义务包括以下几种。

（1）一般注意义务。根据侵权法的一般原理，网络服务提供商一般注意义务指的是一个“诚信善良之人”的注意义务。将一个“诚信善良之人”在当时当地及其他同样条件下所达到的注意程度与加害人的注意程度相比较，如果加害人的注意程度达到或者超过了“诚信善良之人”的注意程度，在法律上就不认为加害人存在过错；如果加害人未能达到“诚信善良之人”的注意程度，在法律上就认为加害人存在过错。

（2）提供加害人登录资料的义务。最高人民法院《关于审理涉及计算机网络著作权纠纷案件适用法律若干问题的解释》第六条规定，提供内容服务的网络服务提供者，对著作权人要求其提供侵权行为人在其网络的注册资料以追究行为人的侵权责任，无正当理由拒绝提供的，人民法院应当根据《民法通则》第一百零六条的规定，追究其相应的侵权责任。《网络信息传播权保护条例》第二十五条规定，网络服务提供者无正当理由拒绝提供或者拖延提供涉嫌侵权的服务对象的姓名（名称）、联系方式、网络地址等资料的，由著作权行政管理部门予以警告；情节严重的，没收主要用于提供网络服务的计算机等设备。

（3）处理有害信息及通知的义务。根据《网络信息传播权保护条例》第十四条至第十七条的规定，对提供信息存储空间或者提供搜索、链接服务的网络服务提供者，权利人认为其服务所涉及的作品、表演、录音录像制品，侵犯自己的信息网络传播权或者被删除、改变了自己的权利管理电子信息的，可以向该网络服务提供者提交书面通知，要求网络服务提供者删除该作品、表演、录音录像制品，或者断开与该作品、表演、录音录像制品的链接。网络服务提供者接到权利人的通知书后，应当立即删除涉嫌侵权的作品、表演、录音录像制品，或者断开与涉嫌侵权的作品、表演、录音录像制品的链接，并同时将通知书转送提供作品、表演、录音录像制品的服务对象；服务对象网络地址不明、无法转送的，应当将通知书的内容同时在信息网络上公告。

服务对象接到网络服务提供者转送的通知书后，认为其提供的作品、表演、录音录像制品未侵犯他人权利的，可以向网络服务提供者提交书面说明，要求恢复被删除的作品、表演、录音录像制品，或者恢复与被断开的作品、表演、录音录像制品的链接。网络服务提供者接到服务对象的书面说明后，应当立即恢复被删除的作品、表演、录音录像制品，或者可以恢复与被断开的作品、表演、录音录像制品的链接，同时将服务对象的书面说明转送权利人。权利人不得再通知网络服务提供者删除该作品、表演、录音录像制品，或者断开与该作品、表演、录音录像制品的链接。

违反上述义务的，根据最高人民法院《关于审理涉及计算机网络著作权纠纷案件适用法律若干问题的解释》第五条规定："提供内容服务的网络服务提供者，明知网络用户通过网络实施侵犯他人著作权的行为，或者经著作权人提出确有证据的警告，但仍不采取移除侵权内容等措施以消除侵权后果的，人民法院应当根据《民法通则》第一百三十条的规定，追究其与该网络用户的共同侵权责任。"

2. 网络服务提供者责任的限制

基于网络服务提供者对侵权信息及行为的控制力，要求网络服务提供者在一定范围内承担侵权责任是合理的。但应当对其责任做出限制，以避免影响网络服务者的正常服务提供或因顾虑责任的承担而拒绝提供服务，从而影响社会公众利用网络的利益实现。根据《信息网络传播权保护条例》的规定，下列情况下，网络服务提供者不承担侵权责任。

（1）网络服务提供者根据服务对象的指令提供网络自动接入服务，或者对服务对象提供的作品、表演、录音录像制品提供自动传输服务，并具备下列条件的，不承担赔偿责任。

① 未选择并且未改变所传输的作品、表演、录音录像制品。

② 向指定的服务对象提供该作品、表演、录音录像制品，并防止指定的服务对象以外的其他人获得。

（2）网络服务提供者为提高网络传输效率，自动存储从其他网络服务提供者获得的作品、表演、录音录像制品，根据技术安排自动向服务对象提供，并具备下列条件的，不承担赔偿责任。

① 未改变自动存储的作品、表演、录音录像制品。

② 不影响提供作品、表演、录音录像制品的原网络服务提供者掌握服务对象获取该作品、表演、录音录像制品的情况。

③ 在原网络服务提供者修改、删除或者屏蔽该作品、表演、录音录像制品时，根据技术安排自动予以修改、删除或者屏蔽。

（3）网络服务提供者为服务对象提供信息存储空间，供服务对象通过信息网络向公众提供作品、表演、录音录像制品，并具备下列条件的，不承担赔偿责任。

① 明确标示该信息存储空间是为服务对象所提供，并公开网络服务提供者的姓名（名称）、联系人、网络地址。

② 未改变服务对象所提供的作品、表演、录音录像制品。

③ 不知道也没有合理的理由应当知道服务对象提供的作品、表演、录音录像制品侵权。

④ 未从服务对象提供作品、表演、录音录像制品中直接获得经济利益。

⑤ 在接到权利人的通知书后，根据本条例规定删除权利人认为侵权的作品、表演、录音录像制品。

(4) 网络服务提供者为服务对象提供搜索或者链接服务，在接到权利人的通知书后，根据本条例规定断开与侵权的作品、表演、录音录像制品的链接的，不承担赔偿责任；但是，明知或者应知所链接的作品、表演、录音录像制品侵权的，应当承担共同侵权责任。

(5) 因权利人的通知导致网络服务提供者错误地删除作品、表演、录音录像制品，或者错误地断开与作品、表演、录音录像制品的链接，给服务对象造成损失的，网络服务提供者不承担赔偿责任，应当由权利人承担赔偿责任。

6.3.3 网络著作权的侵权责任

1. 民事责任

结合我国《著作权法》的相关规定，侵犯网络著作权的行为承担民事责任的方式主要有四种。

(1) 停止侵害。针对正在实施的侵犯他人网络著作权的行为，相关的著作权人有权要求侵权人停止侵权行为的责任方式，以防止侵权损害后果的进一步扩大。

(2) 消除影响。网络著作权被侵害后，相关权利人有权依法自行要求或者诉请人民法院责令侵权行为人在一定范围内澄清事实，以消除人们因侵权行为所导致的对被侵权人及其作品或制品的不良影响。

(3) 赔礼道歉。网络著作权被侵害后，相关权利人有权依法自行要求或诉请人民法院责令侵权行为人公开承认错误，在适当的场合通过特定的方式向被侵权人表示歉意，以取得谅解的责任方式。

(4) 赔偿损失。网络著作权被侵害并导致相关权利人的财产遭受损失时，该相关权利人有权依法自行要求或诉请人民法院裁决判令侵权行为人支付与侵权损失数额相当的金钱以补偿损失的责任形式。

2. 行政责任

我国《著作权法》规定了以下几种侵犯著作权行为者的行政责任形式：责令停止侵权行为；没收违法所得；没收、销毁侵权复制品，罚款，没收侵权制假物资、设备。有权实施行政处罚权的部门是中央和地方的著作权行政管理部门。

此外，《信息网络传播权保护条例》第二十五条规定，网络服务提供者无正当理由拒绝提供或者拖延提供涉嫌侵权的服务对象的姓名（名称）、联系方式、网络地址等资料的，由著作权行政管理部门予以警告；情节严重的，没收主要用于提供网络服务的计算机等设备。

3．刑事责任

1997 年《刑法》规定了侵犯著作权罪，指以营利为目的，侵犯他人著作权，违法所得数额较大或者有其他严重情节的行为。《刑法》第二百一十七条规定了四种侵犯著作权的行为。

（1）未经著作权人许可，复制发行其文字作品、音乐、电影、电视、录像作品、计算机软件及其他作品的。

（2）出版他人享有专有出版权的图书的。

（3）未经录音录像制作者许可，复制发行其制作的录音录像的。

（4）制作、出售假冒他人署名的美术作品的。

侵犯著作权罪的构成要件有两个：一是行为人主观上以营利为目的。行为人是否为牟取非法利益而侵害他人著作权，是区分罪与非罪的界限之一；二是客观上要求违法者所涉违法数额较大或其他情节严重。

构成侵犯著作权罪的，处 3 年以下有期徒刑或者拘役，可并处或单处罚金；对于违法所得数额巨大或者有其他特别严重犯罪情节的，可判处 3 年以上 7 年以下有期徒刑，并处以罚金。对于单位犯本罪的，可对单位判处罚金，并对直接负责的主管人员或直接责任人，追究刑事责任。

涉嫌侵犯著作权的嫌疑人杨某系北京金互动公司负责人，打着文化部旗号，自称与中国电信、中国网通等是战略合作伙伴，伪装成中外著作权人向各地网站出售虚假影视节目授权。自 2000 年成立以来，先后向国内多家网站提供影片，供这些网站在线播映及网络传播，涉案金额达两千余万元人民币，涉嫌侵犯包括中国（含香港、台湾地区）、美国、日本、韩国等十几个国家和地区的数百家电影著作权人的数千种电影作品的著作权。此案是全国第一例网络侵犯影视作品著作权的刑事案件，从涉案金额、涉及著作权人数量上看都是全国最高的。再如：

因在微信公众号上擅自转载他人原创作品，中山市一家公司被告上法庭。据悉，这是广东省首宗微信公众号侵权案。2014 年 9 月 3 日，中山市第一人民法院对这起引发社会公众关注的案件作出一审宣判，认定被告暴风科技公司微信公众号的擅自转载行为已构成侵犯著作权，判令其在“最潮中山”的微信订阅号上向原告商房网公司公开书面赔礼道歉，并赔偿经济损失 1 元。

6.4 相关链接——信息网络传播权领域的“避风港”

什么是避风港？当在大海上航行的船只遇到了大的风浪，它们可以就近来到一个安全避风的地方，等恶劣天气过去之后船只仍然可以继续回到它原来的航线中行驶。

著作权领域的“避风港”条款最早出现在美国 1998 年制定的《数字千年版权法案》（DMCA 法案）。是指在发生著作权侵权案件时，当 ISP（网络服务提供商）只提供空间服务，并不制作网页内容，如果 ISP 被告知侵权，则有删除的义务，否则就被视为侵权。如果侵权内容既不在 ISP 的服务器上存储，又没有被告知哪些内容应该删除，则 ISP 不承担侵权责任。“避风港”条款也被扩展应用于提供搜索引擎、网络存储、在线图书馆等服务的提供商处。

在《信息网络传播权保护条例》中，至少给网络参与者提供了如下的避风港：① 数字图书馆的避风港；② 远程教育的避风港；③ ISP 的避风港；④ 搜索引擎的避风港；⑤ 网络存储的避风港。

以案用法

原告阿里巴巴公司起诉称：阿里巴巴公司是一家在国内互联网行业享有良好声誉和很高知名度的互联网软件开发商和增值服务提供商。2005 年 9 月 15 日，阿里巴巴公司正式推出了雅虎助手软件，该软件是一款工具条，可以实现搜索、修复 IE 浏览器、拦截广告、清理地址栏等功能，用户可以根据自己的需要自主选择决定全部或部分开启上述功能，并可以进行多种功能的自主设定。2006 年 8 月，阿里巴巴公司推出了雅虎 Widget 软件，该软件主要为用户提供基于互联网的个性化桌面服务。阿里巴巴公司通过雅虎助手和雅虎 Widget 软件，获得了用户的广泛认可和大量使用，树立了在上网辅助功能服务和搜索服务中的良好形象和广泛知名度。

三际无限公司也是主要从事互联网搜索服务和上网辅助功能服务的企业。三际无限公司通过“www.qihoo.com”和“www.360safe.com”网站向公众提供“奇虎安全卫士”（又名“360 安全卫士”）软件，同时通过其他网站和免费工具软件进行捆绑传播。“奇虎安全卫士”软件将雅虎助手和雅虎 Widget 软件列为所谓恶意软件，并将其描述为“强制安装、浏览器劫持、干扰其他软件运行、无法彻底卸载”，用户按照“奇虎安全卫士”软件的提示操作时，雅虎助手和雅虎 Widget 软件在默认的情况下被删除，导致用户无法正常使用雅虎助手和雅虎 Widget 软件。雅虎助手和雅虎 Widget 软件并非三际无限公司所称的恶意软件，而是由用户自主选择、可以彻底卸载、不损害用户任何权益的正常软件。三际无限公司的上述行为侵犯了阿里巴巴公司对雅虎助手和雅虎 Widget 软件享有的著作权，损害了阿里巴巴公司的商誉，构成不正当竞争。

请分析：

1．结合本案讨论网络环境下著作权的内容。

2．本案中被告的行为是否侵犯了原告在网络上使用作品的专有使用权？为什么？

3．本案中被告的行为是否构成不正当竞争？请分析法理。

思考练习题

一、判断题（请在括号内画√或×，如有错，请改正）。

1．网络著作权客体的一般形式是数字化作品。（　　）

2．网络著作权客体的特殊形式是网络作品。（　　）

3．著作人身权的保护期不受时间限制。（　　）

4．著作财产权的保护期不受时间限制。（　　）

5．关于著作权的强制许可，其中规定持强制许可证使用他人作品，可以不向著作权人

支付作品的使用费。 （ ）

6．网络著作权的侵权行为适用过错责任原则。 （ ）

7．一般而言，著作财产权具有永久性、不可分割性和不可剥夺性的特点。 （ ）

8．著作权的限制制度，主要针对著作财产权而设立。 （ ）

9．报纸、杂志上发表的作品或者网络上传播的作品（时事新闻等特定内容除外），未经著作权人的许可不得在网络进行转载、摘编。 （ ）

10．网络著作权的合理使用与其他对著作权权利限制制度相比的显著特征是“无须经著作权人许可”和“无须指明作者姓名、作品名称及出处等”。 （ ）

二、多项选择题

1．以下属于网络作品著作财产权的有（ ）。

A．发行权　B．发表权　C．出租权　D．信息网络传播权
E．修改权　F．保护作品完整权

2．网上作品作者的经济权利主要包括以下哪些权利？（ ）。

A．网络复制权　B．网络发行权
C．网络出租权　D．信息网络传播权

3．网络服务提供者在（ ）网上商标侵权行为的情况下应承担法律责任。

A．明知　B．应知　C．不知　D．应当不知

4．以下关于“著作权的法定许可”的叙述中，正确的有（ ）。

A．其主体范围是表演者、录音制作者、广播组织、报刊社
B．无主体范围的限制
C．不必向著作权人支付报酬
D．著作权人声明不许使用的，不得使用
E．必须注明作者姓名、作品名称
F．只能使用他人已经发表的作品

7．以下属于网络作品著作精神权的有（ ）。

A．发行权　B．发表权　C．出租权　D．信息网络传播权
E．修改权　F．保护作品完整权

6．以下关于“著作权的合理使用”的叙述中，正确的有（ ）。

A．其主体范围是表演者、录音制作者、广播组织、报刊社
B．无主体范围的限制
C．不必向著作权人支付报酬
D．著作权人声明不许使用的，不得使用
E．必须注明作者姓名、作品名称
F．只能使用他人已经发表的作品

7．根据我国《著作权法》的有关规定，著作财产权包括十多项具体的权利。其中，与网络环境中著作财产权的行使有密切联系的包括（ ）。

A．发行权　B．摄制权　C．复制权　D．信息网络传播权
E．修改权　F．表演权

三、填表题

		著作权法定许可	著作权合理使用
不同	主体范围		
	付报酬否		
	附加条件否		

四、问答题

1. 简述网络著作权的概念。
2. 网络著作权保护的客体有哪些?
3. 网络著作权的合理使用有哪些情形?
4. 如何理解网络著作权的默示许可?
5. 简述网络著作权侵权行为的概念及构成要件。
6. 网络著作权侵权责任的类型有哪些?
7. 如何界定网络服务提供商的法律责任?
8. 网络著作权的合理使用、法定许可、强制许可及默示许可有哪些区别与联系。

第 7 章 电子商务中消费者权益保护法律制度

导入案例

原告某电大女生于 2010 年上半年在被告某网络信息服务公司网站订购了“IKOSE 特效减肥霜”一瓶，后发现系假货。为进行网上购物纠纷诉讼的需要，原告于 2010 年 9 月 2 日前往公证处，申请对其在网上购物的整个过程进行保全证据。于是在公证员在场的情况下，原告操作计算机在被告的网上订购了盈盈化妆品专卖店（化名）的“IKOSE 特效减肥霜”一瓶，价值人民币 98 元，并在订货表上确认了送货地点和送货时间。公证员在该时间至原告家中等候。届时，该化妆品专卖店的一名送货员将原告订购的“IKOSE 特效减肥霜”一瓶送到，原告付清货款人民币 98 元，在送货单上签字后，当场取得盖有该化妆品有限公司的发票专用章的发票和送货单各一张。之后，经有关部门工作人员证实，该产品并非日本 IKOSE 公司制造。为此，原告诉至法院，要求根据《消费者权益保护法》的规定，判令被告承担退一赔一的民事责任，共计人民币 196 元，并支付公证费 400 元。

另查，被告系外商独资企业。2004 年 7 月 8 日被告与筹建中的盈盈化妆品有限公司（化名）签订了合作协议书，协议书就该化妆品公司在被告的网上设立网上专卖店销售其经营的系列产品事宜，确定了合作原则、合作目标、协议签订的必要条件、合作方式、双方责任与义务、信息确认及结算方式、纠纷处理等条款。根据协议，盈盈化妆品有限公司应支付被告一次性店铺入驻费 1 000 元，一次性网页制作费 5 000 元，一次性商品登录费 1 000 元和每月网页维护费 500 元；被告在商家专卖区域设立盈盈公司的网上专卖店标志；顾客将在盈盈公司的网上专卖店内选购物品，被告及时将顾客订单 E-mail 传递给盈盈公司；盈盈公司负责开具发票及产品送达事宜，并负责产品的质量保证和售后服务。

以案问法

通过阅读导入案例，请思考以下问题：

1. 本案的起因是什么？
2. 本案中是否存在侵犯消费者权益的行为？说明理由。
3. 本案的侵权责任应由谁承担？为什么？
4. 结合本案例，分析在电子商务中应如何维护消费者的合法权益？

5. 请根据我国2014年3月15日起开始施行的《新消费者权益保护法》，说说本案涉及的有关法律条款有哪些？

6. 作为一名消费者，请对本案原告的行为予以评价。

以案解法

1. 原告从被告网站上所购的产品“IKOSE特效减肥霜”为假货。

2. 本案存在侵犯消费者权益的行为。因为支付正品的价格买到的却是假冒伪劣商品。本案盈盈化妆品专卖店（化名）出售的“IKOSE 特效减肥霜”，经有关部门证实并非日本IKOSE公司制造，符合《新消费者权益保护法》第二十四条“经营者提供商品或者服务不符合质量要求”，直接侵犯了消费者合法权益。

3. 本案侵权责任应由盈盈化妆品有限公司承担。因为本案提到：盈盈公司负责开具发票及产品送达事宜，并负责产品的质量保证和售后服务。同时还可以根据教材中列出的《新消费者权益保护法》第四十四条的规定予以说明。

4. 以下思路仅供参考：① 建立电子商务中有助于保护消费者的信用体系；② 与时俱进，继续完善《消费者权益保护法》、《产品质量法》等法律法规；③ 在施行《新消费者权益保护法》的基础上，进一步强化电子商务环境下消费者权益保护的力度；进一步推进有关消费者权益保护的法制建设步伐；④ 加强网络经营者和网络销售商的行业自律，提高其诚信意识。

5. 本案主要涉及《新消费者权益保护法》第二十四条和第四十三条之规定。

6. 本案被告能积极、主动、清醒地运用法律武器，保护自己作为网购消费者的合法权益，可喜可赞。她自觉的知法、用法、护法行为告诉我们，作为消费者必须学会用法律的手段去维护自身的合法权益，因为网购毕竟是在虚拟的市场购物，存在一定的不确定性。当自身权益受到侵害时我们应该通过法律途径，比如通过公证、取证、互联网上的消费者维权网站，或其他法律途径来捍卫消费者作为“上帝”的权利。

7.1 消费者隐私权和知情权的法律保护

7.1.1 隐私权和知情权概述

1. 隐私权概述

自从1890年美国律师沃伦和布兰迪斯联名发表《隐私权》一文以来，隐私权就渐渐地在法律领域中占据一席之地，不仅在英美法系国家得以确立其为基本权利的地位，在大陆法系国家中也被认为是属于人格权的重要内容之一，并成为一项受到普遍尊重的国际人权。但对于我国法律，隐私权是一个既熟悉又陌生的概念，由于社会的迫切需要，这一概念早已为媒体和大众所讨论和主张，但在法律制度上，除了少数条文和司法解释上曾出现过外，我国至今仍无一明确统一的隐私权概念和隐私权保护规范。近年来，国内法学界关于隐私权的研究有了巨大的进步，对世界主要国家的隐私权也有比较系统的研究，但是隐私权在我国仍然没有成为法律概念。在我国现今语境下，提到隐私，人们通常想到的是私生活的秘密，而隐私权也通常被认为是“私生活秘密权”。从隐私到隐私权的发展是人们的权利意识从道德引导向法律规范过渡的结果。并不是所有的隐私都能得到法律的保护，成为一种法定意义上的隐私，只有被法律加以保护的隐私才是法定意义上的隐私。并且隐私的范围不是一成不变的，随着社会的发展和个人社会角色的转变，隐私的范围也在不断的变化之中。

在人类文明初始时期，隐私的范围主要包括个人的身体、私生活等的私人秘密，而随着社会的发展，个人的姓名、身高、职业、电话等私人信息被纳入隐私的范围，但是这些个人信息因不同的人又有所差异，有些人不介意自己的信息被别人所知，这些信息对于他就不构成隐私，而有些人非常介意自己的这些信息，认为这应该是自己所拥有的，不想被别人知道，这些信息就构成隐私。在另外一些情况下，当事人并没有很强的意识想不想自己的信息被别人所知，但是由这些信息整合可以反映出当事人的整体概况，则这些信息的组合也被视为隐私。在消费领域，个人的一些基本信息是个人与商家发生关系的纽带，即使最基本的姓名、身高等简单的信息加以整合，也会反映出消费者的基本概况，由于这些信息有被用的可能，而一旦被用，就会对消费者自身产生一些不利影响，所以，这些信息归在隐私之内。

（1）隐私权的概念。在理论界，对于隐私的定义目前有两种解释：一种认为隐私为私人生活秘密或私生活秘密，即指私人生活安宁不受他人非法干扰，私人信息保密不受他人非法收集、刺探和公开等；另一种认为，隐私的内容包括三个方面：个人信息的保密、个人生活不受干扰、个人私事决定的自由。

在这一意义上，隐私实际上是无关公共利益的个人“私事”，同时隐私还表现为个人生活不受外来力量干涉、干扰、侵犯形成的自由空间（又称个人领域）。

由于对隐私的理解不一致，就导致对隐私权定义的差异。隐私权定义有狭义和广义之分。狭义的隐私权是指“公民享有的私人生活安宁与私人信息依法受到保护，不被他人非法侵扰、知悉、搜索、利用和公开等的一种人格权”。广义的隐私权包括三方面的内容：第一，对于个人资料支配、利用权和维护权；第二，个人私事或私生活的隐蔽或隐瞒权；第三，保持个人生活和领域不受干扰和侵犯的权利。

对于个人资料的权利既包括积极支配、利用个人资料的权利，也包括防止他人利用、侵犯的消极权利。但不管哪种权利均与个人的信息、资料有关，一种是对信息、资料的积极利用，另一种是信息资料的维护、防止他人利用和滥用。第一种权利能够给权利人带来某种积极利益或财产利益；第二种权利涉及给个人人格尊严、名誉等造成不利影响的私事或个人资料的不当披露；第三种权利旨在使个人保持独立、自主、自由的生活空间或领域。这两种权利，只是要求他人不作为、不披露、不公开、不侵犯和不干扰等，理论上称为消极的隐私权。

20世纪90年代，随着电子商务的迅猛发展，消费者出于网络交易和接受服务的需要，必须在网络上向各类经营者提供包括自己个人资料在内的隐私。而且，消费者在网络上的“行踪”（个人所到访的网站、消费习惯、阅读习惯甚至信用记录等）也常常在毫无知觉的情况下被记录下来。而这些个人资料又可能被收集者转售给其他商业组织。故在这种情形下，消费者对参与电子商务是否会暴露自己个人隐私持十分关切的态度。

（2）隐私权的内容。隐私权作为一种独立的人格权，属支配权的范畴，其主要内容包括以下四点。

① 隐私保有权。指权利人对其与社会公共利益无关的个人隐私享有并保持隐瞒的权利。

② 隐私知悉权。指权利人有依法获知掌握其个人隐私信息资料的权利。

③ 隐私使用权。指权利人依法在不违背社会公共利益的前提下，可以利用隐私或允许他人利用隐私，以满足自身或他人的物质精神需求。

④ 隐私公开权。指权利人有决定自己的隐私是否公开、何时公开以及以何种方式、何种程度公开的权利。

（3）我国隐私权保护的法律基础。我国《宪法》第三十八条规定："中华人民共和国公民的人格尊严不受侵犯。禁止用任何方法对公民进行侮辱、诽谤和诬告陷害。"人格尊严指公民的基本权利，包括名誉、肖像、隐私等内容。本条虽然没有明确地规定隐私权，但是人格尊严本身的内涵为公民隐私权的其他立法和司法解释留下了广阔的空间。《宪法》第三十九条规定公民的住宅不受侵犯，实际是规定了公民的个人生活安宁权。《宪法》第四十条规定公民的通信自由和通信秘密受法律的保护，这两种权利都是个人信息保护权的重要组成。

我国《民法通则》第一百零一条规定："公民、法人享有名誉权，公民的人格尊严受法律保护，禁止用侮辱、诽谤等方式损害公民、法人的名誉。"这一规定被认为是公民隐私权保护的间接规范。因为这一条规范的名誉权，后来的司法解释明确了这里包括对隐私权的保护。1988 年 4 月 2 日最高人民法院在《关于贯彻执行〈中华人民共和国民法通则〉若干问题的意见（试行）》第一百四十条第一款灵活解释了关于名誉权的条文规定："以书面、口头等形式宣扬他人的隐私，或者捏造事实公然丑化他人人格，以及用侮辱、诽谤等方式损害他人名誉，造成一定影响的，应当认定为侵害公民名誉权的行为。"又于 1993 年 8 月 7 日在《关于审理名誉权案件若干问题的解答》中规定："对未经他人同意，擅自公布他人的隐私材料或以书面、口头形式宣扬他人隐私，致他人名誉受到损害的，按照侵害他人名誉权处理。"

我国在很多行政法规中也对公民隐私权的保护问题作出了规定。例如，1996 年公安部发布的《计算机信息网络国际联网安全保护管理办法》也从通信自由和秘密的角度涉及个人资料的保护这一问题进行了规定，其第七条明确规定："用户的通信自由和通信秘密受法律保护。任何单位和个人不得违反法律规定，利用国际互联网侵犯用户的通信自由和通信秘密。"1998 年国务院信息化工作领导小组发布的《计算机信息网络国际联网管理暂行规定实施办法》第十八条也提及了隐私保护："用户应当服从接入单位的管理，遵守用户守则；不得擅自进入未经许可的计算机系统，篡改他人信息；不得在网络上散发恶意信息，冒用他人名义发出信息，侵犯他人隐私；不得制造传播计算机病毒及从事其他侵犯网络和他人合法权益的活动。"

2014 年 3 月 15 日起开始施行的《新消费者权益保护法》第十四条关于消费者隐私权规定如下："消费者在购买、使用商品和接受服务时，享有人格尊严、民族风俗习惯得到尊重的权利，享有姓名权、肖像权、隐私权等个人信息得到保护的权利。"同时，《新消费者权益保护法》第四十九条、第五十条规定了消费者个人信息等人身权益收到侵害时可以依法得到法律救济。

《新消费者权益保护法》第五十条规定："经营者侵害消费者的人格尊严、侵犯消费者人身自由或者侵害消费者个人信息依法得到保护的权利的，应当停止侵害、恢复名誉、消除影响、赔礼道歉，并赔偿损失。"第五十一条规定："经营者有侮辱诽谤、搜查身体侵犯人身自由等侵害消费者或者其他受害人人身权益的行为，造成严重精神损害的，受害人可以要求精神损害赔偿。”

（4）网络环境下的隐私权。个人信息隐私权。现代信息技术和网络技术大大增加了侵犯隐私权的概率和范围，并带来了许多新问题。在这种背景下谈隐私问题，主要涉及信息收集、加工、处理、传输、传播等引起的侵犯隐私权问题。美国《个人隐私权与国家信息基础设施白皮书》（1995 年 10 月颁布）提出了个人信息隐私权概念。该白皮书认为，信息基础设施的建立和有效运行越来越无孔不入，使个人隐私权保护方面的问题也随之增加。越来越多的人将用它处理各种事务，处理范围不断扩大，如商务、娱乐、储蓄、教育、消闲，甚至保健事务。人们在国家信息基础设施上进行某种特定的操作，这些事务就会形成电子记录，这些记录易于存储和处理；而且由于个人信息记录存储、处理、传输所需的费用不断降低，通过各种迥然不同的来源积累个人信息就成为一门费用—效益比较合适的生意，可为对各种事务（从法律的执行到直接销售活动）感兴趣的信息用户提供服务。特别是在网络环境下，人们可以通过交互式的、可调的、宽频带通信网络，自己完成教育、娱乐、购物行为，甚至接受医疗保健、储蓄、参与政府事务，这些都在单一网络上进行，就有可能产生新的隐私权问题。

个人信息隐私权主要涉及三个方面权利的侵犯问题：第一，不当收集和利用了个人资料，侵害了个人的隐私权、个人资料的享用权。第二，利用现代信息技术不当地收集、窥视、公开他人私事（私生活）即构成对他人隐私权的侵犯。第三，个人自主、独立生活的权利或独处的权利，它主要保护个人可以独立自主地、不受干扰地生活的权利。如果商家或好事之人在他人的电子信箱中不断地投入垃圾邮件，使用户不得不花费大量的时间去一一收取、查阅、删除或处理这些邮件，这不仅增加了用户的成本（上网费），浪费时间和精力，而且极大地干扰、破坏了个人生活安宁、不受侵扰的权利。还有黑客对个人资料的攻击、破坏，既是对他人财产权（信息或数据权利）的破坏，也是对个人生活领域的侵犯。这与侵入他人家里破坏和偷窃没有什么不同。

许多消费者可能都会有这样的经历，时常会收到一些商家的短信或电话推销。明明自己并没有这方面的消费需求，商家却能够准确地掌握自己的姓名、性别、年龄、职业、家庭、健康等相关信息，在这些不知名的商家面前，自己简直成了一个透明人，丝毫没有隐私可言。“不能否认的是，一些受利益驱使者将消费者的个人信息肆无忌惮地出卖给商家，已经严重扰乱了消费者的正常生活。”市消协相关人士介绍。

在当前信息时代，个人信息已经成为一种与人才、资金、原料等类似甚至更重要的资源。然而随着电子商务的迅猛发展，消费者对于缺乏在线隐私保护的烦恼已随着因特网的使用而逐渐增加。互联网一方面为个人信息的收集与传播带来了前所未见的快捷，为个人信息的商业利用创造了极大空间，但这把双刃剑也同时使得我们的隐私处于被觊觎的境地。

2．知情权概述

知情权又称知的权利、知悉权、资讯权、信息权或了解权，其基本含义是指公民有权知道他应该知道的事情，国家应最大限度地确认和保障公民知悉、获取信息的权利，尤其是政务信息的权利。美国印第安纳（Indiana）大学教授 Ralph L. Holsinger 在其 *Media Law* 中指出：“正如宪法序言中所宣称的，宪法建立了一个人民的政府。于是，很容易假定，宪法文件的部分创始人包含有这样的意图，即人们有权了解政府的信息。毕竟，如果人们准备对如何接受管理做一个明智的选择，他们就必须首先了解政府及政府人员执行公务的有关信息。这种思想在今天就体现为‘知情权’。”由此可知，知情权作为政治民主化的一种必然要求和结果，首先是公法领域内的概念。现今，随着知情权作为一项独立权利的发展演变，其外延已不断扩大，不仅涉及公法领域，也涉及私法领域，如消费者知情权即知情权扩展至司法领域的具体表现。

（1）知情权的概念。知情权的概念有广义与狭义之分。广义知情权是指知悉、获取信息的自由与权利，包括从官方或非官方知悉、获取相关信息。狭义知情权仅指知悉、获取官方信息的自由与权利。随着知情权外延的不断扩展，知情权既有公法权利的属性，也有民事权利的属性，特别是对个人信息的知情权，是公民作为民事主体所必须享有的人格权的一部分。而狭义的知情权仅指公法领域内的一项政治权利，故现在的知情权概念一般是指广义的知情权。

（2）消费者的知情权。我国《消费者权益保护法》第八条明确规定，消费者享有知悉其购买、使用的商品或者接受的服务的真实情况的权利。消费者有权根据商品或者服务的不同情况，要求经营者提供商品的价格、产地、生产者、用途、性能、规格、等级、主要成分、生产日期、有效期限、检验合格证明、使用方法说明书、售后服务，或者服务的内容、规格、费用等有关情况。并且依据《产品质量法》第二十七条，产品或者其包装上的标志必须真实，并符合下列要求。

① 有产品质量检验合格证明。

② 有中文标明的产品名称、生产厂厂名和厂址。

③ 根据产品的特点和使用要求，需要标明产品规格、等级、所含主要成分的名称和含量的，用中文相应予以标明；需要事先让消费者知晓的，应当在外包装上标明，或者预先向消费者提供有关资料。

④ 限制使用的产品，应当在显著位置清晰地标明生产日期和安全使用期或者失效日期。

⑤ 使用不当，容易造成产品本身损坏或者可能危及人身、财产安全的产品，应当有警示标志或者中文警示说明。

在传统交易方式中，消费者可以现场看货、验货并咨询相关信息，这可以有效地保证消费者在确切了解商品的条件下做出购买决定。但是，网上交易中，消费者无法实际查验商品，也无法直接询问卖主，其购买决定完全依赖于经营者单方信息披露。然而，我国现有法律对经营者的告知义务规定甚少，《产品质量法》只涉及了商品信息的披露，对于生产经营者信息以及消费交易信息，现行法律没有做出强制性要求。

为了解决这一问题，应在法律中明确经营者的各方面信息披露义务，并且对于披露的形式和要求也可以做出具体规定。同时，应该配套建设完善的资信体系，使消费者可以清楚地了解经营者的真实信息、资质证明、经营情况以及信用状况等相关资料，以利于他们在购买商品时作出正确的选择。

7.1.2 个人信息隐私权的保护

1. 个人信息

个人信息也称个人资料，范围非常广泛，包括一切有关个人身份、生理的、思想的、生活习惯、社会关系等方面的信息。一般包括姓名、职业、履历、病历、婚姻、健康状况、住址、电话号码、银行账号、保险情况、特殊爱好、宗教信仰等。我国台湾省于 1995 年 8 月 21 日正式实施的《电脑处理个人资料保护法》和公布的《计算机处理个人数据保护法实施细则》对法律应当保护的个人资料做了详细的规范，可以作为借鉴。

依据《电脑处理个人资料保护法》及《计算机处理个人数据保护法实施细则》，个人资料指尚生存自然人的足以识别该个人的资料，包括自然人的姓名、出生年月日、身份证统一编号、特征、指纹、婚姻、家庭、教育、职业、健康、病历、财务情况、社会活动及其他足以识别该个人之资料。1996 年 8 月公布的“计算机处理个人数据保护法之个人资料类别”又将个人资料细分为识别类、特征类、家庭情形、社会情况、教育、技术或其他专业、受雇情形、财务细节、商业信息、健康与其他各类信息等 10 大类共 133 项个人资料类别。注意，这里的个人，仅指自然人，不包括法人。在这一点上世界各国基本上是相同的。这主要是因为个人资料是基于保障个人的隐私权而来，一般我们不提法人的隐私权。另外，个人资料指尚生存自然人足以识别该个人的资料，不包括已经死亡者的个人资料。

2．个人资料所有者的权利

个人资料属于个人所有，这是个人隐私权自然推导出来的一个结论。这也就意味着个人对于个人资料拥有民法上的权利。这些权利大致包括以下内容。

（1）控制权。资料主体对有关本人的数据享有最终的决定权，他人收集、使用这类数据必须经本人的同意，否则就构成侵权。

（2）收回权。对于他人合法或非法取得的有关个人资料和数据，资料主体有权收回或取回。

（3）知悉权。资料主体有被告知或要求资料使用人告知其个人信息被收集、处理、使用的情况。

（4）修改权。资料主体有要求使用其资料、数据的用户或者有关政府机构对其档案中不准确、不恰当、不适当或者不完整的部分进行更正的权利。

（5）请求司法救济权。对于任何侵害他人个人资料的行为或资料主体权利得不到实现时，权利人都有权要求排除妨害、赔偿损失等法律救济。

上述五种权利既是法律对个人资料保护而赋予的个人权利，也是个人资料隐私权的主要内容。

3．个人资料的不当利用

现代社会随着人们对信息资料的重视，无论参加什么社会活动，如公务活动或营利性活动都有可能留下个人资料，因此，在合理的范围内，个人资料被公开和利用是一种非常正常的事情。但是，如果超出了这个合理范围，就应当认为是不正当利用。大致说来，对个人资料的不正当利用主要有以下一些情形。

（1）未经当事人知晓或同意收集个人资料。为了网上购物或接受其他信息服务，消费者必须提供个人信息，如姓名、电话、地址、邮编、身份证号、信用卡号等，甚至与消费者有直接关系的购物偏好、健康记录等。更严重的是，可能在你上网时，你的个人信息已被网站毫无声息地收集了。

以下的收集均是不正当的：在收集信息时，并不告诉个人为什么需要这些信息，特别是要公开或收集与所从事交易无关的信息，如个人身份证、驾照或社会保障卡号；收集的个人资料往往是不完全的、过期的、不正确的，而个人又没有办法取消或改正这些错误的信息，个人资料保存缺乏安全性、保密性。除了从网上收集外，擅自或不当收集还包括从杂志订单、交易客户信息等途径收集的个人资料。

（2）个人数据二次开发利用。在接受服务或从事交易过程中，提供必要信息只允许用于其本身目的，而不能用于其他目的，更不能散发或传播甚至出卖个人资料。未经当事人同意，个人资料被用于与收集的个人资料事由无关的目的即不正当的利用。不当利用表现之一即个人资料的二次开发利用，即商家利用自己所收集掌握的个人资料建立起各种类型的资料库，从中分析出一些个人并未透露的信息，进而指导其营销战略。

（3）个人资料交易。个人资料被不当利用还表现为个人资料被擅自用于交易。个人资料交易有两种形式：一种是商家之间相互交换各自收集的信息，或者说是与合作伙伴共享信息。这种共享使个人资料用于交易以外的目的，使个人资料有可能被更多的商家知晓和利用，无异于变相侵害个人隐私。另一种是将个人资料作为“信息产品”销售给第三人或转让给他人使用，第三人可能用于其他目的。由于它将个人资料商品化，所以它是对个人隐私侵犯最为严重的一种侵权行为。

（4）对个人资料的失控。在网络环境下，个人对于自己信息的控制能力和抗干扰能力正在下降，在许多情形下，无法确保避免从他那里获取信息的用户的干扰，无法拒绝未经请求的垃圾信息：当事人无法发现谁为了什么目的拥有他们的什么资料，更没有办法从不愿意让其使用的人那里撤回这些信息。所有这些均意味着网络环境下个人隐私保护出现了许多新问题。

4．我国《新消费者权益保护法》有关消费者个人信息方面的规定

实践中有的经营者非法收集、使用消费者个人信息，擅自泄露或非法向他人提供消费者个人信息，严重影响了消费者的正常生活，侵害了消费者的合法权益。

2014 年 3 月 15 日起开始施行的《新消费者权益保护法》中多处涉及消费者个人信息受到法律保护的相关规定。

第二十九条：“经营者收集、使用消费者个人信息，应当遵循合法、正当、必要的原则，明示收集、使用信息的目的、方式和范围，并经消费者同意。经营者收集、使用消费者个人信息，应当公开其收集、使用规则，不得违反法律、法规的规定和双方的约定收集、使用信息。

经营者及其工作人员对收集的消费者个人信息必须严格保密，不得泄露、出售或者非法向他人提供。经营者应当采取技术措施和其他必要措施，确保信息安全，防止消费者个人信息泄露、毁损、丢失。在发生或者可能发生信息泄露、丢失的情况时，应当立即采取补救措施。

经营者未经消费者同意或者请求，或者消费者明确表示拒绝的，不得向其发送商业性信息。”

目前网络信息是用海量来形容的，滥用个人信息数据的情况也是日益严重的，在当前这种情形之下，将个人信息受到保护作为消费者的一种权益确认下来，这也是 2013 年消费者权益保护法修订的亮点之一。

5．各国与国际组织保护消费者隐私权的法律对策

由于我国隐私权的保护问题直到目前还没有一部完整的法律，尤其在网络和电子商务

领域中有关隐私权的保护问题更是一个空白。因此，我们主要介绍一些其他国家与国际组织有关隐私权方面的法律规定，并以此为借鉴。

（1）经济合作与发展组织（OECD）。OECD 已经通过了一系列关于保护消费者和鼓励全球电子商务持续发展的指导原则，这标志着该组织在鼓励企业和消费者进行跨国电子贸易方面取得了重大进展。

① 制定了《电子商务环境下的消费者保护准则》。OECD 制定了《电子商务环境下的消费者保护准则》呼吁从事电子商务的企业：

A. 公平地进行贸易、广告和市场营销等商业活动；

B. 向消费者提供关于企业、产品或服务、交易条款和条件的准确无误的信息；

C. 交易的确认过程应做到透明化；

D. 要建立安全的支付机制；

E. 及时地、公正地、力所能及地解决纠纷和给予赔偿；

F. 保护消费者的个人隐私；

G. 向消费者和其他企业进行电子商务宣传。

上述准则只适用于企业对消费者的电子商务模式，而不适用于企业对企业的电子商务模式。值得注意的是，准则并没有明确提及在发生跨国电子商务纠纷时的司法管辖问题，而是仅仅提到"应当考虑现有的（涉及跨国交易的）法律和司法管辖体系是否应当予以修改或作不同的应用"。

在总原则上，准则强调的是如何对消费者进行保护，而不是如何保护企业不受有欺诈行为的消费者的侵害。

② 制定了《电子商务行动计划》。OECD 制定的《电子商务行动计划》强调要建立用户和消费者的信任。随着电子环境下的商业活动的日益发展，消费和商家将期望他们使用的网络服务是安全可靠的；他们进行的交易是没有风险的；他们能够验证有关交易和交易对方的重要信息。消费者要求能控制对他们个人数据的收集和使用；确认并能够使用纠正错误的机制。如果可信的技术和政策能够到位，以便解决可能出现的失误、公众教育纠错和防范滥用等问题，那么就可推动电子商务的增长和使用。

1969 年以来，OECD 一直在国际上在讨论与消费者相关问题方面起到了带头作用。目前 OECD 的工作集中在：在鼓励发展全球市场的同时，通过增强消费者对电子商务的信心帮助人们应付由于网络环境的进展而带来的种种挑战。

OECD 通过的"在电子商务环境下保护消费者部长宣言"强调了要保证向参与电子商务的消费者提供透明而有效的电子交易保护措施。

OECD 将继续讨论在电子商务环境下与消费者有关的问题，并鼓励就与消费者保护有关问题交换信息。

另外，自 1980 年以来，OECD 在保护个人隐私和个人数据方面一直很活跃。它曾编撰了"保护个人隐私和跨国界个人数据流指导方针"（1980）和"跨国界数据流宣言"（1985）。最近，在征求私营部门意见的基础上，开始考虑如何在国际网络上实施 1980 年指导方针中提出的个人隐私的基本原则。OECD 通过的"在全球网络上保护个人隐私部长宣言"再次确认了保护个人隐私的重要性。该宣言认为，1980 年 OECD 指导方针中拟订的原则继续为在任何媒体上保护个人隐私提供了一个国际性基础，各国应当共同工作并联合私营部门，以确保这些原则能在一个开放的全球网络环境下得到有效的贯彻执行。背景报告"全球网络的个人隐私”为“宣言”设定了框架，并就跟踪 OECD 未来工作的进展和方向的各项活动提出了建议。

OECD 还制定了保护消费者个人隐私权的具体措施：

A．支持成员国交换有关保护全球网络的个人隐私的信息；汇报它们在实现“宣言”的目标方面所做的努力和取得的经验；

B．对在实施 OECD 有关全球网络的“个人隐私指导方针”过程中出现网络环境下实施指导方针问题时提供实际指导。此外，要考虑到各成员国制定的保护个人隐私的不同措施，并向各成员国和私营部门吸取经验；

C．在工商界为全球网络提供个人隐私保护开展工作时与它们合作；与此同时，也要与有关的国际组织和地区性组织合作。

（2）美国。为了促进本国电子商务的快速、健康发展，美国先后下达了一些关于保护网上隐私权的指导性文件，并制定了一系列保护网上隐私权的法律。

1997 年 7 月，克林顿总统发表《全球电子商务框架》，在这篇具有重要指导意义的文件中，对保护个人隐私权问题做出了较为透彻的剖析。美国第一部关于网上隐私的联邦法律《儿童网上隐私保护法》于 2000 年 4 月 21 日起生效，从即日起在网上收集 13 岁以下儿童个人信息的行为将被视为违法，可处以上万美元的罚款。美国在线（AOL）发言人说，根据这项法律，该公司已将所有未满 13 岁的登录者的个人信息全部删除。以后，13 岁以下的用户将使用一种处于 AOL 家长监控系统检测之下的个人信息登记表。这类用户在网上的活动受到一定的限制。一些隐私权倡议组织说，他们正在密切关注这部法律的实施情况，并将根据它的效果来决定采取何种措施来保护所有美国人的隐私权。

纽约州参议员已就备受争议的网上收集个人资料等问题推出新的立法建议。据悉，该项建议旨在针对网络广告商涉嫌不当收集并使用网络用户的个人资料而引发的争议。这项立法建议严禁企业收集并共享能够鉴别个人身份的资料。立法发起人指出，该建议的基本出发点在于人们有权知道谁在收集，以及如何使用他们的个人资料。

（3）欧盟。欧盟于 1999 年 10 月 25 日颁布保护网上有关个人资料的法令。主要是为保护 15 个成员国消费者网上个人资料不受侵犯而制定的。所谓个人资料，主要包括个人身份、居住地、财产、健康状况及其他个人所拥有的一切资料，其中较为敏感的是个人信用卡账号和密码。欧盟法令规定了严格的个人隐私保护条款，以确保个人资料通过互联网在 15 个成员国之间自由流通。但是，如果欧盟之外的某个国家在网上保护个人资料的能力没有达到“适当”的水平，欧盟各成员国有权禁止与该国进行网上个人资料数据传输，而美国便是不符合欧盟规定的国家之一。在与欧盟的谈判中，美国建议让美国公司自己规范本身的行为，并作为折中建议，提出了旨在指导美国公司和机构向欧盟标准趋向的“安全港”原则。而欧盟方面则认为，让美国公司自律会造成自行其是的后果，美国人的行为准则很难保证欧洲消费者的利益，而当美国公司损害欧洲消费者的利益时，欧盟将无法可依，很难控告他们。

欧盟与美国最终就如何保护电子商务交易中的隐私在原则上达成一致意见。欧盟与美国双方可以在不考虑欧盟隐私条令的情况下从事电子商务活动。该条令使得欧盟当局有权终止那些没有向相关部门提出申请的企业的网上数据传输。美国公司很快将可以通过向包含一系列网络协议的“安全港”提出申请的方式与欧盟成员国的公民和公司进行网上交易，但同时须按照美国相关政策承诺遵从自我约束的隐私原则。根据目前已达成的总体协议，网上交易公司在收集个人信息时必须就相关信息的用途向用户发出通知，在该信息被用于除最初收集目的以外的其他目的时也须通知用户。此外用户还有权获得了解上述信息的网上途径。自我约束的网上交易公司如未经“安全港”监视机构批准擅自开展业务，则该公司将会受到联邦贸易委员会、司法部以及州总检察官从事欺骗性经营活动的指控。

（4）中国香港。随着电子商务时代的来临，我国香港特别行政区政府格外重视个人隐私权保护，为此专门颁布了《香港个人资料（私隐）条例》。香港对网上隐私权保护主要采取以下政策。

① 针对企业规定：应为浏览网页者及消费者提供使用匿名身份的选择；应制定个人资料隐私政策；应在本企业网址上展示上述政策；在收集敏感性资料时应采取加密措施。

② 针对工商界规定：应按照个人资料隐私法律上规定的原则，或根据政府及私营机构共同制定的认可准则，为会员制定资料隐私事务守则，同时负责监管和处理投诉。

③ 针对政府规定：政府应设立专门的管理机构，保证《消费者权益法案》的执行。此外，还应在公众教育、服务市民、监督新科技的使用等方面起到应有的作用。

在香港还设立了个人资料隐私专员公署。该公署十分关注网上隐私问题，并与消费者权益保护委员会携手研究在因特网及电子贸易中的安全措施，以保障消费者的权益。该公署在2000年4～11月，向270个没有遵守隐私条例的网址进行调查，发现在发出警告后，有九成网址已按法例规定，列出收集个人资料声明，写明收集资料的目的，较之1999年只有三成网址列出声明，情况有所改善。但调查发现，只有1/4的网址显示了其如何对待隐私问题的政策。对经过公署警告，但仍未做出回应的网址展开调查，然后可能会发出执行通知，指令这些网址尽快采取改善措施。营运者若违反执行通知即属犯罪，违例者一经定罪，最高可罚款5万港元及监禁两年。

我国至今尚未出台任何关于个人资料或隐私保护方面的专门立法。面对信息技术及电子商务的迅猛发展，隐私权保护问题无疑应当提到议事日程。请看下列案例：擅自公布他人手机号码属侵犯他人隐私权。

自2009年下半年以来，不论白天还是黑夜，张某连续不断地接到大量的陌生电话和短信，被询问是否为A公司负责人，如何进行业务合作等。张某每次均耐心解释，告知对方本人非此公司人员，但经常遭到莫名其妙的辱骂。而后，张某被迫偶尔关机以尽量减少骚扰，但工作、生活均受到不同程度的影响。此后，张某经过多方打听，方知由B公司经营的网站上，“商家详情”栏目中，载有A公司的相关业务推广信息，张某手机号码被作为该公司业务联系的手机号码予以发布。号码被公布一年多。张某认为，A公司未经同意，擅自在互联网上公布自己的手机号码，B公司未经认真审核电话号码真伪、未尽相应审查义务，致自己手机号码在互联网上传播，严重侵犯了自己的隐私权。两公司的侵权行为，不仅造成张某的经济损失，更导致张某精神受到严重损害。张某遂对网页进行了公证。此后要求A公司删除信息、赔礼道歉、赔偿损失等。但A公司仅仅删除了信息，其他请求不予理睬。之后，张某向北京市朝阳区人民法院起诉，提出以下诉讼请求：判令两公司在互联网网页中删除其手机号码，停止侵权、消除影响、公开赔礼道歉；赔偿张某经济损失×元、公证费×元、精神损害抚慰金×元等。

专家认为张某通过有偿购买的方式获得中国移动电话号码139××××××××的卡号，持有移动公司交付的不记名《会员卡》，很明显，张某系合法使用权人。该手机号码作为张某的私人信息，属于个人隐私，未经同意，任何人均不得擅自公布；否则，属于侵权。

案件结果：法院经审理后认为，公民享有隐私权，侵害公民隐私权应当承担侵权责任。A公司刊登在B公司网站上的介绍信息中，将张某的私人电话号码作为该公司的业务联系电话进行公开发布，使得张某的私人电话号码为不特定的大众所知晓，该行为侵犯了张某的隐私权，A公司应承担相应的侵权责任。对张某要求B公司承担损害赔偿的请求，因现有证据不足以证明B公司作为网络服务提供者，存在共同侵权或未及时采取必要措施而导致张某损失扩大的情形，张某的该项请求难以支持。该法院根据《侵权责任法》第二条、第十五条、第三十六条之规定，依法判决A公司赔偿张某的公证费、经济损失费等。

7.1.3 电子商务中消费者知情权的保护

与传统的实体店购物相比，网上购物过程中消费者根本接触不到实体商家，更不能通过直接的目测与触碰去真实感受商品实体的质量优劣。能了解商品最根本的途径就是广告，消费者一般通过网上广告宣传来了解商品信息，所以广告对于消费者知情权的行使起了很大作用。因此，网络宣传性广告必须客观真实，从而引导消费者在整个过程中做出正确的判断。电子商务法首先要保护消费者在进行网上活动和购物过程中，有权了解真实的商品或者服务信息，即向消费者提供商品和服务的广告及其相关信息是客观的、真实的。在网上发布虚假的、不真实的广告，不仅违反了商业道德和诚实信用原则，更重要的是侵犯了消费者的知情权。

我国《反不正当竞争法》第九条规定："经营者不得利用广告或者其他方法，对商品的质量、制作成分、性能、用途、生产者、有效期限、产地等作引人误解的虚假宣传。"网络广告纷繁多样，消费者很难就某种商品或服务及其真实的使用价值和价值作出较为准确的判断，处于非常不利的被动地位，他们往往会因各式各样的极具诱惑的广告而被掩住耳目，失去判断力。加之在虚拟空间里，消费者不直接接触到商品，也就更加依靠广告的提示来判断此类商品是否就是自己所需要的。

同时，消费者购买决策的做出，也都是基于对商品真实情况的了解，若对商品做出引人误解的宣传，就会对消费者产生误导，这种情况下不但欺骗了消费者，更侵犯了其合法权益。可见，网上做出的宣传性广告牵引着消费者的消费倾向、消费欲望。所以，不真实的广告信息会影响消费者做出错误的判断，买到不称心的商品会让消费者感到自己在网上购物容易受骗，从而对网上购物丧失信心，给电子商务这一新兴产业在发展道路上造成障碍。因而，保证消费者在网上获得真实的商品或服务的信息，是电子商务法严格遵从的原则，也是电子商务得以健康发展的基础。

在决定购物之前，消费者有权利了解一切与商品或服务有关的信息。具体包括三方面内容。

（1）消费者要了解产品或服务的基本情况，主要包括商品的名称、注册、商标、产地、生产者名称、服务的内容、规格、费用等。

（2）消费者要了解商品的技术指标情况，主要包括用途、性能、规格、等级、所含成分、使用方法、使用说明书、检验合格证明等，例如，消费者在网上购买手提电脑、家用电器或酒类等商品，都须了解商品的技术指标情况。

（3）消费者要了解商品或者服务的价格及商品的售后服务情况。价格和售后服务情况是交易的关键性内容，直接关系到消费者的切身利益。

只有在了解到商品的相关信息后，消费者才能做出是否购买的决定。在传统消费情况下，消费者的知情权可以主动行使，但是在网上就不同了，知情权的实现就完全依靠网络服务经营者所提供的商品的相关信息。1997 年 5 月 20 日，欧盟通过了《关于远距离合同订立过程中对消费者保护的指令》，"远距离合同" 就涵盖了企业和消费者之间通过销售方的远程销售网络。其对消费者的首要保护措施就是规定了"预先告知条款"，该条款规定，在远程合同订立前，货物或服务供应商有义务向消费者提供有关供应商身份、货物或服务性能特点、价格、送货费用、付款及送货方式、消费者撤销订购的权利、可能计入远程通信的费用、报价的有效性等信息。

依目前我国网络商城状况看，一些商品能满足消费者的知情权，可是在网上购买信息化商品和服务时消费者的知情权就得不到满足，原因在于网络服务经营者在软件销售界面上仅仅提供了价格及很小的一张图片，并没有对软件内容进行具体介绍，以致消费者在不知晓此类商品具体信息的情况下就要接受格式合同并付款，这显然没有满足消费者的知情权。这类商品，如果消费者决定购买并且通过网上银行支付了现金，当网络服务经营者将商品从网上直接传递给消费者之后，消费者却发现此软件并非自己所需，便要求退货。而网络服务经营者则又怀疑消费者在退货前已经将软件复制，因而拒绝退货。导致这种双方僵局的直接原因，就是在消费者购物之前，网络服务经营者没有充分满足其知情权。所以，消费者要求退货是其正当的权利，应该支持。反之，如网络服务经营者提供了商品的充分信息，消费者又无正当原因要求退货的话，根据软件产品可随意复制这一特殊情况，网络服务经营者有理由怀疑产品已被复制而拒绝退货。以下是一则有关消费者知情权的资讯：银行短信服务费乱象引"声讨"。

近来，银行不考虑民意单方加收相关服务费引起广泛争论，而关于银行短信服务费的争论也在其中。短信收费不透明是争论的焦点，不少用户直指银行推行"霸王条款"。银行推出短信服务也算一项便民之举，用户可通过银行短信通知即时了解账户变动等信息，对于有需求的用户来说自然是欣然接受，而对于那些账户变动不频繁或是小额账户的用户而言这项服务似乎可有可无。有专家指出，银行推行短信服务收费没错，但错就错在不尊重客户的知情权，甚至是"肆意妄为"。据调查，银行短信服务费最高一年为 48 元，按平时手机资费一毛一条算下来，银行可发 480 条短信。值得注意的是，作为银行这样的大客户，电信资费还有可能更低。可是，一年下来，用户又收到了几条？一位业内人士透露，银行单在短信通知业务上的利润率可以达到 150%甚至 200%。据银行内部统计，绝大多数个人客户在开通该业务后每月收到的短信一般不会超过 10 条。银行与移动运营商是按照发短信的数量来计算成本，其中的差价自然就落入银行"腰包"，很显然利益催生了银行短信服务的乱象。

7.2 消费者索赔权的法律保护

7.2.1 电子商务中的消费者索赔权

消费者的损害赔偿权，又称求偿权或索赔权。事实上，使用这种权利的前提就是消费者在网上交易的过程中或使用商品和服务后，其人身或财产受到损害时所享有的一种经济权，可以通过这种权利的行使给消费者的损害带来适当的补偿。

我国《新消费者权益保护法》第二十四条规定："经营者提供的商品或者服务不符合质量要求的。消费者可以依照国家规定和当事人约定退货，或者要求经营者履行更换、修理等义务。没有国家规定和当事人约定的，消费者可以自收到商品之日起七日内退货；七日后符合法定解除合同条件的，消费者可以及时退货，不符合法定解除合同条件的，可以要求经营者履行更换、修理等义务。依照前款规定进行退货、更换、修理的，经营者应当承担运输等必要费用。"

随着信息技术的发展，网上购物逐渐成为人们购物的主流方式之一。但由于这种消费方式不易辨别商品真实性，投诉的数量居高不下。值得一提的是，新修订的消法针对网上购物也提出了"七日内无理由退货"的规定，即网上购物被赋予"后悔权"，这成为《新消费者权益保护法》的又一亮点。《新消费者权益保护法》第二十五条规定："经营者采用网络、电视、电话、邮购等方式销售商品，消费者有权自收到商品之日起七日内退货，且无须说明理由，但下列商品除外：（一）消费者定作的；（二）鲜活易腐的；（三）在线下载或者消费者拆封的音像制品、计算机软件等数字化商品；（四）交付的报纸、期刊。除前款所列商品外，其他根据商品性质并经消费者在购买时确认不宜退货的商品，不适用无理由退货。消费者退货的商品应当完好。经营者应当自收到退回商品之日起七日内返还消费者支付的商品价款。退回商品的运费由消费者承担；经营者和消费者另有约定的，按照约定。"

7.2.2 电子商务中消费者索赔权的保护

我国《新消费者权益保护法》除保留原《消费者权益保护法》中关于消费者合法权益受损害时的求偿权外，如第四十条规定："消费者在购买、使用商品时，其合法权益受到损害的，可以向销售者要求赔偿。销售者赔偿后，属于生产者的责任或者属于向销售者提供商品的其他销售者的责任的，销售者有权向生产者或者其他销售者追偿。消费者或者其他受害人因商品缺陷造成人身、财产损害的，可以向销售者要求赔偿，也可以向生产者要求赔偿。属于生产者责任的，销售者赔偿后，有权向生产者追偿。属于销售者责任的，生产者赔偿后，有权向销售者追偿。消费者在接受服务时，其合法权益受到损害的，可以向服务者要求赔偿。"还有第四十三条规定："消费者在展销会、租赁柜台购买商品或者接受服务，其合法权益受到损害的，可以向销售者或者服务者要求赔偿。展销会结束或者柜台租赁期满后，也可以向展销会的举办者、柜台的出租者要求赔偿。展销会的举办者、柜台的出租者赔偿后，有权向销售者或者服务者追偿。"等等。

特别值得一提的是，《新消费者权益保护法》第四十四条专门针对一些大型的网络交易平台提供者做出了相关规定。消费者权益受损时可以向卖家要求赔偿，而作为第三方的网络交易平台，对其受损的事实也不能坐视不管，所以在这方面《新消费者权益保护法》也作出了明确的条文规定，对消费者来说，又多了一条权益保障渠道，这又成为《新消费者权益保护法》的一大亮点。《新消费者权益保护法》第四十四条规定："消费者通过网络交易平台购买商品或者接受服务，其合法权益受到损害的，可以向销售者或者服务者要求赔偿。网络交易平台提供者不能提供销售者或者服务者的真实名称、地址和有效联系方式的，消费者也可以向网络交易平台提供者要求赔偿；网络交易平台提供者作出更有利于消费者的承诺的，应当履行承诺。网络交易平台提供者赔偿后，有权向销售者或者服务者追偿。

网络交易平台提供者明知或者应知销售者或者服务者利用其平台侵害消费者合法权益，未采取必要措施的，依法与该销售者或者服务者承担连带责任。”

《产品质量法》中也规定，产品有下列情形之一并造成损失的，消费者可以要求销售者赔偿损失：① 不具备产品应当具备的使用性能而事先未做出说明的；② 不符合在产品或者其包装上注明采用的产品标准的；③ 不符合以产品说明、实物样品等方式表明的质量状况的。

因产品存在缺陷造成人身、缺陷产品以外的其他财产损害的，消费者可以要求生产者承担赔偿责任。这些规定同样适用于网上交易。此外，针对网络经营者不如实履行信息披露义务甚至做出虚假宣传，欺诈、诱骗消费者的情况，消费者有权依照《新消费者权益保护法》第五十五条的规定，要求经营者承担赔偿责任。

第五十五条规定：“经营者提供商品或者服务有欺诈行为的，应当按照消费者的要求增加赔偿其受到的损失，增加赔偿的金额为消费者购买商品的价款或者接受服务的费用的三倍；增加赔偿的金额不足五百元的，为五百元。法律另有规定的，依照其规定。经营者明知商品或者服务存在缺陷，仍然向消费者提供，造成消费者或者其他受害人死亡或者健康严重损害的，受害人有权要求经营者依照本法第四十九条、第五十一条等法律规定赔偿损失，并有权要求所受损失二倍以下的惩罚性赔偿。”该条款中的赔偿损失，不仅包括医疗费、护理费、交通费、误工费等费用的赔偿，还包括精神损害赔偿。

7.3 消费者公平交易权的法律保护

7.3.1 电子商务中消费者公平交易权实现中存在的问题

消费者公平交易权是指消费者在进行购买商品或者接受服务过程中享有的与生产经营者进行公平交易的权利。公平交易权的目的在于消除因消费者在交易中的弱势，校正交易中的不公平现象。这种权利不因消费者在网上或网下交易而有任何差别。

我国《新消费者权益保护法》第十条规定：“消费者享有公平交易的权利。消费者在购买商品或者接受服务时，有权获得质量保障、价格合理、计量正确等公平交易条件，有权拒绝经营者的强制交易行为。”这一条与修改前的《新消费者权益保护法》完全一致。第十六条第三款规定：“经营者向消费者提供商品或者服务，应当恪守社会公德，诚信经营，保障消费者的合法权益；不得设定不公平、不合理的交易条件，不得强制交易。”

所谓公平交易，就一般意义而言是指交易双方在交易过程中获得的利益相当，而在消费性的交易中，就是指消费者获得的商品和服务与其交付的货币价值相当。电子商务法赋予了消费者公平交易的权利，即指消费者在网上进行交易时，享有获得公平的交易条件的权利。这种公平的交易条件包括商品质量保障和合理价格。在传统的消费领域中，相同的商品在不同场所的消费价格就大不相同，比如一瓶饮料在市场销售，其最低价格可能是 2.5 元，而最高价格则可能是 10 元，甚至更高。相同的消费品就有如此大的价格差，这是由于人们在不同的消费场合所决定的；网络购物则是一种全新的购物空间，由于简单、快捷并在发展的初期，给予大众新鲜好奇的购物新感觉，但无论消费者是以何种心态进行网上购物，其所选的商品或服务都是自己的需要，网络服务经营者不能因购物空间的改变和特殊，就故意抬高商品的价格。

所谓价格合理，即商品或服务的价格应该符合国家物价规定，基本与其价值相符。价格是否合理，直接关系到消费者的财产利益是否得到实现。传统消费者还有讨价还价的余地，而网络消费者所拥有的只是一个网络平台和一个鼠标，仅根据网上所提供的商品信息，自己来判断商品与服务的价格与其本身的价值是否相当。这种自始至终的“自己搞定”购物方式，很容易使消费者被网上的虚假信息所骗而进行不公平交易，也就更加强调网上商品价格的合理性。我国《价格法》第十四条第四款规定：“经营者不得利用虚假的或者使人误解的价格手段，诱骗消费者与其进行交易。”在线商场提供的商品价格必须合理，要做到货有所值，质价相符。

消费者购买商品或者接受服务，有权获得质量保障。商品和服务质量的好坏，是消费者公平交易权能否得到满足的关键，网络消费者有权要求从网上购买的商品符合国家规定的质量标准，尤其是可能危及人身及财产安全的商品，更应保证其质量。在网络购物这种新主流购物模式的发展过程中，应当反对以假充真，以次充好，以不合格产品充当合格产品的现象。

另外，网上购物很重要的一环就是要通过网络与商家签订相关的合同，这些合同一般采用格式合同的方式以节约消费者的时间。消费者在电子商务中经常遇到的是“点击合同”，即消费者通过网络双击“同意”或者“接受”而订立的电子商务格式合同，其内容一般是商家事先已经准备好的固定的条款。一方面，由于其合同条款已经固定，没有另一方的意思表示，所以在具体执行中难免会对合同的效力和约束力等产生异议；另一方面，由于其条款完全由商家制定，难免会存在一些有违公平合理、等价有偿原则的条款，比如无论商品有何瑕疵，消费者只能请求免费修理，而不能退货或求偿的条款等，这样自然就会产生消费者认为这些合同有违我国民法的基本原则而请求认定无效的异议。

网上合同的效力问题主要涉及以下几方面：消费者通过网络以双击“同意”键订立的合同是否具备承诺的要件而可以使合同对双方产生约束力；由于消费者一般情况下不可能也不会仔细阅读网络购物合同中复杂而烦琐的条款，一旦这些合同存在违反诸如诚信、公平等民法基本原则，如何判定这种合同的效力？这些问题直接关系到进行网络购物的消费者的利益。

7.3.2 电子商务中消费者公平交易权的保护

对于电子商务中消费者公平交易权的保护，以介绍国内外对网络交易中格式条款的法律规制为主。在电子商务交易中，由于当事人双方不能面对面地谈判，经营者经常采用格式条款来订约，经营者与消费者通常只通过已经格式化的合同进行交易，消费者只有接受或者拒绝的权利，而不能就合同条款进行讨价还价。这种格式化的条款有的是采用俱乐部章程的形式，或者是采用顾客须知的方式，还有的是采用网站规则的形式出现。在网站中，具体涉及消费者的各种不公平条款主要包括：经营者减轻或者免除自己的责任；不合理地分配风险，特别是将系统故障、第三人行为等因素造成的风险归由消费者负担；举证责任转移；约定有利于经营者的纠纷解决方式等。

鉴于网络上格式条款对消费者权益形成的障碍，各国或国际组织都以立法的形式对网络交易中的格式条款进行规制。如美国的《统一电子交易法》（UTEA）不允许以格式合同中的模糊不清条款或隐藏条款强迫消费者接受。该法律认为，消费者是否同意以电子方式进行交易，必须由上下文和周围的情势包括当事人的行为决定。另外《统一计算机信息交易法》(UCITA)第一百一十一条则对消费者签署的有失公平的合同提供了救济，即如果法院发现一个合同或其中的某一条款在制定时有失公平，法院可以拒绝执行该合同，或执行该合同中除有失公平条款之外的条款，或限制该有失公平条款的适用以避免造成有失公平的结果。经济合作与发展组织(OECD)的《电子商务中的消费者保护指南》中也指出：电子商务经营者应当根据公平原则进行交易；不应有虚假陈述等欺骗、误导消费者的行为和其他导致消费者利益损害的不合理风险分配行为。

我国对于格式条款的规制主要依据《合同法》,《新消费者权益保护法》第二十六条也有明确规定。《合同法》第十条规定："当事人订立合同，有书面形式、口头形式和其他形式。"点击行为可以看成"其他形式"。在点击合同情形下，由于当事人在签约时完全可以了解合同的内容，所以，对于这种方式成立的网上合同，如果其具备合同成立的要件并符合我国民法中诚实信用、等价有偿的原则，则更容易被法院承认其效力。此外在《合同法》第三十九条至第四十一条中也有相应规定，但这些规定均属于对于格式条款的一般规制，并不考虑电子商务的本身特点，因此其作用有限。为了保护网上消费者的公平交易权，未来立法中应当就电子商务中的格式条款问题作针对性的规定，应结合电子商务特点赋予其三项基本权利。

(1)事先获悉及审阅格式合同条款内容的权利。原则上，消费者必须在最初接触商品之前或之际，有机会查阅格式合同，并以明示同意或以其他类似方法表示同意，单纯的未反对的表示仍不足以认为消费者已同意该条款。一般而言，在经营者的网页上会显示交易的权利义务，由消费者点选同意表示接受后方可继续完成后续程序，直到合同缔结完毕。根据我国《合同法》第三十九条第一款的规定，提供格式条款的一方应当遵循公平原则，确定当事人之间的权利和义务，并采取合理的方式提请对方注意免除或限制其责任的条款，按照对方的要求，对该条款予以说明。网上经营者单方提供的格式条款必须能引起消费者的充分注意并满足其详细审阅、自由斟酌、准确判断特定行为(如点选按键)后果的要求。若根本未赋予消费者审阅合同条款的机会，或条款不明确，或网页显示的字体难以引起注意，或以不清楚的超级链接方式链接条款内容，则无异于未向消费者明示告知，即使消费者点选同意键也可排除该格式条款的适用效力。

(2)以格式条款内容无效而排除其适用。根据《合同法》第四十条、《新消费者权益保护法》第二十六条规定，经营者不得以格式合同做出对消费者不公平、不合理的规定，或者减轻、免除其损害消费者合法权益应承担的民事责任。如当事人间给付与对待给付明显不相当；消费者负担了非其所能控制的风险；消费者违约时，负担了不相当的赔偿责任等。格式条款除因违法而无效外，提供格式条款一方免除其责任、加重对方责任、排除对方主要权利的，该条款亦无效。这些规定同样适用电子商务中的各种交易，不能以已赋予消费者事先审阅合同机会为由否定消费者主张条款无效的正当性。

(3)提供给消费者更正电子错误的机会，否则消费者可不受自己发出的错误电子信息的约束。比如，消费者在输入电子订单数量时将1 000错误地输入为10 000，消费者可否撤销据该错误产生的合同？为鼓励消费者从事网络交易，可借鉴美国UCITA法案的规定，对网络经营者疏于设计和提供更正错误的程序、方法而使消费者的错误表示无从更正，则消费者可不受该错误信息的约束。当然对这一错误表达应尽到善意通知经营者的义务。

总之，消费者针对电子商务合同应注意两点：① 基于网上合同的基本有效性，要充分利用各种方式来明确双方的权利义务，以免出现不必要的麻烦；② 对于这种格式合同，如果存在违反我国民法中的诚实信用、等价有偿以及公平合理等原则而使合同显失公平，消费者应当积极维护自己的合法权益。

《新消费者权益保护法》第二十六条规定："经营者在经营活动中使用格式条款的，应当以显著方式提请消费者注意商品或者服务的数量和质量、价款或者费用、履行期限和方式、安全注意事项和风险警示、售后服务、民事责任等与消费者有重大利害关系的内容，并按照消费者的要求予以说明。经营者不得以格式条款、通知、声明、店堂告示等方式，作出排除或者限制消费者权利、减轻或者免除经营者责任、加重消费者责任等对消费者不公平、不合理的规定，不得利用格式条款并借助技术手段强制交易。格式条款、通知、声明、店堂告示等含有前款所列内容的，其内容无效。"

请看一则案例：

桂林晚报2011年7月21日新闻：2011年7月17日，市民小朱在淘宝网上看到"桂林玛莎婚纱摄影"的一次团购活动，活动写明，只需9.9元，就能拍摄原价299元的全家福写真，其中包含了精拍30张照片、提供服装等服务，团购服务有一个限制，就是拍摄限2代人，人数在3至5人，如果超过就得多交些钱。小朱觉得实惠，且小朱自己，加上弟弟，妈妈和外婆，他们家一共有3代4口人，符合拍摄全家福的条件，遂交费预订了全家福照。次日，小朱一家人到"桂林玛莎婚纱摄影"拍摄全家福时，工作人员告知，在他们影楼的定义里，"全家福"一定要有父母双方和小孩，这才能算是全家福。像小朱这样的单亲家庭，则属于"亲子"，不在团购的服务范围之内。那么，小朱该如何维护自身权益？消费者进行团购时，购买的其实是进行团购行动时所标明的服务。小朱在团购时，"全家福"并没有限制"亲子照"的拍摄，在团购后，即使婚纱影楼重新定义了全家福的解释，消费者也可以不用理会。当出现对格式条款不一致时，应当做出有利于被动方的解释。因此，婚纱影楼应当为小朱拍摄全家福。作为消费者，一定要有清醒的法律意识和行动，在团购以及其他任何服务前，除了要看清楚自己将享受到的服务，还要将条件限制看仔细。在下单后，也要仔细查看订单，看是否与自己团购的服务有出入。如果条件允许，消费者最好能保存购买时的页面，为商家事后减少服务或者增加服务限制时保留证据。

7.4 消费者安全权的法律保护

7.4.1 电子商务中消费者安全权实现面临的障碍

我国《新消费者权益保护法》第七条规定："消费者在购买、使用商品和接受服务时享有人身、财产安全不受损害的权利。消费者有权要求经营者提供的商品和服务，符合保障人身、财产安全的要求。"第十八条规定："经营者应当保证其提供的商品或者服务符合保障人身、财产安全的要求。对可能危及人身、财产安全的商品和服务，应当向消费者做出真实的说明和明确的警示，并说明和标明正确使用商品或者接受服务的方法以及防止危害发生的方法。"

相对于传统交易，电子商务具有交易主体虚拟化、交易过程无纸化、支付手段电子化、交易空间泛地域化等特点，这些特点使经营者与消费者之间的力量对比更加悬殊，消费者的权益更易受到侵害。安全权是我国《消费者权益保护法》赋予消费者的最基本的权利，对消费者安全权的侵害也是电子商务中面临的最大问题。对于网上购物的消费者来说，其遇到的安全问题主要体现在人身安全、财产安全、隐私安全权、产品质量的安全和使用网络服务的安全五个方面。

1．人身安全问题

人身安全权，指消费者在网上所购买的物品不会使自己的生命和健康受到威胁。现在网络商店所提供的商品种类越来越多样化，消费者所选购的范围也越来越广，这就要求网络商品的提供者对商品的安全性有足够的质量及安全性保障。与传统的消费者一样，从网上购买商品的消费者也有获得质量合格的商品的权利。质量不合格的商品也许就会给消费者的人身带来损害，如从网上购买食品过期或变质，就很可能伤害消费者的人体健康；网上买来的家用电器缺乏安全保障，一旦出事也会给消费者带来人身伤害。给消费者的生命和健康带来损害，就是侵犯了消费者的安全权，违反了我国《消费者权利保护法》和《民法通则》的相关规定，会令消费者丧失对网上购物的信心。

2．财产安全问题

财产安全权，指消费者的财产不受侵害的权利。通过网络银行支付货款对消费者的财产安全权有一定的威胁。在传统的交易方式中，整个交易过程都是在经营者提供的场所内进行，经营者有义务为消费者提供安全的消费环境。然而在电子商务模式下，一个交易行为的完成需要交易双方、银行、快递公司等多个主体的参与，整个交易过程也是在开放的网络上进行。病毒攻击、黑客入侵、信用卡欺诈等问题时有发生，不仅对消费者的财产安全造成严重威胁，同时也制约电子商务的发展。

3．隐私安全权问题

隐私安全权，指公民享有的私人生活安宁与私人信息依法受到保护，不被他人非法侵扰、知悉、搜索、利用和公开等的一种权利。在传统的交易关系中，经营者一般不会询问消费者的姓名、地址和月收入等。但是，基于互联网进行的个人电子商务活动则完全不同，注册网站或消费者进行各种网络消费时一般都需要在网上提供相关个人信息，包括家庭收入状况、兴趣爱好、职业情况甚至银行账户等。但是这往往会对消费者的个人隐私产生威胁，如个人信息的意外泄露，未经请求的垃圾邮件等。然而对于这些个人资料，网站和经营者并没有像事先承诺的那样采取保密措施，甚至有的经营者为一己之利擅自将消费者的个人信息公开。

4．产品质量安全

电子商务的经营者身份复杂、素质良莠不齐。虚拟化的交易方式，消费者与经营者并不见面，对将要购买的商品也不能直接接触，只能通过经营者公布的网页信息了解有关商品和服务的具体情况，当然也可以借助即时通信工具，但是也难免会处于被动状态。消费者在收到货物后才发现与所宣传的不完全符合，或者由于商品本身的特性而导致一些特征无法通过网络认识，消费者购买或使用后才发现，即使可以“七日内无理由退货”，但也要花费时间、精力去办理，给消费者带来诸多麻烦。

信息产品安全问题不完全是一个产品质量问题，而且更不容易界定。信息产品可能本身存在质量问题，给消费者的计算机或网络系统带来不安全、不稳定或易受攻击，也可能携带有或在网上传输过程中感染病毒，给消费者带来财产损失。对于信息产品安全达到什么程度，对于特殊的信息产品如防火墙或杀毒软件给消费者带来什么安全，目前法律上还没有清楚的界定。

5．使用网络服务的安全问题

上网收发信件、上网浏览、查寻信息，网络服务提供商是否应当保障网络环境的安全并保障信件的传输安全、查寻的信息的安全或无病毒？这是属于消费场所安全，还是服务安全，是一个尚待确定的问题。

7.4.2 电子商务中消费者安全权的保护

1．安全、可靠的支付手段是消费者安全权保障的关键

付款方式包括传统付款（邮寄、银行汇票、转账）和电子付款。电子付款的类型包括电子资金移转（EFT）、信用卡、电子现金等，可理解为以电子形式储存于芯片或计算机网络的货币价值。目前能够保障安全资金支付的技术系统是由 VISA 国际组织和 MasterCard 组织共同制定的基于信用卡交易的技术标准，由于其增加了对网上经营商店的身份认证，具有更可靠的保证，但并不能完全杜绝网上账号的盗用和消费者个人资料的被窃和肆意公布。在我国，电子货币广泛运用的软/硬件条件目前均不成熟，传统付款方式更能增强消费者的网上购物安全感。技术的进一步开发和政府对电子货币的监管并举将是十分重要的。目前，各国对电子货币监管的对策大致有以下几种：①立法方式，通过立法增加强制性规定，拟订法定合同条款；②行政方式，建立行政主管机关对标准合同的事先审核或事后监管制度；③司法方式，由法院审查格式合同条款的效力；④由行业协会制定自律规则；⑤建立消费者权益保护组织；⑥强化舆论监督。

2．技术和制度的有机结合是消费者安全权实现的又一利器

目前有效的国际通用安全技术机制包括防火墙技术、加解密技术、电子签名、身份认证等。但如何将上述技术制度化，确认其法律地位、法律效力和相关当事人的法律责任则是颇为复杂和值得研究的问题。如电子签名是以电子形式存在，依附于电子文件并与其逻辑相关，用以辨别电子文件签署者身份，传达签署者接受文件的意愿约束的符号。联合国 UNCITRAL《电子签名示范法》、新加坡《电子交易法》均赋予电子文件以合法效力和诉讼中的证据效力。在我国，2004 年 8 月 28 日，十届全国人大常委会第十一次会议表决通过《中华人民共和国电子签名法》，并于 2005 年 4 月 1 日起施行，首次赋予可靠的电子签名与手写签名或盖章具有同等的法律效力，并明确了电子认证服务的市场准入制度。电子商务认证是配合电子签名由权威的具有公信力的第三方即 CA 进行安全认证的制度，它能解决电子签名技术无法解决的信用问题。鉴于在电子商务中扮演安全卫士的特殊角色，对 CA 的资格审批、撤销需要严格立法，同时应明确 CA 与申请人及参与交易者之间的权利义务关系，规范 CA 中心承担的法律责任。

7.5 相关链接——消费者权益保护法修订历程

《中华人民共和国消费者权益保护法》（以下简称《消法》）于1993年10月31日第八届全国人民代表大会常务委员会第四次会议通过，1994年1月1日起施行。《消法》从施行到现在已将近20年，对保护消费者合法权益、维护社会主义经济秩序、促进市场经济健康发展起到了至关重要的作用。这些年随着我国经济社会的不断发展，消费方式、消费结构和消费理念都发生了非常大的变化，消费领域出现了不少新情况和新问题，这部法律亦与时俱进，适时修改。

2009年：启动修订。由国家工商总局牵头启动消费者权益保护法的修订工作。

2010年：草案送审。修订草案送审稿报送国务院。

2012年3月：建议修改。十一届全国人大五次会议期间，121名代表提出4件议案，建议修订消费者权益保护法。

2012年11月：列入规划。修订《消法》列入十一届全国人大常委会立法规划。

2013年4月：首次审议。《消法》修正草案首次提交全国人大常委会审议。

2013年9月：继2013年4月23日《消费者权益保护法》修正草案提交之后，《新消费者权益保护法》已于2013年10月31日出台。

2013年10月：10月25日，十二届全国人大常委会第五次会议在北京闭幕。出席会议的全国人大常委会组成人员154人，以150票赞成、2票反对、1票弃权，表决通过了关于修改《消费者权益保护法》的决定。这是全国人大常委会对实施近20年的《消费者权益保护法》的首次大修，新修改的消费者权益保护法于2014年3月15日起施行。

总结：《中华人民共和国消费者权益保护法》于1993年10月31日第八届全国人民代表大会常务委员会第四次会议通过。根据2009年8月27日第十一届全国人民代表大会常务委员会第十次会议《关于修改部分法律的决定》第一次修正。根据2013年10月25日第十二届全国人民代表大会常务委员会第五次会议《关于修改〈中华人民共和国消费者权益保护法〉的决定》第二次修正，于2014年3月15日起施行。1994年1月1日起施行的《中华人民共和国消费者权益保护法》共八章55条。《中华人民共和国新消费者权益保护法》共八章63条。

以案用法

2012年天猫“双11购物狂欢节”结束后，陆续有成功下单、付款的消费者被告知所购商品系“超卖品”，建议退款。天猫官方致歉称“双11”当天流量巨大，导致系统数据对接不准，少部分订单“超卖”，并公布了3项赔偿方案。

就11月11日出现“超卖”的原因，天猫发布官方微博，称是当天巨大的流量“导致我们的系统商品库数据与商家前后台数据对接不准，少部分订单出现超卖”。天猫商城官方同时发布了3条补救措施：各商家全力调货，并根据实际情况对消费者进行额外补偿；对未发货的“超卖”订单，将全额退款；所有“超卖”订单的消费者，将获得商品价格30%、最多500元的天猫积分，若商家紧急调货，在系统规定的发货时间后再发货，消费者可同样享受补偿。

除天猫外，优衣库也发生“超卖”情况。优衣库公关代表表示，除对客户的“超卖”订单进行退款处理，还将于退款处理结束3个工作日内，按照“超卖”退款的金额，发放同等额度的优衣库官方网店红包至客户的支付宝账户，消费者会陆续收到红包补偿。

对于优衣库官方和天猫对“超卖”做出的回应，消费者表示可以接受，“希望他们的承诺可以兑现，给予消费者网购期待的同时，给予我们信心”。

请分析：

1．消费者已成功下单并付款，而却被告知所购商品系“超卖品”，建议退款，那么商家的行为是否属违约行为？

2．本案中商家的表现是否体现了对消费者的权利的保护？

3．结合本案例，分析在电子商务中应如何维护消费者的合法权益？

思考练习题

一、多选题

1．以下行为中，涉及侵犯了“个人信息隐私权”的有（　　）

A．不当收集和利用了个人资料；

B．从网上购买食品过期或变质；

C．利用现代信息技术不当地收集、窥视、公开他人私事；

D．干扰个人自主、独立生活的权利或独处的权利。

2．以下哪些情形属于对个人资料的不正当利用（　　）。

A．个人数据二次开发利用

B．未经当事人知晓或同意收集个人资料

C．为了网上购物或接受其他信息服务，消费者必须提供个人信息

D．你上网时，你的个人信息被网站毫无声息地收集

E．个人资料交易

F．对个人资料的失控

3．以下关于消费者知情权保护的说法中，你认为正确的是（　　）。

A．应在法律中明确经营者的各方面信息披露义务；

B．应该配套建设完善的资信体系；

C．消费者要了解商品的技术指标情况，如用途、性能、规格、等级等；

D．消费者要了解商品或者服务的价格及商品的售后服务情况；

E．向消费者提供商品和服务的广告及其相关信息必须是客观的、真实的。

4．以下关于消费者公平交易权保护的说法中，你认为正确的是（　　）。

A．消费者有事先获悉及审阅格式合同条款内容的权利；

B．以格式条款内容无效而排除其适用；

C．提供给消费者更正电子错误的机会；

D．消费者有权了解商品或者服务的价格及商品的售后服务情况；

E. 对于显失公平的格式合同，消费者应当积极维护自己的合法权益。

7. 以下关于消费者索赔权保护的说法中，你认为不正确的是（　　）。

A. 消费者在使用商品时候，其合法权益受到损害，可以向销售者要求赔偿，不可向生产者要求赔偿；

B. 因商品缺陷造成人身、财产损害的，可向生产者要求赔偿，不可向销售者要求赔偿；

C. 因产品存在缺陷以外的其他财产损害的，消费者可要求生产者承担赔偿责任；

D. 不具备产品应当具备的使用性能而事先未做出说明的，消费者可以要求销售者赔偿损失。

E. 对于数字化商品，除非信息不完全或有严重错误或含有病毒等破坏性程序，一般情况下，消费者不应再要求退货。

6. 以下关于消费者安全权保护的说法中，你认为正确的是（　　）。

A. 公民享有的私人生活安宁与私人信息依法受到保护，不被他人非法侵扰、知悉、搜索、利用和公开等。这种权利被称为人身安全权。

B. 公民享有的私人生活安宁与私人信息依法受到保护，不被他人非法侵扰、知悉、搜索、利用和公开等。这种权利被称之为隐私安全权。

C. 经营者应当采取适当措施保护个人数据文件免受自然危害（如突发性的丢失或损坏）和人为危害（如非授权访问、欺骗性滥用或被计算机病毒感染）的威胁。

D. 消费者的人身安全权，就是指明消费者在网上所购买的物品不会使自己的生命和健康受到威胁。

二、问答题

1. 消费者隐私权主要包括哪四项权利？
2. 简述侵犯个人信息隐私权的主要内容。
3. 简述电子商务中消费者隐私权保护的内容。
4. 消费者索赔权保护主要依照的法律有哪些？
5. 简述电子商务中消费者安全权存在哪些主要问题？如何解决？
6. 简述电子商务中消费者知情权的保护措施。
7. 就电子商务中的格式条款问题，如何保障消费者的公平交易权？

第 8 章

电子商务管制法律制度

导入案例

（1）Facebook 在 News Feed 中插入广告被控违法：2011 年 12 月 20 日国外媒体报道：Facebook 在好友状态更新 News Feed 中插入广告，引发用户争议。在 Facebook 上，如果某位用户在品牌厂商的网页上点击了“like”，这一动作将会被当作好友状态更新的一部分，广播给所有好友，其中夹带广告主品牌，动态消息意指这位用户“喜欢这一品牌”。针对这一现象，美国安琪·夫拉里（Angel Fraley）将 Facebook 告上法庭，原告称，Facebook 在用户动态中夹杂广告的举动，违反了加州的《Right of Publicity Statute》。根据此法，如果未经用户许可，广告主不得在收费广告中使用个人的名字和照片。另外原告表示，他们在点击企业网页“like”按钮的时候，并未意识到 Facebook 会强行将此当作“喜欢某个品牌”。Facebook 辩解称，在社交网络上，对于好友来说，用户具有公众人物属性，另外其点击“like”按钮的举动，具有可传播的新闻价值。Facebook 申请驳回原告诉讼。但美国加州联邦地方法庭法官做出裁决，驳回 Facebook 请求，支持员工诉讼。

（2）上海黎依市场策划有限公司（以下简称黎依公司）成立于 1999 年。作为公司的法定代表人兼经理，张某全面负责这家公司的经营管理。由于看好网上销售的前景，2006 年 6 月起，黎依公司开始在互联网上经营婴儿用品，生意越做越大，堪称红火。2006 年 6～12 月，短短半年时间，黎依公司销售货物的总金额便达到 289.5 万元。尽管销售额节节攀升，但黎依公司为了偷逃国家税款，采用不开具发票、不记账的方式，不向税务机关申报纳税。经上海市普陀区国家税务局税务核定，黎依公司应缴增值税 11 万余元，已缴增值税 0 元，少缴比例为 100%。但黎依公司辩称，公司开了好几年，此前都是缴税的，后来通过网络交易，而网络交易大家都没缴税，才没有缴税的。2007 年 6 月 5 日，上海市普陀区人民检察院以“偷税罪”，将黎依公司及法定代表人张某告上了法庭。

（3）小强（化名）是一位 QQ 飞车游戏迷，前一阵子，他加了一个游戏名为小战（盗号者）的好友，因为玩得很开心，小战就以试车的理由跟小强要到了密码。由于飞车不存在交易系统，而且飞车中借号玩是很普遍的现象，所以小强在心理上也就没什么防备。随后的几天小强的 QQ 也没有什么异常，更让小强对账号密码泄露问题松懈了。兼之小战时不时会和小强一起玩飞车，更是让小强对其没有了任何戒备之心，在与小战一起玩飞车的这段时间，不知不觉中将一些私人保密信息透露给了小战。

某天，小强发现自己 QQ 号的密码改了，而且其他的各种密保也都换了，小强这才意识到自己 QQ 号被盗了，后来，他通过 QQ 申诉找回了自己的账号，并对计算机进行了木马查杀，却什么也没有发现。一头雾水的小强也只能自认倒霉，这事也不了了之。但是接下来的日子，小强的QQ号又被恶意申诉盗号了两次，事情慢慢演变成了申诉拉锯战。无奈的小强只好寻求好友的帮助，并且在好友的提示下删除了知道自己QQ密码的飞车好友之后，这才暂时保住了自己的QQ号。直到后来小战盗号的行为在论坛被曝光后，小强才知道原来是小战盗了自己的号。

以案问法

通过阅读导入案例，请思考以下问题：

1. 案例（1）中涉及与网络广告相关的哪些问题？
2. 利用网络广告进行不正当竞争的行为有哪些？
3. 你认为案例（2）黎依公司的辩称有法律支撑力吗？
4. 想知道法院对黎依公司的判决结果吗？
5. 作为QQ用户，如何应对恶意申诉盗号的行为？
6. 请思考电子商务交易普遍存在的安全隐患有哪些？能提几点防范的建议吗？

以案解法

1. 案例（1）涉及网络广告侵犯用户隐私权以及与隐性广告相关的法律问题，还有网络广告监管方面的问题。

2. 请参考教材有关内容。

3. 案例（2）涉及对电子商务是否征税的法律问题。我国电子商务税收政策支持对电子商务征税。对电子商务进行征税有利于维护我国税收法律的统一性和权威性，避免滥用电子商务进行避税逃税现象的发生，同时也符合税收中立原则的要求。税收是国家赖以生存的重要财政支柱，电子商务作为日益增长的新税源，若对其实行免税将严重威胁国家的财政收入。因而本案黎依公司的辩称无法律支撑力。

4. 经审理，法院做出一审判决，被告黎依公司犯偷税罪，判处罚金10万元；被告法定代理人张某犯偷税罪，判处有期徒刑两年，缓刑两年，并处罚金6万元。其后，被告未提起上诉，一审判决生效。这是我国首例因网上交易偷税被判刑案件。

5. 解决方案有以下几个，仅供参考：① 尽量减少信息泄露，密保问题不要设置得太过简单。② 申诉回来之后，迅速删掉所有可疑的QQ的好友，防止盗号者再次利用好友辅助申诉盗号。③ 当陷入申诉拉锯战的时候，请尽可能提供更具体、更准确、更原始的申诉资料。这样，在通过申诉后，只要盗号者的申诉资料没有原始资料准确，那么盗号者的申诉是不会通过的。④ 如果不想放弃此号，就跟盗号者对抗到底。一旦发现自己设置的密码和密码保护无效了，便说明盗号者又恶意申诉了，自己就要马上申诉回来。“QQ申诉”是用来保护QQ账户安全的最强措施，对于申诉的资料内容一定要慎重保密。

6. 电子商务中普遍存在的安全隐患请参照教材有关内容。

防范建议（仅供参考）：① 部分告知。即在网上交易中将最关键的数据如信用卡号码及成交数额等略去，然后再用电话告之，以防泄密。② 另行确认。即当在网上传输交易信息后，再用电子邮件对交易作确认，才认为有效。③ 建立有效的安全交易标准和技术：如现在建立的安全超文本传输协议（S-HTTP）、安全套接层协议（SSL）、安全交易技术协议（STT）等。④ 使用数字认证。⑤ 使用加密技术。⑥ 通过CA认证。

8.1 电子商务中的广告法律制度

8.1.1 电子商务中的广告概述

1. 网络广告的概念与特征

根据我国《广告法》第二条第二款的规定，广告是指商品经营者或者服务提供者承担费用，通过一定媒介和形式直接或者间接地介绍自己所推销的商品或者所提供的服务的一种宣传方式。

网络广告就是利用网络从事的广告宣传活动，又称电子广告。以传媒作为标准进行广告分类的话，网络广告应属于大众传媒广告。在网络技术广泛应用以前，大众传媒一般是指广播、电视、报纸、杂志等以不特定多数人为传播对象、媒介覆盖高、宣传范围广的信息传送方式，但随着网络技术的应用与发展，网络超越了传统的时空，成为一种更新的大众传媒。网络被誉为继广播电视、报纸杂志和户外广告之后的第四大媒体，具有其区别传统媒体的独特性。

（1）广泛性。互联网是一个没有地域国界的虚拟世界，一个站点的广告通过互联网可以传遍世界各地；而只要具备上网条件，任何人在任何地点都可以搜索到全球各个厂商的广告信息。同时，网上广告不受时间限制，可以实现全天候 24 小时不间断的服务，而且其传播速率也是任何一种传统媒体无法比拟的。

（2）针对性。网站往往为用户提供多项服务，因此一般都能建立比较完整的用户数据库，记录用户的资料信息。这些信息可以帮助广告业者分析市场和受众，根据对象的具体情况，有针对性地制作并发布广告，避免传统广告由于盲目投放所导致的花费颇多却收效甚微的缺点，从而达到事半功倍的效果。

（3）便捷性。网络广告利用数字技术和多媒体技术制作而成，用户通过互联网可以随时随地浏览。而且，较之传统广告一旦发布便难以更改，即使可以改动，也需支付高额费用；网络广告能够按照需要及时变更，并且成本较低。

（4）互动性。网络广告可借助图、文、声、像等多媒体技术，将产品的形状、用途、使用方法、价格、购买方法、支付方法等信息完整地展示在用户面前，而且其交互式界面还可以使用户对网络广告的阅读更具层次性，既可以充分了解产品或服务的完整信息及详细资料，又可以通过 E-mail 及在线调查等方式及时向商家反馈客户意见要求，这就克服了传统广告中信息发送及反馈的单向性及时差性的缺点。因此，网络广告可以在广告发布的过程中实现即时双向沟通，有助于发送者及时根据客户需要调整其广告策略及内容等，从而更好地满足客户要求。

（5）开放性。传统广告的发布者，如广播、电视、报纸、杂志等，尽管其覆盖面和迅捷程度也可以与网络媲美，但是，在这些媒体上发布信息源头是可控的。而网络的开放性，使之真正成为人人都可以操纵的“大众媒体”，任何人都有可能在网上发布广告或类似的商业信息。

（6）普遍性。普遍性主要指在线广告主的普遍性。任何个人、企业（不论是设立网站、主页、在线商店，还是仅仅成为在线用户或会员）只要通过网络推销、销售其产品或服务，即要在网上发布企业、产品或服务信息，实际上就构成了广告主。可以说，几乎所有的从事在线交易的人都可能是广告主。这是在线广告或网络广告区别于传统意义上的广告非常重要的方面。

2．网络广告的类型

从发布途径来看，网络广告有以下几种情形。

（1）通过自设的网络发布广告，普通的企业及网络公司均可以通过自己的网站发布有关其自身产品或服务的广告。

（2）通过电子邮件发布广告，即通过电子邮件将广告发送到一定数量的网络使用者的电子信箱中。

（3）通过企业或个人主页发布广告。

（4）通过委托因特网服务提供商（ISP、ICP）和其他网站发布广告，接受者成为广告的发布者。

从网络广告的形式而言，网络广告可以分为以下四种。

（1）横幅与视框广告。这种广告大多位于网页上端或下端，一般内容为公司名称、一段简短的信息和鼓励用户浏览该网页的字眼。这些横幅可以是静态或是动态的，假如用户选择点击横幅，就会被带到另外一个网页。

（2）多媒体广告横幅。这类横幅配合多媒体技术，如 Flash、Shockwave 和 Java，用来提供影像、音效、动画和照片。用户可以进入这些网页，而无须离开原本的网页。广告商从其他网页直接将内容传送给用户者，让用户随意购物或登记资料，而不用离开原来正在浏览的网页。

（3）关键字或按钮广告。关键字广告或按钮广告所占面积小，可以放在相关产品内容旁边。像广告横幅一样，这些按钮并不是互动的，当用户选择点击这些按钮时，用户就会被带到另外一个网页。

（4）电子邮件广告。电子邮件（E-mail）是互联网上最便宜和最有效率的宣传方法，是互联网上较为有效的广告方式，通过 E-mail 系统，商家可以将服务和产品信息传递到特定的消费者手中或某个网站的所有消费者手中。

3．网络广告的作用

（1）为宣传自己网站或网络服务而做广告。

（2）为宣传自己在网上经营的产品或服务而做广告。

（3）接受他人委托充当广告发布者，为他人的产品或服务而做广告。

8.1.2 电子商务中的广告法律问题

1．网络广告主体的界定问题

以传统的平面媒体和电子媒体传播的商业广告，其广告主、广告经营者和广告发布者各自的定位和职责是清晰的。一般来说，广告经营者主要是广告公司和一些经营广告的媒体，而广告发布者主要是指各种类型的媒体。但如前所述，网络作为一种传播媒介，与其他的传统媒介最大的不同就在于它的交互性，即其中任何主体既可以是信息的接受者，又可以是信息的发送者，而在目前还没有对网上信息发布作全面的资格审查和许可的情况下，这种发布几乎没有什么门槛。这样，网络就将信息发布的资格条件极大地降低了，无限扩大了信息发布者的范围，因此就出现了广告主、广告经营者和广告发布者身份重合的现象，三者的界限在网络广告中日益模糊，从而使我们已无法用现行的法律概念理解它，这就产生了所谓认知上的困难。例如，传统的广告主，也就是一般的企业，如今大多已拥有自己的网站，在介绍自己企业的同时，还发布着大量的产品或服务信息，所以至少在广告主这一层次上，就往往是集三者于一身了。因此，《广告法》对广告主、广告经营者、广告发布者的定义及其规制方式显然已不能适应网络广告的现状和发展。

2. 网络广告的审查问题

广告面向的是社会公众，传播范围广且社会影响大，因此国家行政主管部门必须对广告内容的真实性、合法性和妥当性进行严格管理和审查。

首先，广告不得具有违法内容。《广告法》第七条和第八条规定：广告内容应当有利于人民的身心健康，促进商品和服务质量的提高，保护消费者的合法权益，遵守社会公德和职业道德，维护国家的尊严和利益。广告不得有下列情形：①使用中华人民共和国国旗、国徽、国歌；②使用国家机关和国家机关工作人员的名义；③使用国家级、最高级、最佳等用语；④妨碍社会安定和危害人身、财产安全，损害社会公共利益；⑤妨碍社会公共秩序和违背社会良好风尚；⑥含有淫秽、迷信、恐怖、暴力、丑恶的内容；⑦含有民族、种族、宗教、性别歧视的内容；⑧妨碍环境和自然资源保护；⑨法律、行政法规规定禁止的其他情形。广告不得损害未成年人和残疾人的身心健康。

其次，广告信息必须真实准确。依据《广告法》第九条至第十一条，广告中对商品的性能、产地、用途、质量、价格、生产者、有效期限、允诺或者对服务的内容、形式、质量、价格、允诺有表示的，应当清楚、明白。广告使用数据、统计资料、调查结果、文摘、引用语，应当真实、准确，并标明出处。广告中涉及专利产品或者专利方法的，应当标明专利号和专利种类。未取得专利权的，不得在广告中谎称取得专利权。禁止使用未授予专利权的专利申请和已经终止、撤销、无效的专利作广告。

再次，广告宣传方式必须适当。依据《广告法》第十二条和第十三条的规定，广告不得贬低其他生产经营者的商品或者服务。广告应当具有可识别性，能够使消费者辨明其为广告。

对于一些关系到消费者人身财产安全的特殊商品，《广告法》及有关法规规章都做出了更加严格的规定。例如，药品广告的内容必须以国务院或者省级卫生行政部门批准的说明书为准，并且不得有下列内容：①含有不科学的表示功效的断言或者保证的；②说明治愈率或者有效率的；③与其他药品、医疗器械的功效和安全性比较的；④利用医药科研单位、学术机构、医疗机构或者专家、医生、患者的名义和形象作证明的；⑤法律、行政法规规定禁止的其他内容。食品、酒类、化妆品广告的内容必须符合卫生许可的事项，并不得使用医疗用语或者易与药品混淆的用语。房地产广告中不得出现各类乱评比、乱排序等对房地产项目进行综合评价的内容等。

由于网络已成为新型的大众化的媒体，上述规定也应同样适用于网络广告，在网络上发布需要审查的广告当然亦应当进行审查，这是广告管理必然的要求。虽然国家法律还没有明确这一点，但今后很有可能采取这样的规则。问题在于如何管理、如何审查。

鉴于网络的某些独特之处，现行法律中的一些规定有待进一步商榷。首先，《广告法》第十八条规定：禁止利用广播、电影、电视、报纸、期刊发布烟草广告。由于该条款使用的是列举方式，而网络烟草广告显然不在其列举范围之内，这可能造成烟草广告通过网络进行传播而执法机关却不能依法予以禁止的结果。其次，《广告法》第三十四条规定：利用广播、电影、电视、报纸、期刊以及其他媒介发布药品、医疗器械、农药、兽药等商品的广告和法律、行政法规规定应当进行审查的其他广告，必须在发布前依照有关法律、行政法规由有关行政主管部门对广告内容进行审查；未经审查，不得发布。据此，在网络上发布上述需要审查的广告，当然也必须进行审查。但是在电子商务环境下，现行的审查制度却似乎很难有效地发挥作用。一方面，由于网络广告数量庞大并且形式复杂，以审查机关现有的技术能力，对浩如烟海的网络广告进行逐一审查并不现实。更何况网络广告具有开放性，任何组织和个人都可以随心所欲地发布并修改广告和类似信息，因此，对网络广告在其发布前予以审查很难真正实现。另一方面，目前我国对特殊广告的事前审查分为中央和地方两级，地方一级的审查职能由各省相应的行政管理机关按照行政区域划分。但是网络是超越地域国界的，因而网络广告的审查工作是否仍然依据传统的划分原则，确有必要重新研究。如果仍然采取地域划分方式，那么在现实中并不存在实体企业而仅有在网上设立销售平台的销售者发布广告的情况下，其审查机关应当如何确定？有学者认为：此时应以该网上商店的设立者住所地作为确定审查机关的依据，若其住所地无法确定，则应将为其提供网络联线服务的服务商的服务器所在地视为住所地。

3. 网络广告衍生的新法律问题

在互联网上，数不胜数的网络广告呈现在消费者面前，如横幅广告、弹跳式广告、文本链接广告、电子邮件式广告、病毒视频、网站互动等，网站广告的广泛性和开放性、实时性和可控性、直接性和针对性、双向性和交互性的特点，符合消费者的个性需求。随着网络广告影响的不断扩大，网络广告已经成为当今最有活力、最有希望的网络广告形式，但是由于网络广告内部环境及法律法规体系的不完善，近年来，网络上出现的违法违规广告问题剧增。概括起来，网络广告引发的新问题主要有以下几个方面。

（1）网络“牛皮癣”问题泛滥。在网络上，一些小窗口的广告接二连三地跳出来，“牛皮癣”广告表面狂轰乱炸，暗地里以障眼打法、移花接木等手法让人防不胜防，它始终跟随鼠标的移动而移动，严重影响受众的浏览速度。

（2）网络虚假广告和欺诈性广告。虚假包含与事实不符和夸大事实两个方面，虚假事实可能是所宣传的商品或服务本身的性能、质量、技术标准等，也可能是政府批文、权威机构的检验证明、荣誉证书、统计资料等，还可能是不能兑现的允诺。这些虚假宣传同样可以利用网络加以实现和表现出来。传播的广告信息夸大其词，极尽诱使、误导之能势。不仅严重挫伤了消费者对于广告的信心，而且还扰乱了正常的市场竞争秩序，因此必须要求广告对于产品和服务进行忠实描述，保证购买者能够获得物有所值的商品。例如上海一科技有限公司在网上销售的减肥药无任何批准文号，工商人员通过网上搜索，发现这家公司在网上自设平台，对经销的“减肥系 1 号”、“祛斑 2 号”等纯中药系列胶囊进行广告宣传，并设置“专家门诊部”链接，张贴“专家组”讨论病例的照片，还把多名消费者使用其产品所谓前后形象照片进行对比，附上“使用心得”。该网络广告严重违反了《食品广告发布暂行规定》第九条“食品广告中涉及特定功效的，不得利用专家、消费者的名义或者形象做证明”的规定。

我国《广告法》第三条和第四条规定：广告应当真实、合法，符合社会主义精神文明建设的要求。广告不得含有虚假的内容，不得欺骗和误导消费者。《反不正当竞争法》第九条规定：经营者不得利用广告或者其他方法，对商品的质量、制作成分、性能、用途、生产者、有效期限、产地等作引人误解的虚假宣传。广告的经营者不得在明知或者应知的情况下，代理、设计、制作、发布虚假广告。

网络虚假广告问题。由于网络广告的泛滥，又缺乏有效的审查、监管措施，虚假广告和广告内容违法的问题日益严重。

（3）隐性广告问题。所谓隐性广告，是指采用公认的广告方式以外的手段，使广告受众产生误解的广告。我国《广告法》第十三条规定，广告应当具有可识别性，能够使消费者辨明其为广告。大众传播媒介不得以新闻报道形式发布广告。通过大众传播媒介发布的广告应当有广告标记，与其他非广告信息相区别，不得使消费者产生误解。隐性广告是以非广告形式出现的广告，亦可称作不是广告的广告。在传统媒体上出现的隐性广告比较容易识别，而在互联网上的隐性广告则很难识别。其主要形式有下列两种。

① 以网络新闻形式发布的广告。一些网站专业化的程度高，拥有特定阅览群体，一些企业对这类网站有着特殊的关系。因此，网络也就模糊了新闻与广告的界限。

② 在BBS上发布的广告。在BBS上发布的广告，主要是以论坛讨论问题形式出现的。商业网站在主页上开辟专业论坛讨论企业产品与服务的性能、质量、功能之类的问题。此时，往往可以发现企业使“托”的迹象。即企业以网民的名义故意在论坛上提起论题，讨论一番，在其中不知不觉地兜售自己的产品。

（4）“垃圾邮件”广告问题。几乎所有拥有电子邮箱的网络用户，都遭遇过未经请求的大量电子邮件的折磨。这些未经请求的电子邮件，俗称“垃圾邮件”，绝大多数是各种商业广告。在某些情况下，这些“垃圾邮件”广告已经到了令人难以忍受的地步，引起许多消费者的反感，并影响了人们对互联网的正常使用，已经成为互联网的公害之一。

针对这个令世界网民深恶痛绝的问题，很多发达国家都采取了一定措施予以管制，例如，美国1998年通过了《反垃圾邮件修正法草案》，规定电子邮件信件来源、主题信息必须明确，必须提供真实的联络渠道，收件人要求时必须及时将其从邮件名单中除去。同时还赋予FTC与州政府执行该法的权力。欧盟1998年发布的《关于电子商务市场在法制方面应有的规范的提案》对电子邮件问题也做出了相应的规制。2003年2月25日，经过3个月的试行，《中国互联网协会反垃圾邮件规范》在北京正式被表决通过，并从即日起开始实施。它的发布施行，将结束我国网络界在反垃圾邮件方面没有统一规范、不能共同行动的局面。

（5）侵犯受众隐私权的问题。“垃圾邮件”问题的背后值得我们深思的是隐私权问题。比如消费者在网上购物时留下许多真实的个人资料，有些网站把此当作商品卖给某些广告商或企业，致使消费者隐私面临极大威胁；另外垃圾邮件广告泛滥，严重影响了受众的情绪。国家明文规定：未经电子邮件接收者明确同意，不得向其发送商业广告类电子邮件。违者将由通信管理部门予以处罚，市民因此也有望摆脱“垃圾邮件”的骚扰，然而网络广告发布人对国家的法律视若无睹。美国加州的一位女士提出诉讼，控告互联网广告商——Doulbe Click非法取得并且贩卖消费者的私人资讯。这个诉讼宣称Doulbe Click采用了cookie这个先进的计算机追踪技术，以识别网际网络的使用者，并且在未经同意的情况下收集网络浏览者的个人资讯。在美国，互联网旗帜广告客户经常收集广告访客的信息，用以确定他们的市场策略。由于广告商收集这些数据的手段处理得非常隐蔽，所以即使老网民也难以察觉，这样就引起了许多网民和隐私权保护组织的担忧。

（6）网络广告密集的领域。网络广告主要集中在食品饮料、游戏、商业招投等领域，但是网络违规广告却相对集中于金融类和医疗类。网络广告主要集中的领域与网络违规广告密集的领域成反比。

（7）违反社会公德和职业道德问题。一些经营者为了自己的利益，发布含有淫秽、迷信等内容的网络广告，中国的网民青少年占绝大多数，传播此类有悖健康文化的广告，严重阻碍了青少年的健康发展。

（8）侵犯知识产权和肖像权的违法现象突出。网上有些非法入侵者窃取他人商业秘密，并把窃取的信息作为自己的成果在网络上发布广告，严重侵犯了他人的知识产权。名誉肖像权问题体现在滥用名人肖像广告，有些企业事先没取得名人同意，而把其肖像用于企业的商业广告宣传。

（9）广告主、广告经营者和发布者定位问题。在传统媒体广告环境下，广告主、广告经营者和发布者区分是清晰的，但是在网络环境下，三者的区分日益模糊，经营网络运营的 ISP 和提供信息服务的 ICP 既拥有传统媒体的传播平台，同时也集广告代理、制作和发布于一身，在这种情形下，使我们无法用现行法律的概念和规则去理解和规范网络环境下的三种角色。另外，企业自由设立主页或站点进行自我宣传，任何人登录某一个站点，发布广告或类似宣传信息如何管理也是面临的新课题。最典型的是第三人利用电子邮件直接向他人散布广告或发含有广告内容的信件。在这种情形下，是否管制和如何管制呢？

4．网络广告与不正当竞争行为

某些经营者违反公平、诚实的原则，利用网络广告捏造、散布虚假事实，诋毁和损害竞争对手的商业信誉和商品声誉。《新消费者权益保护法》第二十条规定：“经营者向消费者提供有关商品或者服务的质量、性能、用途、有效期限等信息，应当真实、全面，不得作虚假或者引人误解的宣传。”《反不正当竞争法》第九条第一款规定：“经营者不得利用广告或者其他方法，对商品的质量、制作成分、性能、用途、生产者、有效期限、产地等作引人误解的虚假宣传。”这意味着对自己产品或服务的虚假宣传，也是一种不正当竞争行为。虚假宣传包括两个方面：一方面是对自身产品的虚假宣传，另一方面是对他人产品的贬低或诋毁宣传。对自身产品或服务的误导宣传可能涉及以下七个方面。

（1）产品制造过程或技术服务流程或技术安全性。

（2）产品或服务具有特殊的功能、目的、标准、等级或适用性。

（3）产品或服务的质量、数量或其他特性。

（4）商品或服务的来源或产地虚假宣传。

（5）对商品或服务所承诺或提供的条件、品质保证、售后服务等。

（6）产品或服务的价格或其价格的计算方式。

（7）对经营主体的虚假宣传。

通过贬低他人，抬高或宣传自己的产品或服务的行为，也是一种虚假宣传或广告，为我国《广告法》所禁止。《广告法》第十二条规定：“广告不得贬低其他生产经营者的商品或者服务。”此类广告行为直接侵害竞争对手商业信誉以及产品或服务的声誉，是一种旨在损害竞争对手合法权益的不正当竞争行为。

网络广告有其不同于传统广告的特点，利用网络广告进行不正当竞争从严格意义上说并不体现在广告的内容、形式，广告的制作、发布上，而是表现在利用数字技术的新形式上。这些行为主要包括以下几种。

（1）利用加框超链接技术。所谓加框超链接技术是指此网站以分割视窗的方式将他人网站的内容呈现在自己网站的网页上，故当浏览者点击此网站与他人网站的链接时，他人网站的内容会出现在此网站页面的某一个区域内，而此网站页面的广告则始终呈现在浏览者的面前，这样，此网站的广告就可以借助他人网站的内容而被宣传。在这一过程中，浏览者往往误以为自己并没有进入他人的网站。

（2）抄袭他人网站的内容。这主要是剽窃、抄袭他人网站的内容、主页的排版布局。这类抄袭固然有原封未动的照搬，但更常见的是大部分相同，仅做小修小改，目的只有一个：使浏览者误认此网站为彼网站，以达到提高点击率的目的，进行不正当竞争。

（3）利用关键字技术。这是指投机者利用一定的技术或者以关键字的方式把他人的驰名商标写入自己的网页，当浏览者利用搜索引擎搜索该关键字所属网站时，该投机者的网站和该驰名商标的网站便能一同显现，投机者以此来搭便车，提高点击率。

在网络世界，点击率被认为是判别一个网站是否成功的标志，上述这些行为本身并不是制作、发布网络广告的行为，不同于传统意义上的利用广告进行不正当竞争的行为；但它们却能在事实上起到提高网站点击率的效果。由于法律条文主要侧重于对传统商业广告的不正当竞争行为做出规定，而对于利用网络广告进行不正当竞争却鲜有规定，所以应将这些新的不正当竞争行为归入利用网络广告进行不正当竞争的范围，设法加以解决。

如将别人的驰名商标抢注为域名就是一种不正当竞争行为，这在域名法中有专门陈述，不再赘述。

5．违法广告应承担的法律责任

（1）我国《广告法》对违法广告的规制。我国《广告法》将广告法律关系的当事人分为广告主、广告经营者和广告发布者三类主体，分别加以规制，对三者的法律责任也分别予以明确。

《广告法》第三十七条规定：“违反本法规定，利用广告对商品或者服务作虚假宣传的，由广告监督管理机关责令广告主停止发布、并以等额广告费用在相应范围内公开更正以消除影响，并处广告费用一倍以上五倍以下的罚款；对负有责任的广告经营者、广告发布者没收广告费用，并处广告费用一倍以上五倍以下的罚款；情节严重的，依法停止其广告业务。构成犯罪的，依法追究刑事责任。”

第三十八条规定：“违反本法规定，发布虚假广告，欺骗和误导消费者，使购买商品或者接受服务的消费者的合法权益受到损害的，由广告主依法承担民事责任；广告经营者、广告发布者明知或者应知广告虚假仍设计、制作、发布的，应当依法承担连带责任。广告经营者、广告发布者不能提供广告主的真实名称、地址的，应当承担全部民事责任。”

第三十九条规定：“发布广告违反本法第七条第二款规定的，由广告监督管理机关责令负有责任的广告主、广告经营者、广告发布者停止发布，公开更正，没收广告费用，并处广告费用一倍以上五倍以下的罚款；情节严重的，依法停止其广告业务。构成犯罪的，依法追究刑事责任。”

在传统广告活动中，可以较容易地判断广告法律关系三主体各自应承担的责任，但是在网络广告中这三种角色有时很难区分，甚至是广告主、广告经营者、广告发布者“三合一”。正如前面提到，当网站经营者在自己的网站为自己的产品或服务进行广告宣传时，网站经营者集广告主、广告经营者、广告发布者于一身，而在为他人发布广告的情形下，网站经营者既可能为广告发布者，也可能同时兼任广告经营者。应当说，在前一种情形下，虚假广告和广告引起的侵权责任的责任承担变得简单了，均由网站经营者自己来承担。现在最有争议的是，网络服务商在网络广告中扮演什么角色。

关于网络服务商在网络广告中的法律地位，仍然主要看网络服务者是否设计、制作广告并发布广告。在这里，仍然可以援用ICP和ISP区分的原则，即主要看网络服务商是否直接介入广告制作与发布。如果从事受托设计、制作和发布，那么，网络服务提供商或网站经营者即成为网络广告的经营者和发布者；如果不包括设计、制作，那么，其仅为广告的发布者。在这两种情形下，经营者均承担类似于ICP在信息传播中的责任，即对所制作和发布的广告内容的真实性、合法性负责。

（2）我国《新消费者权益保护法》对违法广告的规制。随着电子商务的飞速发展，网络广告日益受到商家的青睐，成为宣传、推介、造势的常用工具。但以虚假不实的广告诱使消费者买卖劣质商品，甚至诈骗消费者等虚假广告问题也随之增多，广告是消费者网上购物的主要吸引源和参考源，消费者的购物大多根据广告文字和图像进行判断做出决定。因此，虚假广告会误导消费者，进而引起纠纷。《新消费者权益保护法》对因虚假广告等不法行为致使消费者权益受到侵害的经营者、广告制作发布者以及相关参与各方做出了承担以下法律责任的规定。

第四十五条：“消费者因经营者利用虚假广告或者其他虚假宣传方式提供商品或者服务，其合法权益受到损害的，可以向经营者要求赔偿。广告经营者、发布者发布虚假广告的，消费者可以请求行政主管部门予以惩处。广告经营者、发布者不能提供经营者的真实名称、地址和有效联系方式的，应当承担赔偿责任”。

“广告经营者、发布者设计、制作、发布关系消费者生命健康商品或者服务的虚假广告，造成消费者损害的，应当与提供该商品或者服务的经营者承担连带责任”。

“社会团体或者其他组织、个人在关系消费者生命健康商品或者服务的虚假广告或者其他虚假宣传中向消费者推荐商品或者服务，造成消费者损害的，应当与提供该商品或者服务的经营者承担连带责任。”

8.1.3 网络广告法律问题的对策与建议

如何实现网络广告的健康、可持续发展？建议以制度为支撑，通过行业内部人士的积极配合与消费者的自身行动，从而减少网络违法违规广告的数量，绿化网络环境。

1. 采取法律规范及专门规章规范相结合的方式

针对目前网络广告宣传广、方便快捷、价格低、不受时间空间限制的特点，违法违规广告受法律法规的制约较弱的现状，国家及相关政府部门应适时依据客观实际的变化，与时俱进地完善网络法律法规制度，规范网络经营行为。目前存在三种不同的观点：一是政府对网络广告不加过多的干预，而由其自然发展；二是继续利用现有的广告法律规范，扩大适用范围，将网络广告纳入其中；三是制定专门适用于网络广告的新的广告法律规范。我们认为第三种观点更为妥当，由于网络广告有别于其他形式的广告，所以只有通过专门的法律规范，才能有针对性地、更准确地管理好网络广告，使之健康发展。

对网络广告不妨采取三步走的立法模式：一是由地方性法规和规章先行一步，即在条件成熟的地方针对涉及网络广告的有关事项，在地方法规、规章中先行予以体现；二是以规范网络广告主体为切入点，通过试点，摸索总结经验，由国家部、委制定部门规章，进一步规范网络广告行为；三是由国务院制定专门的网络广告管理条例或提请全国人大制定含有网络广告内容的统一电子商务法。

2．采取政府管理与行业自律相结合的方式

加强网络广告行业自律意识。要从自我教育入手，抓好学法、普法和职业道德教育，使广告从业者懂得广告行业与国民经济、社会发展、消费者切身利益的关系，从而体会职业的神圣；制定行规、行约，并坚持执行，对违反行业规则的单位坚决进行处罚；开展行业评价、资质认定工作，加强平时监督；积极开展广告发布前的咨询和审查工作，制止虚假广告和其他违法广告的出现。而作为网络运作管理的重要环节的 ISP，其自律也十分关键。一方面，ISP 自身必须遵守《广告法》和相关法规，抵制不正当竞争和违法广告；另一方面，ISP 应当在经营范围内，规制其所托管的主页，一旦发现恶意广告行为，履行善意管理人的法律义务，法律甚至可以赋予其一定的监管职责。

但是，由于整个广告行业中，各企业的根本利益是基本一致的，因此，行业自律不可能从根本上杜绝违法广告的发生。为了更好地对网络广告加以调整，政府职能部门应加强对网络广告的监督管理。从便于对网络广告监管的角度出发，可以考虑由工业和信息化部门、工商行政管理部门以及消费者权益保护部门等多部门协同努力，共同做好对网络广告的监督管理工作。

3．建立和完善网络广告监测体系，加大资金投入

开发高新技术、建立网络高科技检测体系，培养高素质、高强度的监测队伍。网络信息浩如烟海，且隐含的违法广告信息需要专业的人员才能看出，网络广告传播的无限性、复杂性使得监测的难度较大，因此开发网络广告监测新技术，培养专业监测人员，实现网络广告的可监测性的大幅度提高势在必行。

4．网络广告的国际保护

随着互联网在世界各地不断普及和全球信息化进程的发展，对网络广告的管理已不再是某一国家的内部问题。在这种情况下，各国应加强与世界其他国家的交流与合作，做到互通互助，共同为全球网络广告的发展提供一个良好的环境。最好的办法是，制定一个全球性的保护政策，通过国际公约，依赖国际协作的途径加以解决。

5．应加强宣传，提高消费者的自我保护意识

开设多方位讲座，向消费者传播正确的网络违规广告自我维权方法，提高消费者自我维权意识。

8.1.4　完善我国的网络广告法律制度

法学理论上向来有一般法和特别法的区别，一般法适用于法律规范对象的一般情况，

而特别法适用于法律规范对象的特殊情况。一般法与特别法的关系是，在特别情况下，优先适用特别法。就网络广告而言，网络广告只是广告的一种特殊形式，《广告法》、《广告管理条例》、《中华人民共和国食品卫生法》、《中华人民共和国药品管理法》、《化妆品广告管理办法》等有关法律、法规对广告的管理和规范是网络广告法律制度中的一般法，而专门就网络广告进行管理和规范的规定是广告法律制度中的特别法。目前，我国规范网络广告的一般法规则比较系统和完备，而急需的是针对网络广告的特点制定网络广告的特别法规则。

1. 网络广告的一般法规则

如前所述，《广告法》等有关法律、法规对广告的一般规定，既适用于一般广告，同时作为一般法规则，也适用于网络广告。在这方面，美国的做法很明确。美国联邦贸易委员会于 1998 年 4 月发布《网上广告和营销规则》，特别提醒在网上从事广告和销售的人，现实生活中的法律仍然适用于网上交易，并将规范误导、欺诈、广告、退款等的相关规定一起罗列出来以供消费者参考。

针对网络广告的特点，建议可以考虑颁布如下的网络广告规则。

（1）麻醉药品、精神药品、毒性药品、放射性药品等特殊药品，不得做广告；药品、医疗器械广告的内容不得含有不科学的表示功效的断言或者保证，不得说明治愈率或者有效率，不得与其他药品、医疗器械的功效和安全性进行比较，不得利用医药科研单位、学术机构、医疗机构或者专家、医生、患者的名义和形象做证明，不得违反法律、行政法规的禁止性规定。另外，药品广告的内容必须以国务院卫生行政部门或者省、自治区、直辖市卫生行政部门批准的说明为准；国家规定应当在医生指导下使用的治疗性药品即处方药，其广告必须注明“按医生处方购买和使用字样”。

（2）农药广告的内容不得含有使用无毒、无害等表明安全性的绝对化断言，不得含有不科学的表示功效的断言或者保证，不得含有违反农药安全使用规程的文字、语言或者画面，不得含有法律、行政法规禁止规定的内容。

（3）化妆品广告的内容不得就化妆品名称、制法、效用或者性能进行虚假夸大，不得使用他人名义保证或者以暗示方法使人误解其效用，不得宣传其医疗作用。另外，化妆品广告的内容必须符合卫生许可的事项，并不得使用医疗用语或者易与药品混淆的用语。

2. 网络广告的特别法规则

网络广告的特别法规则是指法律、法规专门就网络广告所做的特别规定。我国目前除了北京市公商管理局发布的《北京市网络广告管理暂行办法》外，还没有专门针对网络广告的法律法规。可现实中，网络广告的一些特殊问题又急需法律规范，针对这种情况，比较现实的选择就是通过立法解释补充法律漏洞，一方面适应网络广告发展的需要，另一方面为以后的网络广告立法积累经验。

3. 网络广告的经营活动规则

（1）网络广告经营者、发布者的资质。广告经营者、广告发布者进入广告市场必须达到一定的条件，这是广告市场准入原则的一个体现。广告业属于知识密集、技术密集和人才密集型的高新技术产业，相对于其他一般行业来说，它对从事广告业务的人员的文化和专业技术水平、设备条件要求比较高。因此，《广告法》第二十六条规定，从事广告经营的，应当具有必要的专业技术人员、制作设备，并依法办理公司或者广告经营登记，方可从事广告活动。

对于满足了广告法要求的广告经营者和广告发布者的资质条件的广告专营公司，当然可以从事网络广告的设计、制作和代理业务，也可以在自办的网站上开展广告发布业务。

对于非广告专营公司的网络经济组织（主要是指ICP和ISP）从事网络广告的经营和发布业务必须达到一定的资质条件，并履行相关的手续。对此，北京市工商行政管理局早在2000年5月16日就发布了《关于对网络广告经营资格进行规范的通告》，规定了从事网络广告经营和发布业务的网络经济组织必须达到的资质条件，以及应办理的相关手续。我国应在此基础上，抓紧制定全国性的网络广告经营资格审查条例、规章制度。

（2）网络广告经营的各项制度。

① 网络广告承接登记制度：经办人员必须对以下内容进行认真登记与核实，如广告或者广告主的名称、营业执照号、经营范围、经办人员身份、通信地址、电话、邮政编码。

② 网络广告审查验证制度：取得广告审查员资格证书的专职人员负责对网络广告的内容及形式进行审查，对证明文件的真实性、合法性、有效性查验，并签署对该网络广告内容形式是否同意的书面意见。

③ 网络广告合同制度：经营网络广告，当事人应订立合同，明确各自的权利与义务。

④ 网络广告档案制度：经营网络广告，应当建立网络广告业务档案制度，由专门部门负责统一建存档案，主要将收取的证明文件及样件存档，并按规定保存一定时间。

⑤ 网络广告收费标准和收费办法公开制度：网络广告经营者和发布者必须提供对网络广告效果的客观评价和测试方法，以便公平地确定网络广告费用的计费方法和计费数额。目前，网络广告大致有以下几种计费方法：A．网上广告按该广告在网上被看到的次数计费是最普遍的计费方法，具体费率是按看到的千次多少金额来计算的。B．大多数的搜索网站一般按用户录入的搜索关键字来收费。C．按照用户在广告网页上点击广告图标的次数来计费。当然，用户看到广告并不意味着会点击广告图标。

所以，实践中广告经营者和发布者常常将这几种方法结合起来使用，尽量提供更明确的广告收费标准和方法。

⑥ 网络广告财务制度：网络广告业务往来必须开具国家税务部门统一负责印制的广告业务正式发票，不得开具空白发票，并应依法纳税。

8.2 电子商务中的税收法律制度

8.2.1 电子商务对税收政策产生的影响

税收是一个国家财政收入的主要来源，也是国家实行宏观调控的重要经济杠杆之一。我国现行税种包括流转税、收益税、资源税、财产税、行为税等，其中流转税和收益税是我国税收制度中的主要税种，也是电子商务涉及的主要税种。流转税是指以商品交换和提供劳务而发生的全部或部分货币流转额为课税对象的一类税，是许多发展中国家的主体税。我国现行的流转税制度主要包括增值税、营业税、消费税和关税等。收益税主要包括企业所得税、个人所得税等，是以纳税人的各种收益额为征税对象的一类税。

近年来，电子商务在世界范围内得到了迅速发展。伴随着电子商务交易数额的持续增长，一个潜在的、庞大的税源正在逐渐形成，电子商务中的税收问题越来越成为亟待解决的难题之一。一方面，作为一种商业活动，电子商务毫无疑问应当纳税；另一方面，作为一种新型的商业活动，电子商务的全球性、无形性、无纸化等特点给传统的税收征管体制带来不容忽视的挑战。

1．纳税主体的复杂化、模糊化和国际化

传统税制规定，无论是从事生产、销售还是提供劳务、服务的单位和个人，都需要办理税务登记。税务登记是税收管理工作的基础，是税务机关对纳税人实施管理的基本手段。但随着网络的出现，从事电子商务的主体不必在某个国家或地区进行税务登记就可在网络上进行交易，而网络也为电子商务主体的虚拟化提供了无限的可能。交易主体的虚拟化使电子商务超越了边界和时空的限制，这在很大程度上增加了对从事电子商务的主体进行身份确认的难度，在某些情况下几乎是不可能的，这最终导致纳税主体复杂化、模糊化和国际化。

2．无形产品交易带来的税收问题

传统的税收理论以有形化的产品和服务的流转交易为规范对象，是建立在有形交易的基础上的。而电子商务作为新型的交易方式，出现了信息产品等无形产品的交易，使现行的税收体制一时无所适从。

（1）无形产品交易使征税对象难以确定。征税对象是指税法规定对什么征税，即征税客体。如流转税以商品和非商品流转额为征税对象，具体来讲，增值税以商品生产流通和劳务服务各个环节中的增值额为征税对象；营业税以提供应税劳务、转让无形财产或销售不动产的营业收入为征税对象。征税对象是区分各税种的首要标志，而不同的税种，其税率、税收环节等税收政策也各不相同。在传统的商务活动中，不同税种的征税对象是容易区分的；而在电子商务中，以数字化形式存在的信息产品往往难以界定其为何种征税对象。比如，在传统商务中，计算机软件记录在光盘等有形载体上销售时，按商品销售征收增值税。而在电子商务中，计算机软件的销售可以通过在线传送、在线下载等方式实现，不需要有形物品的交付，此时很难界定这种无形产品的交易是应当按商品流通征收增值税，还是按提供劳务或转让无形财产征收营业税。不同的界定对纳税人意味着不同的税率、不同的税收政策。即便无形产品交易的征税对象得以明确，假设税法规定为按商品销售征收增值税，仍然存在无形产品交易和在线服务难以区分的问题。由于增值税和营业税的税率不同，可能造成纳税人不同的税负，使得纳税人倾向按低税负的税种申报，以达到一定程度的避税目的。

（2）无形产品交易使纳税环节模糊不清。纳税环节是指应税商品在其整个流转过程中，税法规定应当纳税的环节。商品从生产到消费要经历许多环节，现行税法对纳税环节的规定是以有形商品的流通过程和经营业务活动为基础的。有形商品在不同环节的流动非常清晰，便于在不同的纳税环节进行征税；而无形产品交易具有很强的隐蔽性，商品在不同环节的流动表现为数字化信息的流动，而且信息流动瞬间即可完成，由于不存在有形物品的流动，税收部门难以进行监控，加之交易双方为了交易安全通常还会采取一定的加密措施，使得无形产品在各环节的流通更加难以区分。

（3）跨越国境的无形产品交易使关税征收之门形同虚设。关税是一国对进出本国国境的货物或物品征收的税种，是一国经济主权的表现。传统交易方式下，关税的征收由海关对进出口的商品进行价格和数量的检查评估，依法确定征收关税的数额。而对跨越国境的无形产品交易而言，海关根本无从得知、无法监控产品进出国境，更无法征收相应的关税。比如，美国某软件公司向中国某公司销售其软件产品，中国公司通过互联网在线向美国公司支付了购买软件的费用，美国公司在线履行了交付软件的义务，整个交易是一个完全的电子商务过程。在这个交易中，由于没有有形的商品进入中国国境，传统的关税征收制度发挥不了作用，无法对其征收相应的关税。相反，如果美国公司采取有形商品交付的履行方式，将软件存储在光盘上，然后通过海关运入中国国境并交付给中国公司，实际上与前面的在线履行仅仅是履行方式的差异，交易本身并无不同，但关税征收结果却截然不同。

3. 对增值税属地原则的冲击

增值税是流转税中的一个重要税种，在我国税收制度中占有重要地位，增值税约占我国每年税收总额的1/3。增值税是以销售和进口货物以及提供加工、修理修配劳务的单位和个人取得的增值额为计税依据的一种流转税。电子商务尤其是在线履行的电子商务，对于税收征管部门来说，确定其商品和劳务的销售地非常困难。例如，国外A网站通过互联网销售并传送数字化产品给我国某公司，按照我国税法，应当向国外A网站征收进口货物增值税；同样，如果A网站是通过互联网向我国公司提供修理修配技术指导的，应当按应税劳务征收增值税，但实际上我国税务机关很难掌握这些交易的相关信息，包括交易本身以及商品和劳务的销售地。反之，对于国内企业通过电子商务出口货物时，存在如何确定产品和劳务的销售地进而确定按出口产品享受出口退税优惠的问题。随着电子商务的发展，最终将导致产品和劳务销售地税收严重流失，使电子商务发达国家获得丰富的税源，加剧国家和地区间税源分布的不均衡。

电子商务环境下，增值税在整个税收体制中所占的比重会发生较大的变化。电子商务极大地减少了交易的中间环节，生产商同时也可以是批发商、销售商，可以通过电子商务直接向最终用户销售自己的产品。传统贸易中商品在不同纳税环节的流通过程，可以简化为在一个企业内部的不同部门之间的流动，导致增值税征收环节的减少，使得以商品生产流通和劳务服务各个环节中的增值额为征税对象的增值税总量趋于减小，增值税在税收总额中的比重会逐渐下降。

4. 电子商务带来的避税问题

防范避税工作历来都是各国税务当局征收管理工作中的一项重要内容。避税是指纳税人用不违法的手段，在税收法规许可的范围内，通过经营和财务活动的安排，达到规避或减轻税收负担的目的。尽管避税并不违反税法的规定，但本质上却与税收立法意图相悖，不仅使国家税基受损，导致税款流失，还会影响资本的正常流动，破坏公平竞争的经济环境。避税问题产生的客观原因主要在于各国、各地区在税收法律制度之间的差异，使得各国纳税人可以利用居所转移、收入和财产转移、转移定价与国际避税地等方式来达到避税目的。而电子商务的全球性、高科技性在为企业经营获得最大限度的利润、提供便利手段的同时，也为避税手段的使用提供了更大的操作空间。

（1）转移定价避税在电子商务环境下更易实现。转移定价是跨国公司经常采用的一种避税手段，跨国公司一般通过向国外关联企业以高于国际市场价格进口产品或劳务，而以远远低于国际市场价格出口产品或劳务，以减少在高税负国家企业的利润，降低相应的税负，达到一定程度的避税目的。而互联网的出现，使跨国企业更容易在全球范围内实现内部交易，价格转移更容易实现；网络交易技术和网络加密技术使税务机关对跨国公司内部价格转移的监管和控制更加困难。此外，电子商务中常设机构的难以确定导致难以对跨国企业内部交易进行区分，使跨国公司更容易利用转移定价方式实现避税。

（2）网络环境下更易利用国际避税地避税。国际避税地避税是通过在国际避税地建立公司，然后通过避税地的公司与其他地方的公司进行商业、财务运作，把利润转移到避税地，靠避税地的免税收或低税收减少税负的避税方式。英属维尔京群岛、开曼群岛、百慕大等地区由于不征收任何所得税而成为众多公司的国际避税地，但前提是公司必须要在上述地区根据当地法律进行登记注册。而网络环境下，国际避税地更容易成为全球企业的避税地，公司注册更为简单方便，如位于拉丁美洲的太平洋安提瓜岛已在国际互联网上建立网址，宣布可向使用者提供“税收保护”。

（3）利用避税地的“网络银行”避税。电子支付方式尤其是网络银行与电子货币的出现，使电子交易具有很强的隐蔽性。通常国内银行是一国税务机关重要的信息源，税务机关有权对纳税人的银行账户进行经常性的检查。但如果是设在避税地的网上银行，税务机关就很难再通过银行的支付交易记录对交易进行监控，避税更容易实现。目前，一些公司已开始利用电子货币在避税地的“网络银行”开设资金账户以实现避税。

5．无纸化带来的税收计征问题

电子商务的无纸化也给税收征管带来了前所未有的困难。传统的税收征管是建立在税务登记和各种票证以及账簿的基础上的，《中华人民共和国税收征收管理法》及其实施细则有如下规定：① 纳税人、扣缴义务人按照有关法律、行政法规和国务院财政、税务主管部门的规定设置账簿；② 根据合法、有效凭证记账，进行核算；③ 账簿、记账凭证、报表、完税凭证、发票、出口凭证及其他有关涉税资料应当合法、真实、完整，除法律、行政法规另有规定，应当保存 10 年；④ 账簿、记账凭证、完税凭证及其他有关资料不得伪造、变造或者擅自损毁。

传统的税收征管和稽查以纳税人合法、真实、完整的账簿、凭证作为计税和稽查的依据。而电子商务交易隐蔽性、交易地点不确定性以及交易对象复杂性，导致电子商务税收征管模式、手段和流程面临很大挑战，比如传统税收征管是建立在对凭证、账册和报表审查的基础上。电子商务在互联网环境下，进行产品订购、支付甚至数字化产品的交付，记录交易流程的订单、合同、作为销售凭证的各种票据都以电子形式存在。电子凭证可被不留痕迹地修改与删除，导致传统的税收审计失去基础。

电子商务的这些特点，都使得传统的税收管理和稽查失去了直接的凭证和信息，增加了税收征管的复杂性，加大了税收稽查的难度。即便在电子货币、电子票据、电子划拨技术被广泛使用后，由于电子记录是以非连续性的数字存储方式记录的，易于被删除、编辑、截断等，且不留痕迹，仍然存在电子纳税凭证的真实性问题，不像纸面凭证的涂改、伪造通过技术手段容易查明。为了保证电子商务交易的安全，所有的电子单证都是经过加密的，除非信息所有人通过自己掌握的私人密钥进行解密，否则根本无法得知交易信息。而强制其交出私钥，不仅与隐私权保护相冲突，而且一旦所有人拒绝交出，税务机关并没有其他途径获得交易信息。

8.2.2 国际与国内电子商务税收政策

1．国际电子商务税收政策

对电子商务要不要征税，应该征收哪些税种，目前有两种主张，即免税派和主税派。

（1）美国的电子商务税收政策。美国作为电子商务发展的主导者、先行者及全球最大受益者，主张政府尽量减少管制措施，确实极大地促进了因特网及电子商务的发展。同时，从技术和管理的角度来看，对电子商务征税确实有相当大的难度，美国的主张也反映了当前电子商务税收的现状。

1997 年 7 月美国总统克林顿发布了《全球电子商务纲要》（*A Frame-work For Global Electronic Commerce*），提出了发展电子商务的五大原则，包括继续由私人企业主导因特网的发展；政府应避免对电子商务做不当的限制等。根据这些原则，其制定相关税收政策的原则包括：不妨碍商务和歧视任何一种贸易，或引发改变交易本质和地点的可能性；简单、透明、易于执行；减少交易当事者记录保持和费用的负担。

1998 年 10 月，美国正式通过了《互联网免税法》（*The Internet Tax Freedom Act*），规定禁止联邦或地方政府对互联网征税以及对电子商务实行多重征税或歧视性税收政策。互联网免税法规定的免税期后来一再被延期，延长到 2014 年。

2013 年 5 月，美国通过《市场公平法案》，根据该法案，当企业通过互联网、邮购、电话和电视等渠道出售产品时，必须缴纳销售税。其中，在线年销售额不满 100 万美元的小企业享有豁免权。此外，该新法案还将征税范围扩大至移动应用开发者、云计算服务、音乐与电影等数字产品的相关领域。

（2）欧盟的电子商务税收政策。以欧盟为代表的征税派认为，税收系统应具备法律确定性，电子商务不应承担额外税收，但也不希望免除现有的税收。造成这种状况的根本原因在于，美国联邦一级实行的是以所得税为主的税制，销售税由各州征收，对电子商务不征税并不会直接影响联邦的税收收入；而欧盟成员国大多实行的是增值税税制，所以为了保护成员国的利益，欧盟坚持对电子商务征收增值税。

1999 年，欧盟提出了电子商务的税收准则：对电子商务不开征新的税种，而是适用现有税种；数字化产品的在线传送视为应税劳务征收增值税；电子商务税收政策应易于执行；应确保电子商务税收的征收效率；为了便于税收征管，应对可能实行的电子票据做出规定。

值得关注的是，欧盟坚持对电子商务征收增值税，唯恐境外销售者税收的豁免会侵蚀其税收基础。1998 年 6 月，欧盟委员会发表了《关于保护增值税收入和促进电子商务发展的报告》，在与美国就免征电子商务（在互联网上销售电子数字化产品）关税问题达成一致的同时，也迫使美国同意将通过互联网销售数字化产品视为劳务销售，征收间接税即增值税，并坚持在欧盟成员国内对电子商务交易征收增值税，以保护其成员国的利益。2000 年 6 月 7 日，欧盟委员会发布了新的电子商务增值税方案，该方案要求欧盟境外的通过互联网向欧盟境内设有增值税纳税登记的顾客销售货物金额在 10 万欧元以上的企业，在欧盟境内进行增值税纳税登记，并缴纳增值税。2001 年 12 月 13 日，欧盟各国财政部长会议达成协议，决定对欧盟以外地区的供应商，通过互联网向欧盟消费者销售数字产品（包括软件、音乐、视频产品和教育产品等）征收增值税，税率依欧盟各国现行增值税税率而定。

不顾美国的强烈反对，欧盟对电子商务征收增值税的法令在2003年7月1日正式生效，根据该法令，无论供应商的所在地在哪里，欧盟居民的所有网上购物（包括软件和音乐等）都必须缴纳增值税。同时对欧盟企业向欧盟境外的企业和个人消费者提供的电子商务不再征收增值税。

（3）经济合作与发展组织的电子商务税收政策。经济合作与发展组织（OECD）一直以来对全球电子商务活动保持着密切的关注，设有若干委员会负责相关领域的电子商务问题研究，也对电子商务税收问题进行了深入的研究。

1997年11月，OECD在芬兰举行会议，就电子商务税收问题达成以下共识：任何税收均应维持中立并确保税收合理分配，避免重复征税和过多的征纳成本；政府与企业界应共同合作解决税收问题；国际间应加强合作解决电子商务税收问题；税收不应阻碍电子商务的正常发展；比特税是不可行的。

1998年10月，OECD在加拿大渥太华召开了协调各成员国有关电子商务经济政策的部长级会议，通过了经合组织税务委员会（CFA）提交的《电子商务：税收框架条件》报告，提出国际税收机构应当简化其税收体系，尤其是对于较小的电子商务企业；明确表达了这样的观点，互联网上很难适用增值税；OECD的财政事务委员会主张"指导政府对传统商务征税的原则也应该用来指导他们对电子商务进行征税"，关于消费税，该委员会主张消费行为发生地就是征税地，对于数字化产品比如数字化书籍、音乐以及软件的交易，应该和其他产品的交易区别对待。会议还决定了国际组织今后对网上交易税收的政策分工：关税由世界贸易组织负责，海关程序由世界海关组织负责，增值税由欧盟负责，国际税收和直接税问题由经合组织负责。

（4）其他国际组织的电子商务税收政策。考虑到电子商务可能成为未来信息社会的重要税收来源，因此目前世界上许多国家对电子商务税收问题仍处于观望或研究阶段。OECD提出，对电子商务课税的基本方针是既要防止偷漏税又要保护产业的健康发展，各国在税收管辖权的划分上要采取合作协调态度，而不应采用进攻性措施。

1998年5月20日，世贸组织在日内瓦召开的第二次部长级会议采纳了《关于全球电子商务宣言》，并敦促WTO总干事建立全面的工作计划，研究与贸易有关的全球电子商务问题，包括电子商务税收问题。会议同时达成协议，WTO成员将继续对可在互联网上交付使用的软件等电子交易免征关税至2003年9月10日在墨西哥召开的第五次部长级会议。另外，根据商业部门的请求，WTO号召其成员在电子商务征税问题上保持一种延期履行权。而商业部门也通过诸如"关于电子商务全球商业对话"（Global Business Dialogue on e-Commerce，GBDe）这样的团体，催促WTO使其将这种临时性延期履行权变成永久性的。关于电子商务征税，GBDe倡导政府应与商业部门加强对话，增进合作，强调改进基本税收原则以及直接税和间接税的运用，建立一个长远的、消除竞争上的扭曲、简单易行、中立而且是全球可行的税收政策。GBDe从企业的角度提出了中立性、简便性、公平性、强制性、技术上的高效性、国际合作和一致性等指导电子商务税收政策的基本原则。

（5）发展中国家的电子商务税收政策。大多数发展中国家的电子商务处于起步阶段，对于电子商务征税问题研究较少。但是由于发展中国家基本属于电子商务净进口国，而目前多数国家对于通过互联网交易并传送的产品如软件、音乐产品等既不征收进口税也不征收增值税。这种税收政策现状必然使发展中国家在电子商务税收方面损失更大，加剧与发达国家的经济实力差距。因此，发展中国家大多主张对电子商务征收关税，以保护民族产业和本国利益。与此同时，发展中国家对电子商务交易是否免征销售税（增值税）也相当谨慎，没有公开承诺免征销售税。印度政府于 1999 年 4 月 28 日做出一项决定：对在境外使用计算机系统，而由印度公司向美国公司支付的款项，均视为来源于印度的特许权使用费并在印度征收预提税，此项决定是对美国免税区主张的一个坚决否定。

2．我国电子商务税收政策的思路

近年来，我国的电子商务发展迅猛，据中国互联网络信息中心（CNNIC）2014 年发布的第 34 次《中国互联网络发展状况统计报告》显示，截至 2014 年 6 月，中国网民规模达 6.32 亿，较 2013 年底增加 1442 万人；互联网普及率为 46.9%。较 2013 年底提升了 1.1 个百分点。手机网民规模达 5.27 亿，较 2013 年底增加 2 699 万人。2014 年 8 月，工业和信息化部联合中国互联网协会发布的《2014 年中国互联网企业 100 强》报告（此时阿里巴巴未上市，故数据不包含阿里）显示，互联网百强营收总规模接近 4 000 亿元，入围企业营收规模均在 2.4 亿元以上。可以预见，未来几年电子商务还将获得更大规模的发展。

从各国对电商征税的发展来看，各国普遍明确在不征收新税的前提下对本国的电子商务进行税收控制，这同样适合中国的情况，即为促进电子商务的发展，应对电商征税采取税收中性原则，禁止开征新税和附加税。在立法层面上，我国可以将电子商务征税纳入现行税收征管体系，比如同样享受对小微企业的减免税优惠，同时对发展初期的电商实行减免税的优惠政策。

（1）我国电子商务税收政策的制定原则。中国与美国的商业环境不同，电子商务发展阶段也不同。如果说，美国今年向电商征税是恢复公平的交易环境，促进国家经济和税收增长，而我国向电商征税则有可能彻底破坏目前正在兴起的良好的商业环境。中国的电子商务处在关键的成型发展期，为了抓住电子商务发展的历史性机遇，实现我国经济“弯道超车”，政府应转变传统思维理念，不失时机地加快制定适合的有利政策，通过税收优惠等政策大力促进电子商务的发展，体现出国家对于电子商务服务业战略性新兴产业地位的确定，进一步发挥电子商务服务业对于电子商务应用、企业升级、产业带动、经济转型和社会发展的基础作用、先导作用和战略作用。

而从国际电子商务立法的实践和发展趋势来看，我国也应尽快出台有关电子商务税收的规定，从法律制度上保证电子商务的健康发展。这样的规定可以涵盖以下原则。

① 税收公平原则。税收公平的内容包括两个方面：一是经济能力或纳税能力相同的人应当缴纳数额相同的税收，即以同等的方式对待条件相同的人。税收不应是专断的或是有差别的。这也称为“横向公平”或“水平公平”；二是经济能力或纳税能力不同的人应当缴纳数额不同的税收，即以不同的方式对待条件不同的人。这也称作“纵向公平”或“垂直公平”。税收公平原则具有重要意义，一方面，税收的公平性对于维持税收制度的正常运转必不可少；另一方面，税收具有矫正收入分配不均或悬殊差距的作用，对社会经济结构也起到调节作用。

② 税收中性原则。税收中性包含两个最基本的含义：一是国家征税使社会所付出的代价以税款为限，尽可能不给纳税人或社会带来其他的额外损失或负担；二是国家征税应避免对市场经济正常运行的干扰，特别是不能使税收成为超越市场机制的资源配置的决定因素。

税收中性原则的实际意义是税收的实施不应对电子商务的发展有延缓或阻碍作用。国际社会普遍呼吁各国大力推进电子商务这一新的交易方式的发展，并给予必要的支持，不课征新税。目前，可以像美国《互联网免税法》所采取的策略一样规定一定时期的免税期，在目前电子商务发展的初期阶段可给予政策优惠，待条件成熟后再考虑征税，这样也可以使国家法律具有一定的弹性，并为立法机构留出活动余地，而暂时免税不等于永远的免税。

③ 税收行政效率原则。税收行政效率原则强调税制应使纳税人缴税方便，包括纳税的时间、方法、手续的简便易行，以利于节省缴纳成本。税收的征收成本和缴纳成本是密切相关的，有时甚至是可以相互转换的。一项税收政策的出台，可以有利于降低征收成本，但它可能是以纳税人的缴纳成本的增加为代价的，或者相反。这说明，税收的行政效率要对征收成本和缴纳成本进行综合考虑，才有真正意义。

税收的经济效率是税收效率原则的另一层次。经济决定税收，税收又反作用于经济。税收分配必然对经济的运作和资源的配置产生影响，这是客观规律。税收对经济的反作用反映到税收的经济效率方面，首先要求税收的"额外负担"最小。所谓税收的额外负担，简单地说就是征税所引起的资源配置效率的下降，它是税收行政成本以外的一种经济损失，即"额外负担"，因此，相对于税收行政成本，通常又将之称为税收的经济成本。

税收经济效率还要求是保持税本。税收具有促进经济发展的积极作用，政府征税应尽量避免税收对经济的不利影响，而发挥税收对经济的促进作用。为保护和发展国民经济，使税收趋利避害，政府征税应慎重选择税源。原则上，税源应来自国民收入，而不应来自税本。税本，就是税收的本源。通常认为，国民生产是税本，国民收入是税源，原则上税收只能参与国民收入的分配，而不能伤及国民生产。

对于电子商务而言，国家征收的税收不应影响其正常的经济运作，而仅应就其创造的收入进行适当征税，使电子商务能够有更多的机会扩大再生产，这对于起步阶段的电子商务尤显重要。针对目前中国电子商务发展的客观现状，中国政府可通过明确优惠的税收政策（包括免税政策），吸引更多的社会资源投入电子商务，以便尽快缩小在这一新兴经济领域与发达国家的差距。

④ 灵活性原则。网络技术的发展一日千里，相应地，电子商务也得以迅猛发展并日新月异。电子商务不断快速发展变化的特点要求在制定税收政策时，必须基于现有技术，同时考虑我国电子商务及网络技术发展的前景，使其具有一定的灵活性，从而保证税收政策能够在网络技术和电子商务获得新发展的时候，能够具有较大的活动空间。

当然，电子商务税收灵活性原则并不以牺牲税收制度的权威性为代价。灵活性原则所强调的是制定税收政策时不能规定得过细过死，留有一定的空间。当客观情况发生变化时，可以在总体保持稳定的同时，通过补充实施细则等方式予以改进，而在根本上维护基本制度的稳定性和权威性。

（2）我国电子商务税收政策的选择。

① 是否征税的选择。对于电子商务是否应当征税，存在两种相对立的观点，即免税派和主税派。免税派主张，电子商务代表未来贸易的发展方向，政府应鼓励、扶持企业发展电子商务，建议将互联网宣布为免税区。凡无形商品（如电子出版物、软件、网上服务等）经由网络进行交易的，无论是跨国交易或是在一国之内的交易，均应一律免税；对有形商品的网上交易，仍按现行税收政策征税。主税派认为，税收是国家赖以生存的重要财政支柱，电子商务作为日益增长的新税源，若对其实行免税将严重威胁国家的财政收入；另外，若对电

子商务实行免税，将导致对其他传统贸易方式的歧视，违背税收公正和税收中立原则。

对比两派观点的意见，分歧点在于无形商品的网上交易是否应当征税。针对我国电子商务发展的现状，对电子商务进行征税有利于维护我国税收法律的统一性和权威性，避免滥用电子商务进行避税逃税现象的发生，同时也符合税收中立原则的要求，有利于市场经济对不同贸易方式的合理配置。当然，我国在不同经济发展时期对不同产业会采取一定的税收优惠措施，如我国为鼓励和推动软件产业的发展，自 2000 年 6 月 24 日起至 2010 年年底对软件产业实施增值税优惠措施，即对增值税一般纳税人销售其自行开发生产的软件产品，按 17%的法定税率征收增值税后，对其增值税实际税负超过 3%的部分实行即征即退政策。作为暂时的过渡政策，对电子商务也可采取类似的税收优惠甚至一段期间的免税政策，以促进我国电子商务的快速发展，但这并不影响我国应对电子商务进行征税的整体政策。

网络购物已经成为当今社会的主流购物模式。然而仍有网店商户既没有在工商局注册，也很少将这部分收入上报税务部门，使得网店销售成为征税的“真空地带”。对此有关人士建议国家应尽快建立网络商品交易法律法规，对从事网上交易的个人（企业）网上商店，实施注册登记管理并依法缴税。同时规范电子商务的发展，对日益发展的网上商店，有针对性地通过法律法规或政策进行规范和引导，严格实行网店实名制，通过“网购商品七天无理由退换”、“正品保证”等承诺方式打击网销欺诈、抵制伪劣商品，保护消费者利益。

② 税种的选择。电子商务对现有税收体制的挑战毋庸置疑，对于原有的税种是否适合电子方式的交易，存在不同的看法。有的学者主张，电子商务引起了税收制度的全面改革，对电子商务按原有税种征税面临许多难题，因此主张对电子商务设计新的税种。目前较有影响的有两种方案：一种是“比特税”（Bit Tax，又称“字节税”），由加拿大税收专家阿瑟·科德尔（Author Cordell）于 1994 年率先在一篇论文中构思，后经荷兰马斯特里赫特大学的卢·索尔特（Lue Soete）教授正式提出，主张对全球信息传输的每一数字单位征税，包括对增值的数据交易，如数据收集、通话、图像或声音传输等的征税，即以网络传送的信息流量的字节数作为计税依据计算应纳税款。另一种是“托宾税”（Tobin Tax），主张对网上交易的货币数量按比例征税。前一种方案遭到企业界和政府的反对，理由是在许多基本问题尚未搞清之前，如哪类信息的传输要征税、哪类纳税人可以免税、跨国经营所得的征税权如何划分、国际重复征税如何避免等，草率征税未必可行；而且不区分在线交易和数字通信、不区分数字信息的不同经济价值，统一进行征税不公平。后一种方案会降低证券投资额，减少税基；而且也未考虑货币流量究竟是利息、股息还是特许权使用费，易引起避税问题。

③ 关税征免的选择。发达国家一直主张电子商务免征关税，2013 年以前的美国极力主张世界贸易组织通过《全球电子商务免税案》，试图通过 WTO 协议方式向全球推行电子商务免税的政策，而大多数发展中国家表示了强烈的反对意见。然而到了 2013 年，美国国会参议院通过的《2013 市场公平法案》要求企业通过互联网、邮寄产品目录、电台和电视销售商品时，必须向购买者所在地政府缴纳销售税，这反过来也让国内看到了对电商征税的可行性。

我国学者对是否征收关税也有两种意见。主张对电子商务征收关税的认为，我国作为发展中国家，随着电子商务的迅猛发展，免税会造成越来越大的税收损失。支持电子商务免征关税的认为，我国采取“网上贸易零关税”是明智之举，可推动我国电子商务的发展；逐步限制并取消关税壁垒是世界经济一体化潮流下的必然要求，作为国际贸易的一种形式，电子商务应服从这一客观要求，尽管电子商务免税可能对发展中国家造成一定的税收损失，但电子商务也为广大发展中国家的企业尤其是无实力从事跨国经营的中小企业，提供了进入国际市场的可能性，也可分享免税带来的好处。从电子商务长远发展来看，我国应当对电子商务免征关税，这是电子商务关税的发展趋势，而且征收关税目前在技术上也不现实。应当注意，对于电子商务免征关税的提法，仅对于在线交易型电子商务，对离线型电子商务仍按现有的关税政策对其征收关税。

④ 税收管辖权的选择。在税收管辖权上，应坚持居民管辖权与地域管辖权并重的原则。尽管美国一直主张电子商务中，由于新技术及互联网贸易发展的要求很难适用地域管辖权征税，而居民管辖权能发挥更大的作用，但一般来说，发达国家有着大量的国外投资和跨国经营，坚持居民管辖权征税原则使发达国家能够对本国居民在国外的所得和收入进行征税；相反，发展中国家国外投资较少，国外收入也较少，放弃地域管辖即收入来源地管辖将会损失大量的税收，所以往往坚持地域管辖权以维护本国对国际税收的管辖权。我国自改革开放以来，出台了各种政策、优惠措施以吸引外来投资，使得外来投资越来越多，因此在对电子商务的税收管辖上应坚持地域管辖原则。但不可否认，地域管辖原则在电子商务环境下实施起来有很大的困难，在税收征管技术问题尚未解决之前，一味坚持地域管辖权没有实际意义，应采取地域管辖权与居民管辖权并重的原则。同时，我国应积极研究制定措施，完善我国税法，防止在税收征管实践中地域管辖权的弱化，避免居民管辖权的扩大应用。

（3）我国电子商务税收体制。电子商务的迅猛发展要求我国必须改革现有的税收管理体制。目前，我国已开始研究并制定相关政策，以应对电子商务对税收体制的挑战。国务院办公厅于 2005 年 1 月 8 日发布了《国务院办公厅关于加快电子商务发展的若干意见》，要求有关部门研究制定鼓励电子商务发展的财税政策，加快研究制定电子商务税费优惠政策，加强电子商务税费管理。电子商务税收体制的建立是一个系统化的工程，应当实现从税务登记、账簿凭证管理、纳税申报、税款缴纳、发票管理到纳税检查等各个环节税收征管的电子化、网络化，建立健全配套的电子商务税收体制。

① 建立电子税务登记制度。国家税务总局应当制定全国统一的网络交易纳税人的识别码以及相应的查询信息库，建立网络交易纳税人的登记管理制度。从事电子商务的纳税人应到当地税务机关办理电子税务登记，填报企业买卖商品与提供服务所设立的网址、网上商品交易的种类、品名以及用于交易结算的方法、网络银行账户、电子邮箱地址、服务器所在地等相关资料，税务机关审查后向其分配唯一的纳税识别码，并将纳税人的基本资料输入数据库。纳税人税务登记信息若发生变化，应及时到当地税务机关办理变更、注销登记，税务机关应及时更新信息库。

② 规范电子账簿和电子凭证。为保证网络交易的真实性，应当建立电子凭证的认证制度，对电子凭证中所记录的交易基本资料的真实性以及网络交易纳税人身份的真实性进行确认。我国《电子签名法》已于 2005 年 4 月 1 日生效，电子签名认证机构正逐步完善。电子凭证的认证可借助电子签名认证机构的组织形式，赋予该机构以电子凭证认证的职能，利用技术手段，对大宗交易纳税人所持凭证数据的真实性、可靠性进行确认，避免他人冒名传送虚假会计资料行为的发生。

③ 加快实施电子征税制度。电子征税包括电子申报和电子结算两个环节。电子申报指纳税人利用自己的终端计算机，通过互联网等通信网络系统，直接将申报资料以电子方式发送给税务部门，不必亲自前往即可完成税务申报的方式；电子结算指国库根据纳税人的税票信息，直接从其开户银行划拨税款的过程。第一个环节解决了纳税人与税务部门之间

的电子信息交换，实现了申报无纸化；第二个环节解决了纳税人、税务部门、银行及国库间电子信息及资金的交换，实现了税款收付的无纸化。电子商务的无纸化要求纳税申报和结算实现电子化，同时电子征税制度也方便了纳税人，有利于提高申报效率，降低纳税成本。

④ 使用电子发票配套。随着电子申报、征税制度的建立和实施，纳税各环节基本实现无纸化的同时，可以考虑在传统纸质发票使用的基础上，使用电子发票。建立电子发票管理数据库，实现发票的领购、填开、保管无纸化、电子化。电子发票的应用，一方面可提高税收各环节的效率，完善电子税收体系；另一方面可有效地杜绝各种形式的虚假发票。

2013 年 4 月 1 日，国家税务总局实行《网络发票管理办法》（国家税务总局令第 30 号）为电商征税提供了法律技术上的支持。随后，财政部等 13 个部门联合发布《关于进一步促进电子商务健康发展有关工作的通知》（发改办高技〔2013〕894 号），明确将继续加强电子商务企业的税收管理制度研究。

⑤ 完善电子税收稽查制度。网络交易的税务稽查是指税务机关直接通过互联网获取纳税人所属行业情况、货物和服务的交易情况、银行资金流转情况、发票稽核情况及其关联企业情况等信息，并对这些信息进行核对和检查的过程。电子商务的迅速发展要求稽查部门采用先进的技术手段，与网络银行资金结算中心、电子商务认证中心、工商行政管理部门以及公安等部门联网实现信息共享，共同构筑电子化的税务稽查监控网络。

⑥ 加强国际情报交流与协调。电子商务的全球性决定了电子商务税收的全球化趋势，仅靠一国税务部门之力很难对电子商务复杂的税收环境进行全面、有效的管理和监控，必须加强国家间的情报交流与合作，打击网络环境下新型的避税、逃税行为，加强国际间的合作，协调国际税收管辖权问题，避免对电子商务重复征税。

8.3 电子商务中的安全法律制度

8.3.1 电子商务安全概述

电子商务给人们的工作和生活带来便利和快捷的同时，其安全性亦成为电子商务发展的阻碍因素。如何建立一个安全、便捷的电子商务应用环境，对信息提供足够的保护，是网络平台提供者、使用者和有关部门共同关心的重大问题。

1. 电子商务安全的概念与要求

电子商务安全从整体上来说，可分为两大部分：计算机网络安全和商务交易安全。计算机网络安全的内容包括计算机网络设备安全、计算机网络系统安全、数据库安全等。其特征是针对计算机网络本身可能存在的安全问题，实施网络安全增强方案，以保证计算机网络自身的安全性为目标。商务交易安全则紧紧围绕商务活动在互联网络上应用时产生的各种安全问题。商务交易安全是为了在计算机网络安全的基础上保障交易过程的顺利进行，即实现电子商务信息的完整、保密、可鉴别、不可篡改、不可伪造和不可抵赖。

电子商务安全的基本要求主要体现在以下两个方面。

（1）电子商务平台和交易双方身份的真实性。作为网络电子商务的节点，服务器存储、处理网络上80%的数据、信息，被誉为网络的灵魂。因此，作为电子商务交易平台主要支撑的服务器安全成为电子商务安全的基础保障。电子商务交易双方通过虚拟网络进行接触，如果不进行身份真实性的识别，第三方就有可能假冒交易一方的身份而破坏交易。

（2）交易信息的安全需求。

① 交易信息与数据的完整性：指信息在传输过程中进行加密处理，没有在未经授权或偶然情况下被篡改或破坏。

② 交易信息的保密性：主要包括交易信息的隐私问题和交易内容的保密性，这就需要对网上传输的信息先加密再传输。

③ 交易信息的不可抵赖性：指在电子商务交易过程中，信息收发双方必须对他们发送的信息和接收到的信息进行认可，对自己的交易行为负责，其关键在于对所有信息进行"数字签名"，使得交易双方难以抵赖。

④ 交易信息的有效性：指保证交易数据在确定价格、期限、数量以及确定时刻、地点时是有效的。

⑤ 合法用户的安全性：指合法用户的权力不受到危害或侵犯，电子商务系统和电子商务的安全管理体系应实现系统对用户身份的有效确定、对私钥和口令的有效保护、对非法攻击的有效防范等，以保障合法用户法人的安全性。

2. 电子商务安全的威胁

在电子商务过程中，消费者、商户、银行是通过网络来联系，通过网络来完成购物、支付等一系列的商务活动。如果系统不能安全可靠地工作，就会使交易中断，以致无法完成。系统的安全性被破坏，非法入侵者就有可能假冒成合法的用户来篡改用户数据，解除用户订单或生成虚假订单，使用户遭受损失。消费者将个人数据或自己的身份数据（如口令）发送给商家时，这些信息也可能在传递过程中被窃取，使消费者受到损失。因此，电子商务系统中网络和交易各方面都面临着安全的威胁。

（1）网络主要安全隐患。

① 计算机病毒。计算机病毒通过Internet的传播给上网用户带来极大的危害。病毒可以使计算机和计算机网络系统瘫痪、数据和文件丢失。在网络上传播病毒可以通过公共匿名FTP文件传送，也可以通过邮件和邮件的附件传播。电子邮件存在着被拆看、误投和伪造的可能性。使用电子邮件来传输重要商业机密信息存在着很大的危险。

② 操作系统中存在的安全隐患问题。目前网络操作系统中明显存在的安全脆弱性问题会直接影响安全服务。在计算机上存储、传输和处理的电子信息，往往缺乏对信息的来源和去向是否真实，内容是否被改动，以及是否泄露数据等的判断和鉴别。在应用层支持的服务协议中也存在着不安全因素。

③ 黑客（Hacker）入侵的问题。黑客是威胁电子商务安全的大敌。Internet 是一个开放的、无控制机构的网络，黑客经常会侵入网络中的计算机系统，或窃取机密数据和盗用特权，或破坏重要数据，或使系统功能得不到充分发挥直至瘫痪。他们篡改交易数据，盗窃资金财物，造成正常交易双方发生纠纷和损失。

（2）电子商务交易普遍存在的安全隐患。

① 信息的截获和窃取。在没有加密措施或加密等级不高时，入侵者可能通过互联网、公共电话网和在电磁辐射范围内安装截取装置，或在数据包通过的网关和路由器上截获数据，以获取机密信息。入侵者还可以通过对信息流量和流向、数据编码方式长度等参数的

分析，推断有用信息，如消费者的银行账号、密码以及企业的商业秘密等。

② 信息的篡改和恶意破坏。当入侵者熟练掌握了网络信息的格式后，就可以通过各种技术方法和手段对网络传输的信息进行中途修改，并送往目的地，从而破坏信息的原始形态和完整性。采取的手法主要有三种：一是篡改，改变信息数据流的次序，更改信息的内容；二是删除，删除某个信息或某部分信息；三是插入，在正常的信息中插入一些新内容，成为无法理解或错误的信息。

③ 信息的假冒。当入侵者掌握了网络信息数据规律或解密了商务信息以后，可以假冒合法用户的身份或发送假冒信息来欺骗其他用户。信息的假冒通常有两种方式：一是伪造电子邮件，虚开网站和商店，给用户发电子邮件，收订货单；大量占用网络资源，使合法客户不能正常访问；窃取商家的商品信息和用户的信用信息。二是假冒他人身份，发布信息，调阅密件；冒充主机欺骗合法主机及合法用户，冒充网络控制程序，套取或修改使用权限、通行字、密钥等信息，接管合法用户，欺骗系统，占用合法用户资源。由于入侵者掌握了数据格式，并且可以篡改过往的信息，冒充合法用户发送假冒信息或主动获取信息，而远端用户通常很难发现或分辨真伪。

④ 交易的反悔和单方面抵赖。交易抵赖包括多个方面，如发信者事后否认曾经发送过某条信息或指令；收信者事后不承认曾经收到过某信息或指令。购买者做了订单不承认；商家卖出的商品因价格差而不承认原有的交易等。

8.3.2 电子商务安全的法律保障

1. 我国网络安全的法律保护

（1）《维护互联网安全的决定》。《维护互联网安全的决定》指出，各级人民政府及有关部门要采取积极措施，在促进互联网的应用和技术的普及过程中，重视和支持对网络安全技术的研究和开发，增强网络的安全防护能力。有关主管部门要加强对互联网的运行安全和信息安全的宣传教育，依法实施有效的监督管理，防范和制止利用互联网进行的各种违法活动，为互联网的健康发展创造良好的社会环境。从事互联网业务的单位要依法开展活动，发现互联网上出现违法犯罪行为和有害信息时，要采取措施，停止传输有害信息，并及时向有关机关报告。任何单位和个人在利用互联网时，都要遵纪守法，抵制各种违法犯罪行为和有害信息。

（2）严格的市场准入制度。《中华人民共和国计算机信息网络国际联网管理暂行规定》（以下简称《计算机信息网络国际联网管理暂行规定》）规定了从事国际互联网经营活动和从事非经营活动的接入单位必须具备的条件：是依法设立的企业法人或者事业单位；具备相应的计算机信息网络、装备以及相应的技术人员和管理人员；具备健全的安全保密管理制度和技术保护措施；符合法律和国务院规定的其他条件。

另外，《中华人民共和国计算机信息系统安全保护条例》（以下简称《计算机信息系统安全保护条例》）规定，进行国际联网的计算机信息系统，由计算机信息系统的使用单位报省级以上的人民政府公安机关备案。

（3）加强国际互联网出入信道的管理。《计算机信息网络国际联网管理暂行规定》规定，我国境内的计算机互联网必须使用国家公用电信网提供的国际出入信道进行国际联网。任何单位和个人不得自行建立或者使用其他信道进行国际联网。除国际出入口局作为国家总关口外，还将中国公用计算机互联网划分为全国骨干网和各省、市、自治区接入网进行分层管理，以便对入网信息进行有效的过滤、隔离和监测。

（4）明确网络安全责任。每个工作站和终端都要建立健全网络操作的各项制度，加强对内部操作人员的安全教育和监督，严格规定网络工作人员的操作职责，加强密码、口令和授权的管理，及时更换有关密码、口令；重视软件和数据库的管理和维护工作，加强对磁盘文件和软件的发放和保管，禁止在网上使用非法软件、软盘。网络用户也应提高安全意识，注意保守秘密，并应对自己的资金、文件、情报等机要事宜经常检查，杜绝漏洞。

2．网络信息安全的法律保护

（1）《计算机信息系统安全保护条例》。根据《计算机信息系统安全保护条例》的规定，计算机信息系统是指由计算机及其相关的和配套的设备、设施构成的，按照一定的应用目标和规则对信息进行采集、加工、存储、传输、检索等处理的人机系统。计算机信息系统的安全保护，应当保障计算机及其相关的和配套的设备/设施的安全、运行环境的安全，保障信息的安全，保障计算机功能的正常发挥，以维护计算机信息系统的安全运行。

计算机安全系统实行安全等级保护。安全等级的划分标准和安全等级保护的具体方法，由公安部会同有关部门规定。

计算机机房应当符合国家标准和国家有关规定。在计算机机房附近施工，不得危害计算机信息系统的安全。进行国际联网的计算机信息系统，由计算机信息系统的使用单位报省级以上人民政府公安机关备案。

计算机信息系统的使用单位应当建立健全安全管理制度，负责本单位计算机信息系统的安全保护工作。对计算机信息系统中发生的案件，有关使用单位应当在 24 小时内向当地县级以上人民政府公安机关报告。计算机信息系统的安全保护工作，重点在于维护国家事务、经济建设、国防建设、尖端科学技术等重要领域的计算机信息系统的安全。

（2）计算机信息网络国际联网的安全保护。经国务院批准，公安部于 1997 年 12 月 16 日颁布，于 1997 年 12 月 30 日实施《计算机信息网络国际联网的安全保护管理办法》。该办法规定，公安部计算机管理监察机构负责计算机管理工作信息网络国际联网的安全保护管理工作。公安机关计算机管理监察机构应当保护计算机信息网络国际联网的公共安全，维护从事国家联网业务的单位和个人的合法权益和公众利益。

任何单位和个人不得利用国际联网制作、复制、查阅和传播下列信息：煽动抗拒、破坏宪法和法律、行政法规实施的；煽动颠覆国家政权、推翻社会主义制度的；煽动分裂国家、破坏国家统一的；煽动民族仇恨、民族歧视，破坏民族团结的；捏造或者歪曲事实，散布谣言，扰乱社会秩序的；宣扬封建迷信、淫秽、赌博、暴力、凶杀、恐怖、教唆犯罪的；公然侮辱他人或者捏造事实诽谤他人的；损坏国家机关信誉的；其他违反宪法和法律、行政法规的。

任何单位和个人不得从事下列危害计算机信息网络安全的活动：未经允许，进入计算机信息网络或者使用计算机信息资源的；未经允许，对计算机信息网络功能进行删除、修改或者增加的；未经允许，对计算机信息网络中存储、处理或者传输的数据和应用程序进行删除、修改或者增加的；故意制作、传播计算机病毒等破坏性程序的；其他危害计算机信息网络安全的。

（3）电子公告服务的信息安全。2000 年 10 月 8 日，我国原信息产业部第四次部会议通过了《互联网电子公告服务管理规定》。该规定指出，电子公告服务是指在互联网上以电子布告牌、电子白板、电子论坛、网络聊天室、留言板等交互形式为上网用户提供信息发布条件的行为。

电子公共服务提供者开展服务活动，应当遵守法律、法规，加强行业自律，接受信息产业部及省、自治区、直辖市电信管理机构和其他有关主管部门依法实施的监督检查。上网用户使用电子公告服务系统，应当遵守法律、法规，并对所发布的信息负责。

任何人不得在电子公告服务信息系统中发布含有下列内容之一的信息。

① 反对宪法所规定的基本原则的。

② 危害国家安全、泄露国家秘密、颠覆国家政权、破坏国家统一的。

③ 损害国家荣誉和利益的。

④ 煽动民族仇恨、民族歧视，破坏民族团结的。

⑤ 破坏国家宗教政策，宣扬邪教和封建迷信的。

⑥ 散布谣言、扰乱社会秩序、破坏社会稳定的。

⑦ 散布淫秽、色情、赌博、暴力、凶杀、恐怖或者教唆犯罪的。

⑧ 侮辱或者诽谤他人，损害他人合法权益的。

⑨ 含有法律、行政法规禁止的其他内容的。

电子公告服务提供者发现其电子公告服务系统中出现明显属于上述所列的信息内容之一的，应当立即删除，保存有关记录，并向国家有关机关报告。

3．电子商务交易安全的法律保护

电子商务交易安全的法律保护问题，涉及两个基本方面：一方面，电子商务交易是不同于以往的商品交易，其安全问题应当通过专门法律加以保护；另一方面，电子商务交易是通过计算机及其网络而实现的，其安全性主要依赖于计算机及其网络的安全程度。从 20 世纪 80 年代起，国家相关部门就已经开始着手制定涉及计算机安全的法律法规和维护电子商务经济秩序的相关法律法规。

国务院颁布的《计算机信息网络国际联网管理暂行规定》和公安部颁发的《计算机信息网络国际联网安全保护管理办法》，就是两个对电子商务具有重大影响的重要行政法规。

除此之外，我国现行的涉及交易安全的法律法规主要有以下四类。

（1）综合性法律，如《民法通则》和《刑法》中有关保护交易安全的条文。

（2）规范交易主体的有关法律，如《中华人民共和国公司法》、《中华人民共和国合伙企业法》、《中华人民共和国个人独资企业法》等。

（3）规范交易行为的有关法律，如《合同法》、《产品质量法》、《中华人民共和国保险法》、《中华人民共和国价格法》、《消费者权益保护法》、《广告法》、《反不正当竞争法》等。

（4）监督交易行为的有关法律，如《中华人民共和国会计法》、《中华人民共和国审计法》、《中华人民共和国票据法》、《中华人民共和国银行法》等。

4．其他相关电子商务安全的法律制度

（1）涉及电子商务交易安全的制度。

① 市场准入制度。电子商务交易安全对市场准入提出较高的要求，即对经营者的资格、与网络建设秘密相关的诸如网络连接商、信息服务提供商、数字证书认证机构、密钥管理机构等服务机构应当实行严格的审查，确实其具有一定的资信条件、供货能力、运输能力以及健全的售后服务体系等，才允许进入市场交易。

② 电子签名的安全。一项完善的电子签名一般应同时满足唯一性、不可能被伪造、容易被鉴定以及不可能被拒绝的特性，即电子签名的真正使用人无法否认事实的创制使用关系。

③ 电子认证安全机制。电子认证主要是指交易信誉的安全，即保证交易人的事实可靠是该制度的保证。电子认证机构所提供的服务，包括确认交易相对人的身份、公开密钥、信用状况等情况。

④ 电子支付安全制度。电子支付安全是电子交易安全中最重要的环节，目前主要采用加密保护、线上认证等方式保证电子支付的安全。

（2）涉及病毒防治的相关制度。随着信息化社会的发展，计算机病毒的威胁日益严重，反病毒的任务也更加艰巨。为了加强对计算机病毒的预防和治疗，保护计算机信息系统安全，我国公安部根据国务院《计算机信息系统安全保护条例》，于2000年4月26日发布了《计算机病毒防治管理办法》，成为我国计算机病毒防治工作的重要法律依据。根据《计算机病毒防治管理办法》的规定，为了防治计算机病毒的制作和传播，严禁任何单位和个人从事下列行为。

① 制作计算机病毒。

② 故意输入计算机病毒，危害计算机信息系统安全。

③ 向他人提供含有计算机病毒的文件、软件、媒介。

④ 销售、出租、附赠含有计算机病毒的媒介。

⑤ 其他传播计算机病毒的行为。

8.3.3 我国电子商务安全的法律责任

1. 电子商务安全的监督管理机构

1994年2月18日，国务院发布的《计算机信息系统安全保护条例》规定，公安机关对计算机信息系统保护工作行使下列监督职权。

（1）监督、检查、指导计算机信息系统的安全保护工作。

（2）查处危害计算机信息系统安全的违法犯罪案件。

（3）履行计算机信息系统安全保护工作的其他监督职责。

此外，对计算机病毒和危害社会安全的其他有害数据的防治研究工作也归公安部管理。

2. 电子商务安全的行政责任

违反电子商务安全法的行政责任，是指电子商务法律关系的主体违反电子商务安全法所规定的义务而构成行政违法所承担的法律责任。违反电子商务安全法律的行政责任的承担方式，按照承担责任主体的不同而有所差异。国家机关违反电子商务安全法律，主要是按照法定程序进行国家赔偿；国家公务员违反电子商务安全法律，主要是对其进行行政处分，如果给行政相对方造成了损失，在追究责任人责任的同时，仍然要进行国家赔偿；计算机信息系统的使用单位和其他危害计算机信息系统安全的主体，则主要是进行行政处罚。

我国于1996年公布的《中华人民共和国行政处罚法》对行政处罚的种类做出了具体规定，主要有以下几方面的内容。

（1）警告。警告是对犯有轻微违法行为、不履行行政义务的相对人所予以的谴责和告诫，是一种影响相对人名誉的预备罚。如我国《计算机信息系统安全保护条例》第二十条、《计算机信息网络国际联网管理暂行规定》第二十二条、《计算机信息网络国际联网安全保护管理办法》第二十条、第二十一条都规定了警告的行政处罚。

（2）罚款。罚款是对违反行政法律、法规，不履行法定义务的相对人的一种经济上的处罚，即强迫相对人缴纳一定金额款项以损害或剥夺其某些财产权的行政处罚。如我国《计算机信息系统安全保护条例》第二十三条、《计算机信息网络国际联网管理暂行规定》第二十二条、《计算机信息网络国际联网安全保护管理办法》第二十条都有罚款规定。

（3）没收违法所得。没收违法所得是指对生产、保管、加工、运输、销售违禁物品或进行其他营利性违法活动的相对人所实施的一种经济上的处罚。如我国《计算机信息系统安全保护条例》第二十三条、《计算机信息网络国际联网管理暂行规定实施办法》第二十二条等都有没收违法所得的规定。

（4）责令停产停业。这是对从事生产、经营活动相对人的违法行为所做的一种行之有效的处罚形式。在电子商务安全法律领域，则表现为停机整顿或停止联网。如我国《计算机信息系统安全保护条例》第二十条规定，对某些违反条例的行为可以责令其停机整顿；又如《计算机信息网络国际联网管理暂行规定实施办法》第二十二条规定，对违反本法的某些行为，由公安机关责令其停止联网。

（5）扣押或吊销许可证、执照。这是限制或剥夺违反行政法律、法规的相对人特定的行为能力和某项专门权利的行为罚，又称能力罚。如我国《计算机信息系统安全专用产品检测和销售许可证管理办法》第二十一条规定，检测机构违反本办法的规定，情节严重的，取消检测资格；又如《中国公用计算机互联网国际联网管理办法》第十五条规定的撤销批准文件也属于这种类型的行政处罚。

（6）行政拘留。行政拘留是对违反行政法律、法规，不履行法定义务的相对人在短期内限制其人身自由的一种严厉的处罚形式。由于限制人身自由是一种严厉的处罚形式，所以我国《行政处罚法》规定，只有法律可以设定限制人身自由的行政处罚，并且该处罚只能由特定的机关执行。我国目前的电子商务安全法基本上都是行政法规，不能设定限制人身自由的行政处罚，但是对某些违反电子商务安全法律的违法分子，如果不能做出与其违法行为危害程度相适应的限制人身自由的处罚，不足以制裁违法分子，对被侵害的计算机信息系统的使用者也是不公正的。

（7）法律、法规规定的其他行政处罚。如我国《计算机信息网络国际联网管理暂行规定》第二十二条规定；又如《中国公用计算机互联网国际联网管理办法》规定的停止接入服务等。

3. 电子商务安全的刑事责任

2000年12月28日，第九届全国人民代表大会常务委员会通过了《全国人民代表大会常务委员会关于维护互联网安全的决定》。该决定指出，为了保障互联网的运行安全，对有下列行为之一，构成犯罪的，依照《刑法》有关规定追究刑事责任。

（1）侵入国家事务、国防建设、尖端科学技术领域的计算机信息系统。

（2）故意制作、传播计算机病毒等破坏性程序，攻击计算机系统及通信网络，致使计算机系统及通信网络遭受损害。

（3）违反国家规定，擅自中断计算机网络或者通信服务，造成计算机网络或者通信系统不能正常运行。

为了维护国家安全和社会稳定，对有下列行为之一，构成犯罪的，依照《刑法》有关规定追究刑事责任。

（1）利用互联网造谣、诽谤或者发表、传播其他有害信息，煽动颠覆国家政权、推翻社会主义制度，或者煽动分裂国家、破坏国家统一。

（2）通过互联网窃取、泄露国家秘密、情报或者军事秘密。

（3）利用互联网煽动民族仇恨、民族歧视，破坏民族团结。

（4）利用互联网组织邪教组织，联络邪教组织成员，破坏国家法律、行政法规实施。

为了维护社会主义市场经济秩序和社会管理秩序，对有下列行为之一，构成犯罪的，依照《刑法》有关规定追究刑事责任。

（1）利用互联网销售伪劣产品或者对商品、服务作虚假宣传。

（2）利用互联网损害他人商业信誉和商品信誉。

（3）利用互联网侵犯他人知识产权。

（4）利用互联网编造并传播影响证券、期货交易或者其他扰乱金融秩序的虚假信息。

（5）在互联网上建立淫秽网站、网页，提供淫秽网点链接服务，或者传播淫秽书刊、影片、音像、图片。

为了保护个人、法人和其他组织的人身、财产等合法权利，对有下列行为之一，构成犯罪的，依照《刑法》有关规定追究刑事责任。

（1）利用互联网侮辱他人或者捏造事实诽谤他人。

（2）非法截获、篡改、删除他人电子邮件或者其他数据资料，侵犯公民通信自由和通信秘密。

（3）利用互联网进行盗窃、诈骗、敲诈勒索。

利用互联网实施上述所列行为以外的其他行为，构成犯罪的，依照《刑法》有关规定追究刑事责任。利用互联网实施违法行为，违反社会治安管理，尚不构成犯罪的，由有关管理部门依法给予行政处罚；对直接负责的主管人员和其他直接责任人员，依法给予行政处分或者纪律处分。

4. 电子商务安全民事责任

我国《维护互联网安全的决定》规定，利用互联网侵犯他人合法权益，构成民事侵权的，依法承担民事责任。

8.4 相关链接——关于我国电子商务税收的两大误区

近期，各方关于我国电子商务税收的讨论开始明显增多，我感觉，可能主要有三个方面的原因：第一，5 月 7 日，美国参议院通过一项法案，允许各州向在线零售商和消费者征收互联网销售税。美国的这一动作，被认为可能具有示范意义；第二，2013 年的两会上，有关“网购征税”的相关提案更是引起了各方的关注；第三，2013 年的“双 11”大促再一次引发了全社会对网购所释放的巨大能量的惊叹，这种关注自然也就延伸到了电子商务税收等问题上。

其实，相关事件远不只这些，近年来，电子商务税收一直是全社会比较关注的问题。如果我们再往前看，2011 年，武汉的“我的百分之一”等网店就爆出了被要求补交巨额税款的事件。而在 2008 年，上海还发生了我国电子商务税收的“第一案”，作为网店店主的当事人张某被判处了刑罚。也是在这一年，北京市地税局要求从事虚拟装备网上交易的个人缴纳 20%左右的个人所得税……

那么，究竟如何看待我国电子商务的税收问题，以及这种多年来不断被持续关注的现象？我认为，其实这里面存在很大的公众认识的误区！这种误区包括两类：一是我国的网上交易目前是不用交税的；二是我国的电子商务已经成为税收的重灾区。

为了说明这两个误区，我们可以把网商分为三个部分来分析：

第一部分是大的电商卖家，如京东、苏宁、卓越、亚马逊，以及天猫平台及其他规范平台上的绝大多数卖家，这些都是规范经营并纳税的电子商务卖家，偷逃税的比例可以认为是非常之少，而且这一部分又是我国网购交易中卖家的主体。也就是说，中国电子商务或网购的主体是规范经营并纳税的。

第二部分是更多数量的中小电商卖家，其中确实可能存在一定的偷漏税问题，也是人们批评电商偷漏税的主要指向之一。但这种情形其实是与线下情形很类似，线上不一定就比线下问题更严重。

如果我们拿出线上的 10 万中小卖家，再拿出 10 万线下的中小卖家，这些卖家可能来自集贸市场、建材市场、商场柜台租赁或者街边小店，你就一定能断定线上的卖家比线下的卖家偷漏税严重吗？人们对线上行为的不信任更多地是出于陌生和不理解，而非数据和事实依据。这也正是世界各国电子商务立法一直在反复强调的非歧视原则的原因。

解决这一问题的关键其实在于消费者，即消费者是否会向线上及线下的商家索要发票。这一环节无法落实，即便是加强电子商务的税收监管了，效果恐怕也只能是暂时性的，只要消费者不能养成必须索要发票的习惯，类似的问题就会长期存在，不管是线上还是线下。

需要强调的是，这一部分商家的税收减免应该在政策上是有所考虑的，小微企业的税收减免符合国家政策的大方向，何况作为帮助经济转型、拉动内需、解决就业、低碳环保的电子商务本来也是符合国家政策支持方向的。国务院在 2005 年 2 号文，即《国务院办公厅关于加快电子商务发展的若干意见》中就已经做了相关的规定，但遗憾的是一直没有在操作层面落地。

除此之外，到目前为止，我国的电子商务税收，其实一直是没有任何专门的明确规定的，即是默认按照线下情形办理，线下怎么交线上就怎么交。所以没有电子商务、网上购物可以不交税一说，这些说法完全是一种误解，如果说部分卖家长期没有交税，最多是网上的执法不是很严密而已。

数据显示，淘宝网的卖家中，除去少部分的出于乐趣做做好玩并不长期持续经营的个人卖家，大约有 640 万家拥有持续经营的店铺，也就是典型的小微企业。这 640 万家店铺中，绝大部分还处于草根创业阶段。以 2011 年 12 月这个当年成交最活跃的月份为例，640 万家店铺中，95%（也即 606 万家）的月度总成交额在 2 万元人民币以下。而根据国家有关规定，从 2011 年 11 月开始，个体工商户的增值税起征点提高到月销售 2 万元，所以，淘宝网的这些数百万小微企业，从现行的线下商户的征税新政来看，其实基本上都符合免征范围。

综合这几点，我不得不说，电子商务已经成为我国税收的重灾区是一个被夸大的事实，或者是一个误区。

第三部分是个人网商，肯定是没有按照企业纳税的，这是人们批评电商偷漏税的另一个主要指向。

如果接着我们上面提到的数据，作为个人企业或个体工商户，2 万元以上的月销售额才应缴纳增值税。这个比例在网商中大约是 5%，而这个 5%是涵盖企业、个体工商户和个人的。

作为个人创业和就业，这一部分网商更是国家政策的支持方向，应该予以鼓励，归入减免税的范畴。比如美国 2013 年 5 月颁布的法案就规定 100 万美元年销售额的卖家免消费税。阿里研究中心 2011 年的网商报告显示，月销售 500 万元以上的约占 1%，这还是把淘宝网上的企业和个人都算进去的。也就是说，如果按照美国的政策，需要按照企业交税的个人网商不过是 0.5%的样子。

解决这一问题的关键是个人网商是否应强制登记注册，这个问题很有中国特色，因为只有我国才有如此数量众多的个人网商。基于全面衡量的考虑，我们一直是不强制个人网商办理工商登记的，这种做法充分考虑了我国网商的具体情况，给予了个人网商充足的发展空间，是值得肯定的。

（资料来源：经济观察网 2013 年 6 月）

以案用法

2011 年 12 月 21 日，有媒体报道，国内最大的程序员社区 CSDN 遭黑客攻击，包括 600 多万个明文注册邮箱账号和密码的用户数据被泄露。25 日晚，天涯社区又被曝有 4 000 万个用户的密码信息被泄露。随后，“密码危机”持续发酵，又有多家网站卷入其中，被网友曝出大批量用户数据资料遭泄露。消息被披露后，多家网站启动应急措施，提醒可能被波及的用户及时更改密码，以防个人信息数据丢失。事件发生当晚，CSDN 网站在其官方网站上发出公开道歉信，证实了数据库泄露的消息，表示已报案并配合公安机关追查，并向用户公开致歉，并临时关闭网站用户登录，提醒“2010 年 9 月之前的注册用户和没有修改过密码的用户，立即修改密码”，指出“已对本次泄露出来的所有用户账号进行了登录验证，对所有在 2010 年 9 月之后没有修改过密码的账号进行了锁定”。其实，这一波用户数据泄露事件并不是个案，接近年末，网络安全事件频频出现。2011 年 11 月，大批 MSN 用户遭遇盗号，用户账号无法登录，或收到“MSN 好友”突然发来的借钱消息，为其掏钱后才发现上当受骗。此外，众多网友反映自己的微博疑遭盗号，被频繁要求修改密码。据奇虎公司发布的《2011 年上半年互联网安全报告》指出，黑客窃取网站数据库的危害已远远超过盗号木马，如果一家网站服务器被黑客攻破，成百上千万用户的常用邮箱和密码泄露后，可能导致网上支付等其他重要账号也一并失窃。

请分析：

1．针对部分网民习惯于为邮箱、微博、游戏、网上支付等账号设置相同的密码，你对此怎么看？

2．为了增强网络安全性，请你对上网用户应如何设置密码提出建议。

思考练习题

一、选择题

1．如果对网络交易不征税，而对非网络交易征税，这将违反税收原则中的（　　）原则。

A．税收公平原则　　B．税收法定原则
C．税收效率原则

2．以下属于隐性广告的有（　　）。

A．通过博客发布的广告　　B．通过网上调查的方式发布的广告
C．以网上新闻所做的广告　　D．通过电子邮件发布的广告

3．电子商务征税时，主张对网上交易的货币数量按比例征税，这种税种为（　　）税；主张以网络传送的信息流量的字节数作为计税依据来计算应纳税款，这种税种为（　　）税。

A．比特税　　B．托宾税　　C．流量税　　D．字节税

4．网络环境下税收管辖权的主张有两种，一种为基于（　　）的属地管辖权模式，另一种为基于（　　）的属人管辖权模式。

A．计算机　　B．消费者　　C．服务器　　D．当地居民

5．保障电子商务系统安全性的措施有（　　）上的保障和（　　）上的保障。

A．理念　　B．组织　　C．技术　　D．法律

二、问答题

1．简述网络广告中存在的主要法律问题。
2．简述完善我国网络广告法律制度的具体措施。
3．电子商务的发展对传统的税收政策产生了哪些影响？
4．对比美国与欧盟电子商务税收政策有哪些差异？
5．简述发展中国家与发达国家在电子商务税收政策上的分歧。
6．我国电子商务税收政策应坚持哪些原则？
7．结合电子商务的特点，应如何构建我国电子商务税收体制？
8．电子商务安全的基本要求主要体现在哪些方面？
9．电子商务交易普遍存在的安全隐患有哪些？
10．我国有关电子商务安全的法律保护制度主要有哪些？

参 考 文 献

[1] 中国电子商务法律网．http://www.ChinaecLaw.com．

[2] 法邦网．http://www.fabao365.com．

[3] 中国作家网．http://www.chinawriter.com.cn．

[4] 找法网．http://www.findlaw.cn．

[5] IT 法律咨询专家．http://www.ITLaw.com.cn．

[6] 110 法律咨询网．http://www.110.com．

[7] 北大法律信息网．http://www.hinalawinfor.com．

[8] 华律网．http://www. 66law.cn．

[9] 中顾法律网．http://www.9ask.cn．

[10] 中国法院网．http://www.chinacourt.org．

[11] 中国法律网．http://www.5law.cn．

[12] 新媒体、新商业、新技术互动交流平台．http://www.techweb.com.cn．

[13] 苏丽琴．电子商务法教程．北京：中国铁道出版社，2012．

[14] 张楚．电子商务法（第 3 版）．北京：人民大学出版社，2011．

[15] 张楚．电子商务法教程（第 2 版）．北京：清华大学出版社，2011．

[16] 刘喜敏，马朝阳．电子商务法（第 3 版）．大连：大连理工大学出版社，2011．

[17] 张继东．电子商务法．北京：机械工业出版社，2011．

[18] 孔令秋，石磊．电子商务法．北京：机械工业出版社，2011．

[19] 苏丽琴．电子商务法（第 2 版）．北京：电子工业出版社，2010．

[20] 秦成德．电子商务法与案例评析．北京：清华大学出版社，2010．

[21] 杨坚争，吴弘，等．经济法与电子商务法（第 2 版）．北京：高等教育出版社，2009．

[22] 王利明．电子商务法律制度：冲击与因应．北京：人民法院出版社，2005．

[23] 王纪平．电子商务法律法规．北京：清华大学出版社，2005．

[24] 孟霜．电子商务与法律．北京：中国水利水电出版社，2005．

[25] 高慧云．电子商务法教程．北京：华文出版社，2005．

[26] 张楚，郭斯伦．网络与电子商务法教程．北京：首都经济贸易大学出版社，2005．

[27] 中国人民银行．电子支付指引（第一号）．http://www.law-bridge.net/LAW．

[28] 关振胜．《电子签名法》与电子签名的技术实现．http://www.cfca. com.cn/news．

[29] 网上交易偷税被判刑．网店缘何成为税收漏洞．新华网．http://news.xinhuanet.com/internet/2007-07/26/content_6431722.htm．

[30] 彭喜．数字营销趋势下，如何逆转网络广告的扭曲．http://www.doc88.com/p- 8949990123066.html．

[31] 张春辉．擅自公布他人手机号码属侵犯他人隐私权．http://www.110.com/ziliao/article- 207682.html．

[32] 电子商务司．《电子合同在线订立流程规范》（征求意见稿）公开征求意见．http://dzsws.mofcom. gov.cn/aarticle/af/201210/20121008376491.html．

[33] 《中华人民共和国消费者权益保护法（2013 年修正）》．http://china.findlaw.cn/lawyers/article/ d266383.html．

[34] 腾讯游戏安全中心. 游戏账号安全——账号安全与恶意 QQ 申诉案例. http://x5.gamebbs.qq.com/forum.php?mod=viewthread&tid=658985.

[35] 中国经营报. 中国电商立法首次明确时间表. http://finance.qq.com/a/20140112/003630.htm.

[36] 信息网络传播权的法律依据. http://www.66law.cn/topic2010/xxwlcbqdflyj.

[37] 广西法院网. http://gxfy.chinacourt.org/public/detail.php?id=41892.

[38] 完善网络环境下消费者知情权保护的立法. http://www.lawtime.cn/info/xiaofeizhe/xfzql/ 2011101245423.html.

[39] 阿拉木斯. 电子商务慎收税. http://www.aliresearch.com/?m-cms-q-view-id-75181.html.

[40] 阿拉木斯. 我国电子商务的政策法律环境. http://business.sohu.com/20050317/n224734111.shtml.

[41] 本地宝律师. 具有独创性的网站页面属于作品. http://lvshi.bj.bendibao.com/news/201015/59875.shtm.

[42] 单兴山. 恶意抢注域名构成不正当竞争. http://sls.blog.bokee.net.

[43] 大洋网—广州日报. 广东首宗微信公众号侵权案宣制. http://tech.sina.com.cn.

尊敬的老师：

您好。

请您认真、完全地填写以下表格的内容（务必填写每一项），索取相关图书的教学资源。

教学资源索取表

书　名				作 者 名	
姓　名		所在学校			
职　称		职　　务		讲授课程	
联 系 方 式	电话：		E-mail：		
地址（含邮编）					
贵校已购本教材的数量（本）					
所 需 教 学 资 源					
系/院 主 任 姓 名					

系/院主任：______________（签字）

（系/院办公室公章）

20____年____月____日

注意：

① 本配套教学资源仅向购买了相关教材的学校老师免费提供。

② 请任课老师认真填写以上信息，并请系/院加盖公章，然后传真到（010）88254474索取配套教学资源。也可将加盖公章的文件扫描后，发送到lemonjrm@126.com索取教学资源。

電子工業出版社
PUBLISHING HOUSE OF ELECTRONICS INDUSTRY